総合的な学習の時間の指導法

［教職課程コアカリキュラム対応 大学用テキスト 理論と実践の融合］

日本文教出版

はじめに

　温暖化により地球規模で頻繁に起こる異常気象，地震や津波の恐怖。少子高齢化による生産人口への過大な経済負担と地方都市・市町村の衰退。人工知能の発達による仕事の変化。次代を生きる子どもたちには様々な困難が立ちはだかっている。学校教育としてどのような学びを通して，家庭や地域社会とのより一層の連携を図りながら，「何事にも諦めず，一人で悩むことなく，多様な他者と協力して課題を解決したり，新たなものを創り出したりする資質・能力」をいかに育んでいくのかを検討し形にしてきたのが2017年の学習指導要領改訂である。その中にあって総合的な学習の時間(以下，総合)が果たす役割は極めて大きい。

　ある日のこと，勤務先である甲南女子大学のゼミ生に脅された。「私たちはまともな総合を経験していない。このままだと教師になっても同じことをしてしまう」と。すぐさま本書の執筆者の一人である石堂　裕先生に連絡をとり，授業参観をお願いした。鳴門教育大学をはじめ，他の大学でも非常勤講師をしているが，同様の反応で，総合の存在意義までも疑問視している学生は少なくない。

　学部や大学院時代から総合にかかわって40年近くになる。旧文部省や文部科学省の研究開発学校や教育大学・学部の附属小・中学校，総合の老舗に足繁く通った。先進的に取り組み始めた学校や教師とも共同研究を行った。

　「荒れていた子どもが立ち直った」「自分に自信のなかった子の自己肯定感が高まった」「問題解決力やコミュニケーション力などの生きる力だけでなく教科学力も伸びた」「地域貢献的な活動により，学校と家庭や地域との関係がよくなった」など，様々な教育効果を目の当たりにしてきた立場としては，教職をめざす学生の反応に歯がゆい思いを味わうことは少なくない。1998年の創設以来，2008年，2017年と3期にわたり「総合的な学習の時間」に関する解説の作成にかかわってきただけに思い入れも強い。

　1998年前後，総合への関心度は高く，各地で研究会が開かれ，多くの学校が研修の中心課題に据えた。しかし，PISA学力調査の，主に「読解力」のあまり芳しくない結果や2003年の「学びのすすめ」等の影響を受け，総合の勢いは萎んでいった。その後，「PISA調査好成績の要因は総合的な学習の時間の存在」「総合的な学習の時間が充実している学校ほど学力，特に活用型の学力が高いという全国学力・学習状況調査の結果」などの報告もあったことから，再び「総合的な学習の時間」が評価され，2017年改訂へとつながる。本書の中でも述べられているが，2017年学習指導要領改訂は総合的な学習の時間の趣旨が教育課程全体に拡がった，と考えることができる。

　それを後押しするように，2019年度より全国の教職課程を有する829の大学・短大において「総合的な学習の時間の指導法」が学部授業の必修科目となる。検定教科書が存在せず，子どもや地域の実態に応じてカリキュラムや授業を開発することが求められている

だけに，1998年の創設時より学部レベルにおいてこのような授業が必要視されてきた。

しかし，手放しではけっして喜べない状況がある。大学・短大の同授業科目担当者は4年間の期限付き（34年度末に事後調査あり）ではあるが「総合的な学習の時間に関する業績がなくても，各教科や道徳等の指導法の業績があれば，総合的な学習の時間の授業を担当できる」という特例措置が付いていることである。

そこで，せっかく設置された「総合的な学習の時間の指導法」の授業の質を担保したい，という強い思いをもった大学教員と現場教員でテキスト作成プロジェクトチームを立ち上げた。メンバーの多くは2008年及び2017年の学習指導要領改訂の際の文部科学省の総合的な学習の時間の解説作成者や各地で活躍している実践家である。何度も会議を重ね，メールでもやり取りをして，理想のテキストづくりに励んできた。事例分析を通して総合における子どもの姿や具体的な教師の手立てを理解していただくために，関連の印刷資料（指導案やワークシート等）や映像資料を可能な限り提供できるように検討し実現した（最終ページの「学部授業サポート資料」を参照のこと）。

本テキストの特長は，小・中学校含めて全国各地の優れた実践を掲載していることにある。掲載した実践は，12ページもの4本と6ページもの14本からなる。前者は総合的な学習の時間の意義やよさ，子どもの姿や教師の手立てをじっくりと味わって分析し，理解を深めていただきたいと考えている。後者は探究課題や取り組み方などの総合の多様性を理解していただこうと考えた。執筆陣の大半は文部科学省の総合的な学習の時間の解説作成者や各地の名だたる実践家である。NHK for Schoolの総合的な学習の時間の番組『ドスルコスル』（2017年度5番組）の内，4番組の実践も含まれている。

私たちプロジェクトメンバーの思いをくんでいただき，期待以上のテキストに仕上がった。日本文教出版の佐々木秀樹社長，編集部の青木聡氏，kubotaDesign工房の久保田英樹氏，そして，私たちに総合的な学習の時間の素晴らしい授業を公開してくださった全国の学校並びに先生方に，この場を借りてお礼申し上げる。

本テキストが多くの大学生の学修に活用され，全国各地の学校で趣旨を踏まえた質の高い総合が展開され，未来や地域を担う子どもが育つお手伝いが間接的にできることを祈念している。また，本書が教員の自己研鑽や校内研修等にも生かされることを願っている。教員研修にも十分に活用していただける構成・内容となっている。

※本テキストに掲載されている写真は，個人情報保護の観点から個人が特定できないよう処理を施しています。写真の掲載意図やイメージを損なわないよう，違和感を少なくする工夫をしています。

2018年初秋

［大学テキスト開発プロジェクト］　チーム代表　村川　雅弘

総合的な学習の時間の指導法
［教職課程コアカリキュラム対応　大学用テキスト　理論と実践の融合］

はじめに　村川雅弘 …………………………………………………………………… 002

Ⅰ．理論編

① 総合的な学習の時間の意義 ……………………………………………………… 008
② 総合的な学習の時間の趣旨と教育課程上の位置付けの変遷 ………………… 014
③ 総合的な学習の時間の目標 ……………………………………………………… 020
④ 総合的な学習の時間の内容と探究課題 ………………………………………… 024
⑤ 総合的な学習の時間とカリキュラム・マネジメント ………………………… 026
⑥ 年間指導計画，単元計画の書き方 ……………………………………………… 030
⑦ 学習指導案の書き方 ……………………………………………………………… 036
⑧ 主体的・対話的で深い学びの授業づくり ……………………………………… 040
⑨ 考えるための技法（思考スキル）の活用 ……………………………………… 044
⑩ 考えるための技法（思考スキル）を発揮させる思考ツールを活用した授業設計 … 046
⑪ 学習指導のポイント ……………………………………………………………… 050
⑫ 総合的な学習の時間におけるICT活用 ………………………………………… 054
⑬ 評価のポイント …………………………………………………………………… 058
⑭ ワークシート等のコメントの書き方 …………………………………………… 062
⑮ 総合的な学習の時間の充実に向けた校内研修 ………………………………… 066

Ⅱ．事例編

本編に掲載した事例は，各12ページの4本（黒丸数字）と各6ページの14本（白丸数字）とで構成してある。前者は総合的な学習の時間の意義やよさ，子どもの姿や教師の手立て等をじっくりと味わいながら理解を深めて分析することを想定し，また，後者は，それぞれの事例の探究課題や取り組み方など，総合的な学習の時間の多様性を理解して分析することを想定したものである。

❶ 小坂井を食べよう ― 地産地消から食を見つめよう ―（小学校5年生）［食］
　〈実践〉　愛知県宝飯郡小坂井町立（現豊川市立）小坂井西小学校 ……………… 072
❷ 未来に向かって今を生きる
　　　― 私たちがつくる未来のまち ― 和・話・輪フェスティバル　（小学校6年生）　［地域・防災］
　〈実践〉　宮城県仙台市立北六番丁小学校 …………………………………………… 084
❸ 大山化石発掘隊がゆく（小学校6年生）［地域・環境］
　〈実践〉　兵庫県篠山市立大山小学校 ………………………………………………… 096

④ わたしたちの町 新町 ─ 伝えよう 新町のすてき ─（小学校3年生）［地域］
　〈実践〉　徳島県徳島市新町小学校 ･････････････････････････････････････ 108

⑤ 水と共に生きる命 ─ ぼくら二の沢川見守り隊 ─（小学校4年生）［地域・環境］
　〈実践〉　愛知県西尾市立西尾小学校 ･････････････････････････････････････ 114

⑥ 新町の魅力を伝えよう（小学校5年生）［地域・国際理解］
　〈実践〉　徳島県徳島市新町小学校 ･････････････････････････････････････ 120

⑦ 笑顔広がれ！とべまちポ★スター（小学校5年生）［地域］
　〈実践〉　神奈川県横浜市立戸部小学校 ･････････････････････････････････ 126

⑧ 山形まるごとマラソンを目指して，心と体の健康を創ろう！（小学校5年生）［健康］
　〈実践〉　山形県山形市立南小学校 ･････････････････････････････････････ 132

⑨ みんな安心 ひろせ防災教室（小学校6年生）［防災］
　〈実践〉　宮城県仙台市立広瀬小学校 ･････････････････････････････････ 138

⑩ 多文化共生への一歩！─ラップで心の距離を縮めよう─（小学校6年生）［国際理解］
　〈実践〉　東京都新宿区立大久保小学校 ･････････････････････････････････ 144

⑪ キラ☆まち日記　～メイ・ジンからのおくりもの～（小学校6年生）［環境］
　〈実践〉　兵庫県たつの市立新宮小学校 ･････････････････････････････････ 150

⑫「草山子ども新聞」を発行しよう（小学校6年生）［地域］
　〈実践〉　兵庫県篠山市立西紀北小学校 ･････････････････････････････････ 156

⑬ 足代の魅力セレクト9（小学校5・6年生）［情報・地域・伝統文化］
　〈実践〉　徳島県東みよし町立足代小学校 ･････････････････････････････ 162

⑭ 福山市制100周年PR大作戦！（小学校6年生）［地域・食育］
　〈実践〉　広島県福山市立川口小学校 ･････････････････････････････････ 168

❶⓯ さくらプロジェクト ─ 魅力ある総合的な学習の時間の創造に向けて ─（中学校全学年）
　［地域・キャリア教育］
　〈実践〉　高知県本山町立嶺北中学校 ･････････････････････････････････ 174

⓰ 朝日探究プロジェクト・りんご探究プロジェクト
　Search for Asahi ～朝日町を知る～（中学校1年生）［地域・キャリア教育］
　〈実践〉　山形県朝日町立朝日中学校 ･････････････････････････････････ 186

⓱ 私たちが描く未来のふくやま（中学校3年生）［地域・キャリア教育］
　〈実践〉　広島県福山市立城北中学校 ･････････････････････････････････ 192

⓲ ボランティアガイドのできる子ども（中学校3年生）［地域］
　〈実践〉　広島県福山市立鞆中学校 ･････････････････････････････････ 198

［付録］
学部授業サポート資料 ･･･ 204
本テキストとコアカリキュラム対応表との関連 ･･･････････････････････････ 205

編著［大学テキスト開発プロジェクト］ ･･････････ 206　　執筆者一覧 ･･････････ 207

I 理論編

総合的な学習の時間の意義

総合的な学習の時間の趣旨と教育課程上の位置付けの変遷

総合的な学習の時間の目標

総合的な学習の時間の内容と探究課題

総合的な学習の時間とカリキュラム・マネジメント

年間指導計画,単元計画の書き方

学習指導案の書き方

主体的・対話的で深い学びの授業づくり

考えるための技法(思考スキル)の活用

考えるための技法(思考スキル)を発揮させる思考ツールを活用した授業設計

学習指導のポイント

総合的な学習の時間におけるICT活用

評価のポイント

ワークシート等のコメントの書き方

総合的な学習の時間の充実に向けた校内研修

I 理論編 — ①

総合的な学習の時間の意義

藤井千春（早稲田大学）

1. 総合的な学習の時間における知識，学習，学力

「総合的な学習の時間」（以下，総合的な学習）では，各学校において次のような課題が子どもたちの取り組む「探究課題」として設定される。

- 国際理解，情報，環境，福祉・健康などの現代的な諸課題に対応する横断的・総合的な課題
- 伝統と文化など地域や学校の特色に応じた課題
- 児童生徒の興味・関心に基づく課題

総合的な学習は，このような「探究課題」への取り組みを通じて，「よりよく課題を解決し，自己の生き方を考えていくための資質・能力」の育成をめざす。

しかし，これらの課題には，いずれも決定的な「正解」は存在していない。子どもたち自身が自らの知的努力によって，「最適解」を考え出さなければならない。しかも「現代的な諸課題」は，人類の存亡がかかる課題である。次の世代が解決方法を考え出さなければならない課題である。

つまり，総合的な学習で行われる学習の目的は，すでに「真理」とされているような既存の知識を理解・習得することではない。子どもたちが自ら知的努力して，「最適解」となる新たな知識を考え出すことを目的とする。総合的な学習で子どもたちが行う「探究」とは，課題を解決するための「最適解」となる方法を，自分たちなりに考え出そうと知的努力する活動なのである。

総合的な学習の学習活動について，次のように整理することができる。

① 総合的な学習において追求される知識は，いわゆる「真理」ではない。課題を解決するための「最適解」である。
② 総合的な学習における学習とは，「真理」の理解・習得ではない。「最適解」を自分たちで知的努力して考え出そうと「探究」することである。
③ 総合的な学習において育成する「学力」とは，「真理」を理解・習得する能力ではない。最大限に知的努力して「最適解」の「探究」に取り組む資質・能力である。

知識，学習，学力に関して，このような考え方に転換することが求められている。

2. 総合的な学習における「主体的・協働的」な学習活動

「探究」が子どもたちにとって「主体的」な活動となるためには，「最適解」が考え出されていく過程で，次のような点が繰り返し吟味されなければならない。

① その課題を解決することの社会的必要性
—地域の人たちにとって共通の問題であり，その解決が急がれていること，など。
② その課題に自分たちが取り組むことの社

会的価値—子どもたちが取り組むことで大人も関心をもち動き出すことへの期待，など。

③ その課題に取り組むことの自分たちの成長にとっての意義—自分たちが社会的に価値あることができると大人たちに認めてもらいたいという欲求，など。

　子どもたちの「探究」へのモチベーションは，課題の社会的な必要性や価値を自覚すること，また自分たちの成長を期待することによって高まる。これらについての意識が深まるほど，その課題は子どもたちの「自己課題」となる。子どもたちには活動を通じて，世の中の「人・もの・こと」と自分とのつながりが見えてくる。また，そのつながりが互恵的な相互作用となっていると実感できる。世の中からの反応を得ることを通じて，世の中を動かしているのが自分自身であると自覚できるからである。

　したがって，「主体的」であることは，自分が世の中の「人・もの・こと」へ働きかけて，それに対する反応を得ることで，自分が世の中の「人・もの・こと」とつながっていると，また自分の知的努力によりそのつながりが強まっていくと実感することによって意識される。教師は，まず子どもたちの興味関心をそそる環境や教材を準備し，子どもたちの意欲を刺激しなければならない。そして，「探究」を通じて子どもたちに，世の中の「人・もの・こと」と密度の濃い相互作用をさせ，子どもたちが世の中と自分とのつながりを実感し，世の中と互恵的に相互作用できる自分について自信を深めるように支援しなければならない。教師はそのようにして，子どもたちが「探究」において「主体的」になるように導くのである。

　また教師は，「探究」が「協働的」に行われていることに子どもたちが気付くように導かなければならない。「探究」を通じて，子どもたちは自分と世の中との互恵的な相互作用の深まりを意識する。「探究」は世の中の「人・もの・こと」と「協働的」に展開されている。「協働的」であることは，「主体的」に展開される「探究」を通じて世の中とのつながりを実感することによって意識される。

　つまり，世の中との相互作用を通じて，その相互作用の「主体」としての自分を意識するほど，反応してくる世の中の「人・もの・こと」と自分とのつながりやそのつながりのあり方が子どもの意識に明確になる。世の中との「協働」が意識されるようになる。そのようにして「探究」は「主体的・協働的」なものとなる。両者は「探究」における子どもと世の中との相互作用の連続的展開において，表裏一体となって「探究」を推進していく。

3.「人」と「協働」することの意義

　「探究」の過程では，次のような活動が相互に関連しながら繰り返される。

① 調べ活動—調査，フィールドワーク，実験，体験，見学，インタビューなど。

② 話し合い活動—目標の設定，進め方の検討，集めた情報の分析・整理，情報の意味の吟味，仮説の考案，結果や有効性の予想・検討，成果の確認・反省など。

　「探究」の過程では，この二つの活動が「調べて考え，考えて調べる」というように，相互に関連しながら繰り返される。いずれの活動でも他者との「協働」が不可欠となる。

また，子どもたちに他者との「協働」を体験させ，そのあり方について考えさせることができる。

例えば，地域の人々の協力により，子どもたちは実社会における大人たちの様々な専門的な活動の観察やミニ体験をすることができる。子どもたちは自分たちが「探究」で必要としている情報や技能を，自らの必要感に基づいて教えてもらうことを体験する。そのように地域の人々と「協働」することにより，子どもたちは自分たちの学習活動と世の中との接点や連続を見出す。そのようにして世の中の「人・もの・こと」と互恵的に相互作用することへの自信が深まる。

また，子どもたちそれぞれが有する能力は多様であり個性的である。話し合い活動におけるアイデアの出し合い，アイデアや方法の検討，情報の意味の吟味などの場面で，多面的・多角的に考え合う，アイデアをつなぎ合い補い合うなどを体験できる。あるいは，製作，体験活動，イベントなどでは，分担，協力，助け合いなどを体験できる。子どもたちは「協働」することにより，当初の考えが豊かなものに発展した，あるいは活動を大規模に実施できたなどを実感する。そのようにして相互を生かし合い認め合うという互恵的に相互作用することの重要性・必要性を意識するようになる。

「最適解」は，単独・個別での知的努力よりも，多様な個性的な能力が「協働」する知的努力によって考え出される。民主主義とは，多様な個性的な能力の「協働的」な「探究」への参加・貢献に開かれている社会のあり方である。したがって「探究」は，自分たちの「主体的」な参加によって「協働的」に取り組む活動として子どもたちに経験されなければならない。総合的な学習では，チームで「最適解」を構築していく学び合う活動に参加・貢献する資質・能力の育成がめざされる。この点で個別テーマの「探究」でも，友だちや地域の人から情報や意見を得て自分の「探究」を充実させること，友だちの「探究」の充実を助けるなど，互恵的に学び合う「協働」が伴わなければならない。

4.「振り返り」と発表による学びの深化

総合的な学習では，子どもたちが学習活動の成果を他者に表現・発信する発表会を開催する必要がある。発表会は，学習活動の報告会として単元の最後で行われる。しかし，単元の序盤で「テーマ発表会」として，中盤で「中間発表会」として，何回か設定されることが望ましい。

自分の学習について表現・発信することには，次のような意義がある。

第一に，「探究」について振り返り，自己点検・自己評価させることができる。

振り返りをすることで，i 自分がどのようなことを疑問に思い，ii どのような課題を設定し，iii どのような達成のための方法を考え，iv 何についてどのように調べ，v どのようなことがわかり，vi どこまで課題を達成し，vii 今はどのように考えているのか—など，「探究」における自分の思考や活動の過程を整理することができる。このようにして，「探究」を通じて学んだ知識や技能，見方・考え方，考え出された「最適解」などが自覚される。また，そのように整理することを通じて，証拠となる事実の確かさ，論理的な整合性，多面的・多角的な考え方などについて自己点検

される。「最適解」の適切性・有効性・価値などについて自己評価できる。

　第二に、子どもに「探究」を通じての自分の成長に気付かせることができる。

　この点で、振り返りでは、「どのようなことがわかって、自分の考えがどのように変わったか」を整理させて自覚させるだけではなく、「どのように考えることができる自分に変わった（成長した）のか」についても自覚させる必要がある。

　世の中の「人・もの・こと」について考えが変わるとは、それらと自分との相互作用のしかたが変わることである。どのようにして自分との間により豊かな互恵的なつながりが結ばれたとのかいう意識が発生する。「探究」としての学習活動を通じて、学びを遂げることによる自分についての意識（アイデンティティ）の向上的変容を子どもたちに自覚させることができる。

　総合的な学習では、自己課題に知的努力して取り組む「探究」を通じて、子どもたちに「学ぶことにより自分は成長する」という意識を生み出すことができる。このように自覚することにより、子どもたちは「自分を成長させるために学ぶ」ようになる。「学ぶこと」に対して目的意識と自信をもって、主体的・意欲的に取り組むようになる。

　第三に、自分たちが考え出した「最適解」について、友だちや現実の社会からフィードバックを得させることができる。

　発表会では学級や学年の子どもたちだけではなく、異学年の子どもたち、保護者、地域の人たち、関係してくれた人たちなど、多様な人たちの参加を得ることが望ましい。子どもたちが、そのような人々に自分たちの「最適解」の価値について「わかってもらいたい」という意識でのぞむように指導支援しなければならない。自分たちの発表を他者に「わかってもらう」挑戦として準備させるのである。それにより子どもたちは確実に伝わるようにと、内容をわかりやすく構成し、また発表のしかたも工夫する。つまり相手意識をもって、聞く人たちの視点を踏まえて発表のための準備作業を行う。

　相手に「わかってもらう」挑戦として発表を行うと、子どもたちは、相手がどのように聞き、どのように理解してくれたのかなど、相手からの反応が欲しくなる。それだけに相手からの評価は、世の中でやり遂げた自分、世の中に貢献できた自分という、自分のアイデンティティの成長について実感できる機会となる。たとえ不備や誤りなどを指摘されても、自分たちの「次に向けての課題」として意識される。自分を高めるための他者からの貴重な支援的「協働」として意識される。

　子どもたちは、発表に対するフィードバックを得ることにより、どの程度まで成長した自分か、またどのような成長の可能性が開かれている自分かという、世の中における自分の「生き方」について具体的に確認することかできる。

5.「前向きな生き方」の確立

　平成25年度、同27年度の全国学力・学習状況調査では、小中学校ともに、国語と算数・数学ともに、A問題とB問題ともに、総合的な学習に積極的に取り組んでいる学校では、そうでない学校と比較して、子どもたちの学力は高いという結果が得られた

（表1，表2を参照）。また，平成24年実施のPISA学習到達度調査では，平成12年以降低下が示されていた日本の高校生の学力の「V字回復」が示されている。このテストを受けた高校生は，総合的な学習の全面実施以降の世代である。

総合的な学習が導入される際に，例えば，基礎基本の習得の時間が少なくなり，学力低下が加速される，学力の低い子どもは自主性やコミュニケーション能力が未熟なために不利であるなど批判された。確かにこれらの批判は，総合的な学習の指導支援において配慮を要する点である。

しかし，なぜ逆の結果が出ているのだろうか。次のように考えることができる。

① **基礎基本の習得を含め，子どもたちは学習活動に意欲的に挑戦するようになったからではないか。学習活動の自分にとっての意義が自覚され，基礎基本の習得にもそのようにのぞむようになったからではないか。**

② **子どもたちが興味関心や必然性をもって考える，コミュニケーションする，読み書きするなどを経験し，思考力・判断力・表現力などが高まったからではないか。**

総合的な学習は，具体的な文脈の中で世の中の「人・もの・こと」と相互作用して行われる真正の学習活動である。つまり，子どもたちは自分自身が関与している，自分たちに興味関心のある課題を自己課題として設定し，その達成に向けて「最適解」となる行動について計画をたてる。このような

【表1．平成25年度全国学力・学習状況調査より】

問 「総合的な学習の時間」では，自分で課題を立てて情報を集めて整理して，調べたことを発表するなどの学習活動に取り組んでいますか（児童・生徒への質問）。

1．当てはまる，2．どちらかといえば当てはまる，3．どちらかといえば当てはまらない，4．当てはまらない

（表中の数値は児童・生徒の平均正答率）

回答	1	2	3	4
児童割合	22.8%	38.0%	39.2%	
小国A	68.8	64.4	59.5	54.5
小国B	56.4	51.6	45.8	38.6
小算A	81.4	78.7	75.0	69.8
小算B	64.6	60.5	55.2	48.1
生徒割合	15.3%	35.6%	49.1%	
中国A	79.8	78.4	75.6	73.1
中国B	72.5	70.3	66.1	62.5
中数A	68.5	66.3	62.6	59.5
中数B	47.4	44.6	40.2	37.3

国立教育政策研究所『平成二五年度全国学力・学習状況調査クロス集計結果』
（http://www.nier.go.jp/13chousakkekahoukoku/ 2014年7月9日参照）より筆者が作成。

【表2．平成27年度全国学力・学習状況調査より】

問 授業において，児童生徒自ら学級やグループで課題を設定し，その解決に向けて話し合いまとめ，表現するなどの学習活動を取り入れましたか（教師への質問）。

1．よく行った，2．どちらかといえば行った，3．あまり行っていない，4．全く行っていない

（表中の数値は児童・生徒の平均正答率）

回答	1	2	3と4
小国A	71.3	70.0	68.8
小国B	67.3	65.6	63.7
小算A	76.5	75.3	74.0
小算B	46.3	44.9	43.2
小理科	62.4	61.1	59.5
中国A	78.3	76.1	74.8
中国B	68.5	66.2	64.9
中数A	67.3	64.5	62.9
中数B	45.6	41.9	40.0
中理科	56.6	53.5	51.7

国立教育政策研究所『平成二七年度全国学力・学習状況調査調査結果のポイント』
（http://www.nier.go.jp/15chousakkekahoukoku/highlights.pdf 2015年11月3日参照）より筆者が作成。

「探究」において，子どもたちは，達成したい目的を明確に意識し，そこに到達することに挑戦し，意識を集中して活動に取り組む。自分の立てた目標へ自分自身で歩んで到達するという，子どもにとって必然性のある「文脈性のある学び」が挑戦として展開される。しかも，その過程では，事実の調査，実験や体験，他者への依頼やインタビュー，他者とのアイデアの交換，協働的な練り上げなど，現実の世の中の「人・もの・こと」との互恵的な相互作用を経験する。思考，行動，説明，質問，記述，読解などの活動が，目的意識や相手意識をもって実行される。そのような活動が世の中との互恵的な相互作用の経験として遂げられる。

また，発表に対する評価，調査や実験などの成否は，比較的即座に具体的な形でフィードバックされる。例えば，アンケートで地域の人たちから多数の回答が得られた場合，逆に少数であった場合などのように，自分たちの働きかけの成否が人数の差として具体的に示される。期待通りだった場合には，自分自身と世の中との互恵的な相互関係を実感できる。逆の場合でも，不十分であった点について反省し，考え直した上で再挑戦できる。

このように総合的な学習の「探究」としての学習活動は，子どもにとって具体的で必然性のある「文脈性のある学び」である。また，子どもたちは自分たちで考えて実行した働きかけに対する具体的な評価を直接得ることができる挑戦的な学びである。このような学習活動の経験を通じて，子どもたちには調べる，考える，話す・聞く・読む・書く，計算するなどの学習技能が必然性をもって習得される。また，世の中の「人・もの・こと」との互恵的な相互作用の増大が実感され，課題に挑戦しつつ成長していく自分という「前向きな生き方」が形成される。

「学力」の高さは，このような「前向きな生き方」が子どもたちに形成されていることの一つの表れである。

総合的な学習は，子どもたちが「主体的・協働的な探究」を通じて考え出した「最適解」を，世の中に向けて挑戦的に表現・発信する学習活動である。そこには次のような教育的な意義が存在している。

① 子どもたちは自分と世の中とのつながり，さらに自分と世の中との互恵的な相互作用を実感できる。
② 子どもは世の中における現在の自分の位置を自覚できる。
③ 学ぶことにより互恵的な相互作用を増大して，そのように世の中で成長していく自分というアイデンティティを確立することができる。

総合的な学習は，現実の世の中を舞台とした子どもたちの挑戦的な学習活動を通じて生活指導との統一的な指導を図り，子どもたちの「生きる力を育む」ことをめざす時間なのである。　■

総合的な学習の時間の趣旨と教育課程上の位置付けの変遷

村川雅弘（甲南女子大学）

1. 創設前の実践

「総合的な学習の時間」は平成10年学習指導要領で示され，教育課程の中に位置付けられたが，それまでは文部省（当時）の研究開発学校を中心に全国の先進的な学校において，［②-1］に示すように様々な名称で実に多様な活動が展開されていた（（　）内年度は研究開発学校の指定年度）。

教科を融合して内容の再編成を行うもの（例えば，図工と家庭科を融合させた大手町小の「創芸科」）や子どもの経験や興味関心を中心に内容や活動を決定するもの（例えば，上杉山通小や氷見小の「総合的学習」），環境や国際，福祉などの現代的諸課題に対応するもの（例えば，岡山大附小の「地球環境科」や鳴門教育大附中の「未来総合科」）など多様な考え方で実に多彩な実践が試行され，現在の総合的な学習の時間のモデルになったと言っても過言ではない。

> [②-1] 研究開発学校の先進的な取り組み例
> 「総合的学習」（宮城県仙台市立上杉山通小学校：昭和54～56年度）
> 「創芸科」（新潟県上越市立大手町小学校：昭和56～58年度）
> 「地球環境科」（石川県加賀市立動橋小学校：昭和57～59年度）
> 「琵琶湖学習」（滋賀大学教育学部附属中学校：昭和57～59年度）
> 「総合的学習」（愛媛県氷見市立氷見小学校：昭和58～60年度）
> 「地球環境科」（岡山大学教育学部附属小学校：昭和58～60年度）
> 「未来総合科」（鳴門教育大学附属中学校：平成6～9年度）

2. 合科的な指導と関連的な指導

合科的な指導や関連的な指導の取り組みも総合的な学習の時間の創設につながった。

昭和52年小学校学習指導要領改訂では，「低学年においては，児童の実態等を考慮し，合科的な指導が十分できるようにすること」という文言が入れられた。低学年において複数教科あるいは道徳，特別活動の内容を関連させて指導することが可能とされた。

平成元年改訂では小学校低学年に生活科が創設され，小学校中学年以上で合科的・関連的な指導が実施可能となる。

合科的な指導と関連的な指導に関しては，平成元年小学校学習指導要領総則編解説（第3章4，p.71）の中で述べられている［②-2］。

教科とは知識や技能を効率的に教え，学ばせるためにつくられたものであるが，実社会・実生活においては教科を超えたことがらが存在している。教科の知識や技能が生きて働くためには，平成29年改訂でも重視されているように関連させて指導する必要がある。

合科的な指導と関連的な指導の違いに関しては，平成元年の解説の中で次のように述べられている（第3章4，p.71）［②-3］。

> **[②-2] 関連的な指導に関する解説**
>
> 各教科等がそれぞれ独立して目標をもち内容を構成しているのは，各教科等ごとにそれぞれ独立して授業を行うことを前提としているからである。しかし，児童に自ら学び自ら考える力を育成することを重視し，知識と生活との結びつきや知の総合化の視点を重視した教育を展開することを考慮したとき，教科の目標や内容の一部についてこれらを合わせて指導を行ったり，関連させて指導を進めた方が効果がある場合も考えられることから，合科的な指導を行うことができることとしたり，関連的な指導を進めることとしたものである。

> **[②-3] 合科的な指導と関連的な指導**
>
> 合科的な指導は，教科のねらいをより効果的に実現するための指導方法の一つである。単元又は1コマの時間の中で，複数の教科の目標や内容を組み合わせて，学習活動を展開するものである。また，関連的な指導は，教科別に指導するに当たって，各教科等の指導内容の関連を検討し，指導の時期や指導方法などについて相互の関連を考慮して指導するものである。

合科的な指導は複数の教科等の目標や内容を組み合わせて新たな単元や授業を再構成するのに対して，関連的な指導は，各々の教科等を別々に指導した上で相互の関連を図ろうとするものである。いずれも，関連させた方が各々の教科の目標・内容のよりよい効果につながることが重要である。

3. 平成10年学習指導要領

（1）総合的な学習の時間の創設とねらい

学習指導要領の教育課程内で，合科的な指導や関連的な指導を中心に各校において創意・工夫により行われてきた総合的な学習が，平成10年改訂により小・中・高・養護学校（当時）等において共通に教育課程上に「総合的な学習の時間」として創設され，二つのねらいが示された［②-4］。

なお，②に関しては，高等学校の場合，「自己の生き方」が「自己の在り方生き方」となっている。

「探究」ではなく，「探求」という言葉を使用

> **[②-4] 総合的学習の時間のねらい**
>
> ①自ら課題を見つけ，自ら学び，自ら考え，主体的に判断し，よりよく問題を解決する資質や能力を育てること。
> ②学び方やものの考え方を身につけ，問題の解決や探求活動に主体的，創造的に取り組む態度を育て，自己の生き方を考えることができるようにすること。

しているものの平成29年改訂の目標と大きな違いはない。創設当初から「資質や能力」の育成をねらいとしている。

（2）平成15年一部改正によるねらいの追加

平成15年の一部改正の際に，ねらいとして「③各教科，道徳及び特別活動で身につけた知識や技能等を相互に関連付け，学習や生活において生かし，それらが総合的に働くようにすること」がつけ加えられた。

平成10年改訂の基盤となった教育課程審議会答申（平成10年7月）では「総合的な学習の時間のねらい」の部分に「各教科等それぞれで身につけられた知識や技能などが相互に関連付けられ，深められ児童生徒の中で総合的に働くようになるもの」と明記されていた。この時点では，教科と総合的な学習の時間との補完的な関係が示されていた。しかし，平成10年学習指導要領の中では触れられていない。総則編解説作成会議においてこの点が指摘され，詳細に記述されることとなった。

(3) 平成15年一部改正による総合的な学習の時間の後退

　前述のように，平成15年一部改訂は総合的な学習の時間の充実を図ったものではあったが，平成10年改訂の本格実施直前の平成14年1月に「学びのすすめ」が文部省（当時）から出されたことも受け，「現行（平成10年の）学習指導要領の見直し」が「基礎・基本の重視」から「総合的な学習の時間の失敗」といった論調となっていった。一部改正は今だかつてなかったことによりその与える影響は大きかった。

　改正内容をじっくりと読み解けば，総合的な学習の時間の充実もうたっているが，「従来型の学力重視への方向転換」的な意味合いで「学びのすすめ」全体が受け取られ，学校現場は一気に総合的な学習的な学習の時間に対する熱が冷めていった。

　当時のマスメディアはこぞって総合的な学習の時間についてマイナスの論調の記事を掲載することとなる。

4. 創設の趣旨

（1）創設時の趣旨

　村川雅弘（1999）は創設当時，創設の趣旨として次の6つを指摘した[1]。

> [②-5] 創設の趣旨（村川雅弘1999）
> ①教育課程の創意工夫で特色ある学校を創る。
> ②[生きる力]を備えた子どもを育む。
> ③多様な活動を通して[生きる力]を育む。
> ④子ども観・指導観・教師観の変換をもたらす。
> ⑤教科の枠を超えた横断的・総合的な課題に取り組む。
> ⑥タテとヨコの連携・協力関係を強める。

① 総合的な学習の時間が[生きる力]の育成をめざす教育課程の工夫・改善，特色ある学校づくりの要となる。
② 変化の激しい時代を主体的に生きていける子ども，他者の立場や考えを思いやり他人と協調していける子ども，自信やよさを見出す子どもの育成をめざしている。
③ ②で述べた普遍的な資質・能力は具体的な活動を通して実際に活用されることで培われる。
④ 「子どもに知識や技能を伝え教える」から「子どもの力を信じ，子どもが主体的に学べる環境を整えることが大切」といった指導観・教師観への変換が期待される。
⑤ いわゆる○○教育はいずれの教科にもかかわること故に，横断的・総合的に指導していくことが求められる。
⑥ 今日的課題を取り上げることが多く，学習の対象やフィールドを身近な地域に求めることとなる。また，共通の学力観で教育改革を進める必要があり，家庭や地域とのヨコ連携だけでなく，小中高のタテの連携・協力が求められる。

（2）平成29年改訂における趣旨

　総合的な学習の時間の趣旨は，創設時から大きく変わらない。基本的には，目標にある次の3点がさらに強調されている。
①探究的な見方・考え方を働かせる。
　この視点は平成29年改訂で新規に示されたものである。解説では，探究的な見方・考え方として，「各教科等における見方・考え方を総合的に活用して，広範な事象を多様な角度から俯瞰してとらえ，実社会・実生活の課題を探究し，自己の生き方を問い

続けるという総合的な学習の時間の特質に応じた見方・考え方」(p.10)としている。教科等の学習と教科横断的な学習を往還することの重要性がここにある。

- ②横断的・総合的な学習を行う。

総合的な学習の時間における学習の対象や領域が，特定の教科等にとどまらず，横断的・総合的であることを表している。教科等の枠を超えて探究する価値のある課題について，各教科等で身につけた資質・能力を活用・発揮しながら解決に向け取り組んでいくことを求めている。創設時からの視点である。

- ③よりよく課題を解決し，自己の生き方を考えていく。

自己の生き方を考えることも創設時からのねらいである。昨今は，先行き不透明な時代を生き抜くことが強く求められてきていることがうかがえる。よりよく課題を解決するとは，「解決の道筋がすぐには明らかにならない課題」や「唯一の正解が存在しない課題」を取り上げ，「自らの知識や技能等を総合的に働かせ，目前の具体的な課題を粘り強く対処し解決しようとすること」と述べている。

また，自己の生き方を次の三つの視点で考えることを提案している［②-6］。

> ［②-6］ **自己の生き方の三つの視点**
> ①人や社会，自然とのかかわりにおいて，自らの生活や行動について考える。
> ②自分にとっての学ぶことの意味や価値を考える。
> ③学んだことを現在及び将来の自己の生き方につなげて考える。

5. 平成20年学習指導要領

(1) PISA調査と総合的な学習の時間

平成20年改訂にかかわる学力論争に火をつけたのが，OECD学習到達度調査(PISA2003)の結果である。最も芳しくなかった「読解力」の結果を受けて，国語や算数・数学，理科などの教科の充実が指摘され，その時数確保の関係で，総合的な学習の時間の時数がおおよそ三分の一程度削減される。

PISAの概念枠組みの基本であるキー・コンピテンシーの三つのカテゴリーの「相互作用的に道具を用いる力」及び「異質な集団で交流する力」は総合的な学習の時間が重視し，育んできた力であり，「自律的に活動する力」は総合的な学習の時間の様々な課題解決過程で，多様な人とのかかわりを通してその人の考え方や生き方に触れ，自分は何をなすべきかを考えたり，学んでいる教科等の意味をとらえなおしたりしている点でこの力の育成にも強くかかわっていることを確認しておくことは重要である。その後，PISA調査において日本はほぼトップの位置を占めるようになり，その要因を「総合的な学習の時間の存在」と外国の研究者から指摘されるようになる。

(2) 総合的な学習の時間の独立と充実

時数削減だけから判断すれば，「総合的な学習の時間の後退」という理解につながることは否めないが，実際は「総合的な学習の時間の充実」が進められた。平成10年改訂では総則の中で扱われていたが平成20年改訂では章として独立した。

その結果，解説だけでなく指導資料『今，求められている力を高める総合的な学習の時間の展開　総合的な学習の時間を核とした課題発見・解決能力，論理的思考力，コミュニ

ケーション能力等向上に関する指導資料』も作成され、全体計画や年間指導計画等の作成方法について詳細かつ具体的な情報を学校に提供した。

中央教育審議会答申（平成20年1月）では総合的な学習の時間について「変化の激しい社会に対応して、自ら課題を見つけ、自ら学び、自ら考え、主体的に判断し、よりよく問題を解決する資質や能力を育てることなどをねらいとすることから、思考力・判断力・表現力等が求められる『知識基盤社会』の時代にお いてますます重要な役割を果たす」（p.130）と改めて重要性を指摘している。

また、平成20年改訂においては、「探究」の重要性が改めて強調された。この時間が朝読書や教科の補充、修学旅行や運動会等の準備等に転用された例が少なくない。改訂の目標の中に「探究的な学習を通して」という文言が入ったことにより、総合的な学習の時間が全体を通して「横断的・総合的」かつ「探究的」であるかが問われたのである。

6. 総合的な学習の時間の見直し

平成19年度から全国学力・学習状況調査が開始される。平成25年度からは総合的な学習の時間の取り組み状況をみる質問項目が組み込まれる。「『総合的な学習の時間』では、自分で課題を立てて、情報を集めて整理して、調べたことを発表するなどの学習活動に取り組んでいますか」である［②-7］。小学校6年生及び中学校3年生ともに「総合的な学習の時間で探究のプロセスを意識した学習活 動に取り組んでいる児童生徒ほど各教科の正答率が高い傾向にある」（文部科学省『小学校学習指導要領（平成29年告示）解説　総合的な学習の時間編』p.5）ことが示される。このことにより、「総合的な学習の時間＝学力低下」の誤解が払拭されていく。平成26年度以降も同様の結果である。

また、日本生活科・総合的学習教育学会は、総合的な学習の時間で育まれる総合的

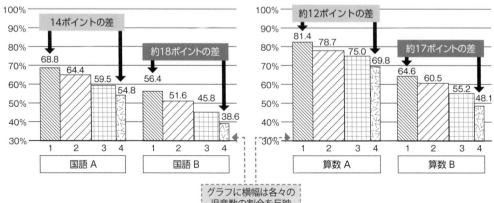

［②-7］　総合的な学習の時間と学力の相関

な学力調査を全国的な規模で行った[2)3)]。総合的な学習の時間に熱心に取り組んでいる学校の児童・生徒ほど「問題解決力」や「情報活用力」「コミュニケーション力」などの、いわゆる「生きる力」が育っていることが明らかにされる。

これらの調査結果を受け、マスメディアの論調は大きく変わっていく。総合的な学習の時間の意義や成果を述べる記事が各社より発信されていくこととなる。

7. 平成29年学習指導要領

（1）育成をめざす資質・能力と子ども等の実態を踏まえた目標設定

平成29年改訂ではこの時間の目標として「探究的な見方・考え方を働かせ、横断的・総合的な学習を行うことを通して、よりよく課題を解決し、自己の生き方を考えていくための資質・能力を次のとおり育成することを目指す」と示された。

「探究的な見方・考え方」については、中央教育審議会答申（平成28年12月）では「各教科等における『見方・考え方』を総合的（・統合的）に働かせて、広範（かつ複雑な）事象を多様な角度から俯瞰してとらえ、実社会や実生活の文脈や自己の（在り方）生き方と関係付けて問い続けること」（括弧内は高等学校＝筆者注）としている。

すべての教科等において目標を考える上で考慮しなければならないのは「育成をめざす資質・能力」の三つの柱である。総合的な学習の時間では創設以来、ねらいとして「自ら課題を見つけ、自ら学び、自ら考え、主体的に判断し、よりよく問題を解決する資質や能力を育てること」「学び方やものの考え方を身につけ、問題の解決や探究活動に主体的、創造的に取り組む態度を育て、自己の生き方を考えることができるようにすること」（下線は筆者による）を掲げてきたため、大きな方向転換は必要ではない。二つ目の柱「未知の状況にも対応できる『思考力・判断力・表現力等』の育成」と三つ目の柱「学びを人生や社会にいかそうとする『学びに向かう力・人間性等』の涵養」も総合的な学習の時間の目標との関連は強い。

（2）探究に値する実社会・実生活にかかわる現代的な諸課題の設定

平成29年改訂では「探究課題」という表現が用いられる。答申に示されているように「一つの教科等の枠に収まらない課題に取り組む学習活動を通して、各教科等で身につけた知識や技能等を相互に関連付け、学習や生活に生かし、それらが児童生徒の中で総合的に働くようにすること」や「多様な他者と協働し、異なる意見や他者の考えを受け入れる中で、実社会や実生活とのかかわりで見いだされる課題を多面的・多角的に俯瞰してとらえ、考えること」（下線部は筆者による）と、探究課題の解決過程を通して「先行き不透明な社会を生き抜くとともに新たな価値を創造していく力」の育成を求めている。 ■

【引用・参考文献】
1) 村川雅弘（1999）「創設の趣旨」、『改訂小学校の学習指導要領の展開　総合的学習編』明治図書、pp.8-17
2) 村川雅弘・久野弘幸・田村学ほか（2015）「総合的な学習で育まれる学力とカリキュラムⅠ（小学校編）」、『せいかつか＆そうごう』日本生活科・総合的学習教育学会、第22号、pp.12-21
3) 久野弘幸・村川雅弘・田村学ほか（2015）「総合的な学習で育まれる学力とカリキュラムⅡ（中学・高校編）」、『せいかつか＆そうごう』日本生活科・総合的学習教育学会、第22号、pp.22-31

… I 理論編 — ③

総合的な学習の時間の目標

野口　徹（山形大学）

1. 総合的な学習の時間の目標

　総合的な学習の時間には，大別すると二つの目標が存在している。それは学習指導要領に示されたものと，各学校が設定するものの二つである。前者は，学習指導要領に「第1　目標」と示されていることから，学習指導要領解説などにおいて「第1の目標」と呼ばれることが多い。それに対して，各学校が設定するものは，「各学校で定める目標」と呼ばれる。ここでは，これらの二つの目標について説明する。

2. 第1の目標の構成

　［③-1］に示したのが，学習指導要領総合的な学習の時間の目標,「第1　目標」である。この目標には前半の「主文」と，後半の内容の二つの要素がある。

　まず，主文の構成としては，①探究的な見方・考え方を働かせること②横断的・総合的な学習を行うこと③よりよく課題を解決し，自己の生き方を考えていくための資質・能力を育成すること，という三つの項目を示している。

　後半の内容は，総合的な学習の時間の学習で児童・生徒に育成する資質・能力を示している。これらは新学習指導要領で示された資質・能力と対応しており，(1)は「知識及び技能」であり，(2)は「思考力，判断力，表現力等」，(3)は「学びに向かう力，人間性等」を示している。

> ［③-1］　第1　目標
> 　探究的な見方・考え方を働かせ，横断的・総合的な学習を行うことを通して，よりよく課題を解決し，自己の生き方を考えていくための資質・能力を次のとおり育成することを目指す。
> (1) 探究的な学習の過程において，課題の解決に必要な知識及び技能を身につけ，課題にかかわる概念を形成し，探究的な学習のよさを理解するようにする。
> (2) 実社会や実生活の中から問いを見いだし，自分で課題を立て，情報を集め，整理・分析して，まとめ・表現することができるようにする。
> (3) 探究的な学習に主体的・協働的に取り組むとともに，互いのよさを生かしながら，積極的に社会に参画しようとする態度を養う。

3. 第1の目標の主文

①探究的な見方・考え方を働かせる

　ここで言う「**探究的な見方・考え方**」は，解説総合編では次の二つの要素をもつ，とする。一つ目は，「各教科等における見方・考え方を総合的に働かせること」である。

　各教科等は特質に応じた見方・考え方を働かせてその教科等の目標に示す資質・能力の育成をめざす。総合的な学習の時間は，これらの見方・考え方を，探究的な学習の過程で児童・生徒自らが総合的に活用することにな

る。つまり，各教科等の見方・考え方を総合化するのである。

二つ目は，「総合的な学習の時間に固有の見方・考え方を働かせること」である。総合的な学習の時間で児童・生徒が学習する対象は，広範囲の事象が多く，多様な角度からとらえることが必要である。また，自己の生き方を問い直すような学びも期待される。総合的な学習の時間だからこそ児童・生徒がもつ見方・考え方である。

このような探究的な見方・考え方を児童・生徒が働かせることが，総合的な学習の時間の特徴である，と言うことができる。

② 横断的・総合的な学習を行う

ここで言う「**横断的・総合的な学習**」とは，総合的な学習の時間で児童・生徒が学習の対象とするのが，教科等の枠を超えているものであり，それらを学習する際には，特定の教科等の見方・考え方では処理できない内容を学習することを意味している。

つまり，総合的な学習の時間の探究課題は，各教科等を横断的に超えて，各教科等で身につけた資質・能力を総合的に発揮して，解決に取り組んでいくことが求められるものでなければならないのである。

③ よりよく課題を解決し，
自己の生き方を考えていく

総合的な学習の時間では，児童・生徒が課題をよりよく解決し，自己の生き方を考えるようにすることと，そのために資質・能力が必要であることを示している。

「**よりよく課題を解決する**」とは，解決を行う見通しがすぐにもてないような課題や，正解をもつことが困難な課題であっても，児童・生徒が各教科等の知識や技能等を総合的に働かせて対処し解決していこうとすること，である。このような学習活動で，児童・生徒によりよく課題を解決する資質・能力が育成され，これらが眼前の課題以外の場面においても必要となることを，児童・生徒が認識することが期待される。

「**自己の生き方を考える**」とは，総合的な学習の時間の学習から，人や社会，自然とのかかわりで，自らの生活や行動について考えていくようになったり，自らがこれからも学んでいくことの意味や価値を考えたり，さらに，学んだことを現在及び将来の自己の生き方につなげて考えたりすることである。総合的な学習の時間の経験から児童・生徒が達成感や自信をもち，自らのよさや可能性に気付き，自分の人生や将来について考えていくようになることである。

4. 総合的な学習の時間で育成することをめざす資質・能力

> (1) 探究的な学習の過程において，課題の解決に必要な知識及び技能を身につけ，課題にかかわる概念を形成し，探究的な学習のよさを理解するようにする。

これは，総合的な学習の時間の「知識・技能」を定義している。

児童・生徒は，課題の解決に取り組む中で，新たに知識を獲得したり，それまでもっていた知識が具体的な実体として見えたりすることがある。この知識は図書類で知る知識とは異なり，実際の生活の課題を解決する実感を伴った知識である。

課題の解決には，それに適した技能も存在する。その多くは，児童・生徒が各教科等の学習ですでに見聞しているものである。これらを児童・生徒が課題の解決で活用すること

で，よさを実感したり，高度な技能へと昇華されたりする。まさに「使える技能」としての認識をすることになる。

これらの知識と技能は，探究の過程で児童・生徒が価値付けをすることで身についていく。つまり，総合的な学習の時間の知識と技能は，課題解決の場面で「概念」として獲得されるものであり，重要なものである。そして，実生活の課題の解決に児童・生徒が，知識と技能を統合的に活用できるようになったときに，探究的に学習することの意味も理解していくようになる。これが，探究的な学習のよさ，である。

> (2) 実社会や実生活の中から問いを見いだし，自分で課題を立て，情報を集め，整理・分析して，まとめ・表現することができるようにする。

「思考力，判断力，表現力等」として，児童・生徒が実社会や実生活の中から問いを見出し，課題を立て，情報を集め，整理・分析し，まとめ・表現をする探究的な学習の過程で活用される力を示している。

総合的な学習の時間は，児童・生徒が実生活や実社会の中で様々な問題状況と出合い，課題を自ら設定することを求めているが，これらは大人でも簡単なことではない。児童・生徒が自らの「知識・技能」から，課題の解決に適するものを選択するなど，総合的な学習の時間に特有な思考や判断を行うことが必要である。つまり，総合的な学習の時間の「思考力，判断力，表現力等」は，「知識・技能」を課題に応じて適切に選択したり，組み合わせたりする力である。

なお，学習指導要領では，教科等横断的な視点に立った資質・能力として，言語能力，情報活用能力，問題発見・解決能力などをあげている。これらは各教科等の指導で習得す

るものであるが，これらの「知識及び技能」や「考えるための技法」（思考スキル）も，課題の解決の「思考力，判断力，表現力等」の要素となりうるものである。

> (3) 探究的な学習に主体的・協働的に取り組むとともに，互いのよさを生かしながら，積極的に社会に参画しようとする態度を養う。

総合的な学習の時間では，児童・生徒が身近な人々や社会，自然等に興味・関心をもち，意欲的にかかわる主体的な態度が欠かせない。自らが立てた課題の解決に必要となる情報をどのように集めるか。集めた情報をどのように整理・分析するか。そこから創造した考えをどのようにまとめ・表現を行い，自らの行動はどうするのか，という探究の学習の過程を，児童・生徒が自ら向かっていく姿がまさにそれである。

しかし，児童・生徒がこのような学習を行うには，一人ですべてをやり遂げることは難しい。ここには「他者」との協働的な活動が必要となる。例えば，地域の専門家からアドバイスを受けるならば，自分では気がつかなかった異なる見方や考え方を示されることがある。停滞していた課題の解決が前進することもあるであろう。このような他者との協働的な取り組みによって問題を解決する態度はきわめて重要である。

また，児童・生徒が主体的・協働的に取り組むことを通して，自ら社会にかかわり参画しようとする意志，社会を創造する自覚が徐々に育成されることも期待される。実社会や実生活の課題を探究する学習が，児童・生徒の中に，自己の生き方を問い続ける姿を生み出していくことこそが，総合的な学習の時間の究極の目標となるのである。

5. 各学校で定める目標

学習指導要領の総合的な学習の時間の「第2 各学校において定める目標及び内容」には以下のように示されている。

> 1 目標
> 　各学校においては、第1の目標を踏まえ、各学校の総合的な学習の時間の目標を定める。

　各学校は、学習指導要領の「第1の目標」を踏まえた独自の目標を定めるのである。他教科等には言及されていない、総合的な学習の時間の特徴である。これは各学校が地域や学校、児童の実態を把握して指導計画を作成し、創造的な授業を展開することが総合的な学習の時間の本質だからである。

　この目標は、前項で詳述した「第1の目標」の主文の要素①探究的な見方・考え方②横断的・総合的な学習③よりよく課題を解決し、自己の生き方を考えることと、育成するべき資質・能力の「知識・技能」「思考力、判断力、表現力等」「学びに向かう力、人間性等」も含めることで、各学校は、総合的な学習の時間で児童・生徒にどのような資質・能力を育てるのかを明確にするのである。

　また、学習指導要領の総則の「第2 教育課程の編成」の「1 各学校の教育目標と教育課程の編成」には次のような記述がある。

> 　教育課程の編成に当たっては、学校教育全体や各教科等における指導を通して育成を目指す資質・能力を踏まえつつ、各学校の教育目標を明確にするとともに、教育課程の編成についての基本的な方針が家庭や地域とも共有されるよう努めるものとする。その際、第5章総合的な学習の時間の第2の1に基づき定められる目標との関連を図るものとする。

　これは、各学校で編成する教育課程に関する内容である。ここに示されているのは、
① 資質・能力を踏まえた学校の教育目標を明確にする。
② 教育課程の編成の方針を家庭や地域と共有する。
③ 教育課程の編成は総合的な学習の時間の目標と関連させる。

ということである。これは、各学校が教育課程を編成するときには、各学校の総合的な学習の時間の目標と関連したものでなくてはならないことを明確にしている。つまり、各学校の全教育活動は、総合的な学習の時間の目標が示している、児童・生徒にどのような資質・能力を育てるのかということと関連させることを意味している。

　さらに、学習指導要領の総合的な学習の時間の「3 各学校において定める目標及び内容の取扱い」には以下のような記述が見られる。

> 　各学校において定める目標及び内容の設定に当たっては、次の事項に配慮するものとする。
> (1) 各学校において定める目標については、各学校における教育目標を踏まえ、総合的な学習の時間を通して育成を目指す資質・能力を示すこと。

　これは、各学校が定める総合的な学習の時間の目標は、「第1の目標」を受けるのと同時に、各学校の教育目標も踏まえるのであることを示している。つまり、総合的な学習の時間が各学校のカリキュラム・マネジメントであることがより明確に示されたこととなる。各学校が定める総合的な学習の時間の目標は、それらを見通したものであることも求められているのである。

総合的な学習の時間の内容と探究課題

野口 徹（山形大学）

1. 総合的な学習の時間の内容

　各学校には，学習指導要領に示された「第1の目標」を踏まえて，総合的な学習の時間の内容を定めることが求められている。それは，学習指導要領では，総合的な学習の時間においてどの学年で何を指導するのかという内容を，各教科等とは異なり，示していないことによる。学習指導要領が総合的な学習の時間の内容を詳細に示していないのは，各学校が，地域や学校，児童・生徒の実態に応じて，創意工夫を生かした特色ある内容に取り組むことで教育的な効果を得ることが期待されるからである。

　このように各学校で定める総合的な学習の時間の内容には，今回の改訂において新たに次の二つも設定することとされた。

　「目標を実現するにふさわしい探究課題」「探究課題の解決を通して育成を目指す具体的な資質・能力」の二つである。

　まず，「目標を実現するにふさわしい探究課題」とは，各学校の設定した総合的な学習の時間の目標を実現することを目途に，児童・生徒が探究的な学習に取り組む課題のことである。いわば，児童・生徒が探究的な学習に取り組む際にかかわりを深める人・もの・ことである。

　それに対して，「探究課題の解決を通して育成をめざす具体的な資質・能力」は，各学校で定める目標に記された資質・能力を各探究課題に即して具体的に示したものであり，教師の適切な指導のもと，児童が各探究課題の解決に取り組む中で，育成することをめざす資質・能力のことである。

　このように，総合的な学習の時間の内容は，目標を実現するにふさわしい探究課題と，探究課題の解決を通して育成をめざす具体的な資質・能力の二つによって構成される。両者の関係については，目標の実現に向けて，児童が「何について学ぶか」を表したものが探究課題であり，各探究課題とのかかわりを通して，具体的に「どのようなことができるようになるか」を明らかにしたものが具体的な資質・能力という関係になる。

[④-1]

総合的な学習の時間の内容	目標を実現するにふさわしい探究課題（「何を学ぶか」）
	具体的な資質・能力（「何ができるようになるか」）

　なお，この探究課題は，あくまでも各学校が指導計画の作成段階に定める内容のことであり，総合的な学習の時間の探究的な学習の過程における「児童が自ら設定する課題」，とは異なることに留意する必要がある。探究課題は，どのような学習対象に児童を出合わせることが，探究的な学習としての価値を生み出し，育成しようとする資質・能力を育てるのか，という内容を示したものである。

2. 目標を実現するにふさわしい探究課題

　今回の改訂で各学校において定める内容に，「目標を実現するにふさわしい探究課題」が新たに加わったことは前記した通りである。この「目標を実現するにふさわしい探究課題」を定めるのは，総合的な学習の時間で扱う内容が，探究的な見方や考え方を働かせる，横断的・総合的な学習であることと，この学習を通して児童・生徒に第1の目標に示した資質・能力を育成することを可能とする，教育的な価値があるものでなくてはならないからである。

　この「目標を実現するにふさわしい探究課題」については，例えば，小学校学習指導要領の「各学校において定める目標及び内容」に次のように示されている。

> (5) 目標を実現するにふさわしい探究課題については，学校の実態に応じて，例えば，国際理解，情報，環境，福祉・健康などの現代的な諸課題に対応する横断的・総合的な課題，地域の人々の暮らし，伝統と文化など地域や学校の特色に応じた課題，児童の興味・関心に基づく課題などを踏まえて設定すること。　　[④-2]

　これは，「目標を実現するにふさわしい探究課題」の例示となるものである。これらを列記すると以下のようになる。
- 現代的な諸課題に対応する横断的・総合的な課題（国際理解，情報，環境，福祉・健康など）
- 地域や学校の特色に応じた課題（地域の人々の暮らし，伝統と文化など）
- 児童の興味・関心に基づく課題

中学校では，これに，
- 職業や自己の将来に関する課題

が加わり，これが高等学校の総合的な学習の時間では，
- 職業や自己の進路に関する課題

と表記されている。

　これらのように参考として示された課題は，小学校の場合は「例示された三つの課題」，中学校・高等学校の場合は，「例示された四つの課題」などと呼ばれる。これらはあくまでも例示であり，各学校が設定する際には，これらを参考としつつも，児童・生徒，学校，地域の実態によって柔軟に設定することが求められるのである。各学校で定める「探究課題」は，これらの例示された課題を踏まえて，より具体的な内容として設定することになる。例えば，現代的な諸課題に対応する横断的・総合的な課題としての「環境」を設定した場合は，
- 環境：地域を取り巻く自然環境とわたしたちの暮らしがもたらす影響

地域や学校の特色に応じた課題としての「防災」であれば，
- 防災：地域の中に潜む災害の可能性とそれを防ごうとする人々の知恵と知識

などのように示すのである。これによって，児童・生徒が学習する対象を明確にするとともに，探究的に学ぶべき教育的な価値を示すこともできる。

　なお，本テキストでは，後半に参考となる実践を紹介しているが，そこでの「探究課題」の示し方としては，例示された三つの課題に属した表記である「地域」や「防災」などにとどめている。読者には，それぞれの実践を分析するときに，その実践者がどのような学習対象を選択し，どのような探究的な学習としての価値を設定しているのかを読み取り，上記したような文章表記を付加することに取り組んでいただきたい。「探究課題」を設定するためのよいトレーニングとなる。　■

総合的な学習の時間とカリキュラム・マネジメント

村川雅弘（甲南女子大学）

1. カリキュラム・マネジメントとは

　平成29年改訂の学習指導要領では総則の第1章第1の4においてカリキュラム・マネジメント（以下，見出しや引用を除き「カリマネ」）の充実を示している［⑤-1］。

> ［⑤-1］　カリキュラム・マネジメント
> 4　各学校においては，児童（生徒）や学校及び地域の実態を適切に把握し，教育の目的や目標の実現に必要な教育の内容等を教科等横断的な視点で組み立てていくこと，教育課程の実施状況を評価してその改善を図っていくこと，教育課程の実施に必要な人的又は物的な体制を確保するとともにその改善を図っていくことなどを通して，教育課程に基づき組織的かつ計画的に各学校の教育活動の質の向上を図っていくこと（以下「カリキュラム・マネジメント」という。）に努めるものとする。

　カリキュラム・マネジメントは比較的新しい用語であるが，意味するものはこれまで学校現場で行われてきたものに他ならない。中央教育審議会答申（平成28年12月）では，カリマネに関して，次のように説明している（ナンバリングは筆者による）。

①教育課程とは，学校教育の目的や目標を達成するために，教育の内容を子どもの心身の発達に応じ，授業時数との関連において総合的に組織した学校の教育計画である。
②その編成主体は各学校である。
③学習指導要領等を受け止めつつ，子どもたちの姿や地域の実情等を踏まえて，各学校が設定する学校教育目標を実現するために，学習指導要領等に基づき教育課程を編成し，それを実施・評価し改善していく。

　①と②は，平成20年学習指導要領の総則にも同様に述べられている。冒頭に「……地域や学校の実態及び児童の心身の発達や特性を十分考慮して，適切な教育課程を編成する……」と明示されている。教育課程編成の主体は各学校であり，その責任者は校長である。この点も新旧において違いはない。各学校が編成する教育課程は後述の「学校のカリマネ」のカリキュラムの部分ととらえると理解しやすい。

2. カリキュラム・マネジメントの構成要素

　カリマネ先進校に共通しているものを構成要素として整理したものが以下の視点である。
①全国学力・学習状況調査や県版学力テストをはじめとした各種調査等を踏まえての児童と学校・地域の実態把握及び教職員や保護者等の思いや願いの把握に努める。
②①の実態及び育成をめざす資質・能力を踏まえて学校教育目標を設定し教職員と共通理解を図る。
③②を達成するための教育活動の内容や方法についての理念や基本方針（例えば，授業スタンダードや話し合いのしかたのルールなど）を設定する。
④③を踏まえて各教科等の教育活動の目標や内容，方法を具体化するとともに，関連的・横断的に編成・実施する。

⑤④に基づいて各学年・学級が教育活動と経営活動を展開する。
⑥授業研究やカリキュラム評価等を通して，④にかかわる形成的及び総括的な評価に基づき改善を図る。
⑦⑤を支えるための協働性の高い指導体制及び運営体制を構築し，学習環境及び研修環境・時間等を工夫・改善する。
⑧⑦を通して，学習指導要領の実現に向けて求められる教職員の力量向上や職能開発，意識改革などを図る。
⑨家庭や地域との連携・協力及び外部機関（教育委員会や大学，異なる学校種を含む他校園など）との連携を図る。
⑩全体にかかわって管理職がビジョンをもった上でリーダーシップを発揮する。

3. カリキュラム・マネジメントのレベル

2.で示したカリマネは今次改訂がめざしている学校レベルのカリマネの全体像である。この「学校のカリマネ」がしっかりと充実して始めて以下のカリマネが機能する。

一つは「各教科等のカリマネ」である。小学校1年生のスタート・カリキュラムや外国語活動，総合的な学習の時間などの教科書のない教育活動だけでなく，各教科や道徳においてもカリマネが必要である。

一つは「学年のカリマネ」である。「学校のカリマネ」を拠り所としながら，担当学年の子どもの実態を踏まえて，学年として子どもをどう育てていくのかについて基本方針を考え，実践し，見直していくことである。

一つは「学級のカリマネ」である。「学校や学年のカリマネ」を拠り所としながら，担当した子どもの実態を踏まえて，1年間かけてどのような力をつけていきたいのか，授業づくり，学級経営等をどう進めていくのか，教室環境をどう整備していくのか。新任教員にも求められるカリマネである。

これら三つは，「教師の指導のカリマネ」と言うことができる。これらに対して「子ども一人ひとりの学びのカリマネ」が存在する。変化の激しい社会を生き抜くために，一人ひとりがなりたい姿やつけたい力を思い描いて，生活したり学んだりしていくことであり，カリマネの最終ゴールと言える。

4. 総合的な学習の時間とカリキュラム・マネジメント

総合的な学習の時間のカリマネは前述の「各教科等のカリマネ」に含まれるが，むしろカリマネを推進してきたと言える。

平成20年学習指導要領における『学習指導要領解説　総合的な学習の時間編』（以後，解説）及び『今，求められている力を高める総合的な学習の時間の展開　総合的な学習の時間を核とした課題発見・解決能力，論理的思考力，コミュニケーション能力等向上に関する指導資料』（以後，指導資料）はカリマネの枠組みを意識して作成されている。

例えば，新学習指導要領の総合的な学習の時間の解説は平成20年の解説と指導資料を踏襲して作成されているが，その内容・構成は前述の10の構成要素にほぼ一致する。

総合的な学習の時間の年間指導計画及び単元計画は総合的な学習の時間のカリマネである全体計画を踏まえて作成・実施される。カリマネのPDCAサイクルのPに相当するのが3章から6章である。7章の学習指導はD，8章の評価はCA，そして，9章の体制づくりがマネジメント部分に相当する。

平成20年の学習指導要領の解説及び指導資料もこのような内容と構成から作成されているので，これらを手掛かりに総合的な学習の時間に取り組んできた学校はカリマネをすでに着手してきたと言える。

1章：改訂の経緯や趣旨・要点

2章：国としてのこの時間の目標
3章：各学校が定める目標及び内容
4章：指導計画の作成と内容の取扱い
5章：指導計画の作成
6章：年間指導計画及び単元計画の作成
7章：学習指導
8章：評価
9章：体制づくり

5. カリキュラム・マネジメントの3側面と総合的な学習の時間

今次改訂では，「社会に開かれた教育課程」の実現を通じて子どもたちに必要な資質・能力を育成するという，新学習指導要領の理念を踏まえ，カリマネを三つの側面からとらえている。側面ごとに総合的な学習の時間における具体的な取り組みを検討する。

① 各教科等の教育内容を相互の関係でとらえ，学校教育目標を踏まえた教科等横断的な視点で，その目標の達成に必要な教育の内容を組織的に配列する。

総合的な学習の時間に関しては，すでに各教科や道徳，特別活動との関連を積極的に行ってきた実績がある。教育課程全体を通して各教科等を横断的な視点で教育活動を展開していく上で，総合的な学習の時間が要となっていく。これまでも一部の学校で取り組まれてきた「総合的な学習の時間と各教科等との関連ワークショップ」[1]は有効である。

② 教育内容の質の向上に向けて，子どもたちの姿や地域の現状等に関する調査や各種データ等に基づき，教育課程を編成し，実施し，評価して改善を図る一連のPDCAサイクルを確立する。

総合的な学習の時間では，各学校で定める目標と内容としての探究課題及び育成をめざす資質・能力の設定において子どもの姿や地域の現状の把握は必須である。これまでの実績を生かしより一層の充実を図りたい。また，全国学力・学習状況調査の特に総合的な学習の時間に関する項目（例えば，「『総合的な学習の時間』では，自分で課題を立てて情報を集め整理して，調べたことを発表するなどの学習活動に取り組んでいる」）の結果を年間レベルのカリキュラム評価に生かすとともに，日々の子どもの姿や様々な記述，地域や家庭からの反応を踏まえ，単元や活動レベルの改善に生かしていきたい。

③ 教育内容と教育活動に必要な人的・物的資源等を，地域等の外部の資源も含めて活用しながら効果的に組み合わせる。

身近な地域を主な学習のフィールドとしてきた総合的な学習の時間においては特に地域の人的・物的資源は重要である。「社会に開かれた教育課程」の要である総合的な学習の時間における地域の資源活用の成果を各教科等に生かしていきたいものである。

6. 総合的な学習の時間の全体計画

全体計画が総合的な学習の時間のカリマネの全体像であり，年間指導計画や単元計画を作成していく拠り所となるものである。

全体計画の作成においては，平成20年学習指導要領で作成された指導資料（小学校・中学校）の65ページの様式が学校現場では

定着してきている。

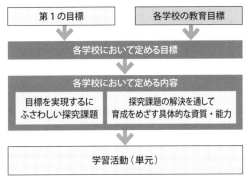

[⑤-2] 目標と内容と学習活動の関係

大きな枠組み自体は踏襲してよいが、「育てようとする資質や能力及び態度」と「各学校において定める内容」の部分の改訂が必要となる。[⑤-2]の図の上から三つ目の層に該当する部分である。「育てようとする資質や能力及び態度」と「各学校において定める内容」は合わせて「各学校において定める内容」とし、「目標を実現するにふさわしい探究課題」と「探究課題の解決を通して育成をめざす具体的な資質・能力」からなる。探究課題や資質・能力に関しては別の項で詳述してあるので参照する必要がある。ここでは全体計画の構成について確認する。以下の①②③が[⑤-2]に関連する部分である。

① 育成をめざす資質・能力を踏まえて、この時間がめざす目標を設定する。学校の実態に応じて、重点化を図ったり新たなものを組み入れたりすることが望ましい。

② 「目標を実現するにふさわしい探究課題」と「探究課題の解決を通して育成をめざす具体的な資質・能力」からなる内容を具体化する。教職員の共通理解は当然ながら、家庭や地域にもわかり易く発信し、さらなる理解と協力を仰ぎたい。

③ 「内容」とのかかわりで実際に行う「学習活動」を、子どもにとって意味のある課題の解決や探究的な活動のまとまりとしての「単元」の中で配列し組織する。

④ 「学習活動」を適切に実施する上で必要とされる「指導方法」(主体的・対話的で深い学びの導入や各教科等との関連など)を決定する。

⑤ 学習状況及び教師の学習指導の評価の適切さを吟味する評価(いわゆる学習評価と授業評価、カリキュラム評価)を行う。

⑥ ①〜⑤の計画、実施を適切に推進するための「指導体制」(教職員の指導・支援体制と地域人材の活用等)を整える。

カリマネの要素としては、①②が実態等に基づく目標の設定、③④がカリキュラムのPD、⑤がカリキュラムのCA、⑥がマネジメントに相当する。全体計画を踏まえ、各学年の年間指導計画、単元計画が作成される。

7. 学校段階間の接続

困難が予想される時代を生き抜くとともに次代を創造する資質・能力は幼児教育から義務教育、高等学校教育を貫いて育まれるものである。小学校では幼児教育と中学校教育、中学校では小学校教育と高等学校教育、高等学校は中学校教育と大学等との関係を見据えて、円滑な接続が図られるように教育内容や教育方法の計画・実施、評価・改善を進めていくことが重要である。その際、総合的な学習の時間が要となる。■

【参考文献】
1) 村川雅弘 (2016)「総合的な学習の時間と各教科等との関連」,『ワークショップ型教員研修 はじめの一歩』教育開発研究所, pp.74-78

年間指導計画，単元計画の書き方

酒井達哉（武庫川女子大学）

1. 年間指導計画とその構成要素

　年間指導計画は，学年や学級において，その年度の総合的な学習の時間の学習活動の見通しをもつために1年間の流れの中に単元を位置付けて示すものである。どの時期に，どれくらいの時間をかけて，どのように学習活動を展開するのか，またその活動を通して，どの程度まで子どもの学びの変容を期待するのかということについて，1年間にわたる具体的な子どもの学習の姿をイメージしながら計画をたてるようにしたい。

　年間指導計画の様式は特に固定的な様式はないが，各学校が実施する教育活動の特質に応じて必要な要素を盛り込み，活用しやすい様式に工夫して表すことが大切である。その際，各学校が作成する全体計画を踏まえ，育みたい資質・能力の育成との関連性に十分に配慮することが重要である。

　年間指導計画に表記する構成要素としては，下の表に示すように，単元名，主な学習活動，活動時期，予定される時間数などがある。これらの要素に加えて，単元の目標，各教科等との関連，外部講師，教育施設との関連などを記す場合もある。

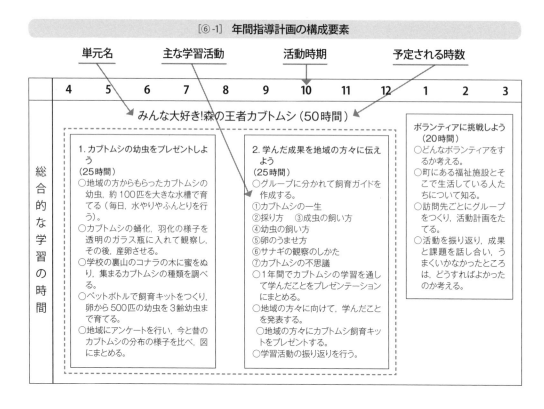

[⑥-1] 年間指導計画の構成要素

2. 年間指導計画作成上の留意点

　年間指導計画においては，1年間の流れの中に，探究的な学習活動のまとまりである「単元」を配列し，1年間の学習活動を構想することがポイントとなる。その際，単元の実施期間を大まかに示したり，主な学習活動やねらいを箇条書きで書くようにしたりして，端的に記述するように工夫したい。

　次に示す四つの留意点は，『小学校学習指導要領（平成29年告示）解説 総合的な学習の時間編』（文部科学省）に示された年間指導計画作成上の留意点であり，これらの点に留意して，年間の探究的な学習活動のイメージをつくることのできる年間指導計画を作成したい。

(1) 子どもの学習経験に配慮すること

　子どものこれまでの学習経験やその経験から得られた成果について事前に把握し，得られた成果を生かしながら年間の指導計画をたてる必要がある。特に，総合的な学習の時間に初めて取り組む3年生の場合には，生活科等における学習活動の経験や成果等を把握しておくことが大切である。

(2) 季節や行事など適切な活動時期を生かすこと

　地域の伝統行事や季節の変化，動植物とのかかわり等，学習活動が特定の時期に集中することで効果が高まったり，適切な時期を逃してしまうことで効果が薄くなったりすることがあるので，十分に留意することが大切である。例えば，地域教材として国蝶オオムラサキなどの昆虫を取り上げる場合，何月から幼虫を飼育し，何月に羽化の様子を観察するかなど，年度当初から予定される時期と活動内容は年間指導計画に明記しておくとよい。

(3) 各教科等との関連を明らかにすること

　各教科等で身につけた知識や技能は，総合的な学習の時間の探究的な学習の中で活用させることにより，相互に関連づけられ，一層，生きて働く力となる。また，総合的な学習の時間も各教科等で身につけた知識や技能等が存分に発揮されることで，学習活動は深まりを見せる。よって，各教科等との関連を示す年間指導計画の作成をする際には，このような相乗効果が得られ，子どもに学ぶ意義を実感させるために実施時期や指導方法を調整し，各教科等との関連を明記するなどの工夫を行うことが大切である。

　次ページの表［⑥-2］は，学年の各教科等のすべての単元を一覧に記入したものである。この表を作成することにより，学年の教育課程を視野に入れて，総合的な学習の時間の年間の見通しをもつことができる。さらに，作成中に学習内容に関する新たな関連や指導法上の関連を見出すこともある。

　なお，指導計画を作成する際には，機械的に各教科等の単元名を書き込んで終わらせるのでなく，この表のように矢印でつないで各教科等と総合的な学習の時間の関連を明示するなどの工夫を行うことが有益である。

(4) 外部の教育資源の活用及び異校種の連携や交流を意識すること

　総合的な学習の時間を充実させるために

は，保護者や地域の人，専門家などの人的な資源や，公民館，図書館，博物館などの社会教育施設や団体，その他，各種の団体などの組織的な資源を工夫して活用することが有益である。そのためには，日頃から外部との連携や協力を意識し，関係づくりに努めておくことが望まれる。

また，異校種との交流や連携を行う場合には，子どもに交流を行う必要感や必然性があるかどうか，交流相手にも教育的な価値がある互恵的な関係を築くことができるかどうかなどの点に配慮する必要がある。

以上，四つの留意点に即して，書き方のポイントを述べたが，年間指導計画は，十分な見通しをもって計画するものであるが，それはけっして固定的なものではなく，子どもの探究の実態に即して柔軟に運用することが求められる。実際に単元を展開していくと，子どもの興味・関心や課題意識が計画と異なったり，想定していた子どもの姿と実際の姿との間に隔たりが生じたりすることがある。そのような場合には，単元の途中であっても改善を加えることが望まれる。ただし，修正に際しては，実現の見通しがあるか，意欲をもって追究できるものか，学習活動に質的な高まりが得られそうかなど，当初の計画よりも質の高い追究が可能かどうかを見極める必要がある。

[⑥-2] **各教科等との関連を明示した年間指導計画の例（第4学年）**

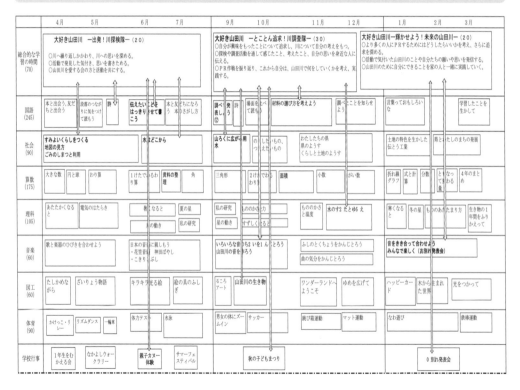

『今，求められる力を高める総合的な学習の時間の展開（小学校編）』文部科学省, 2010, p.82. を参考に筆者がアレンジ

3. 単元計画を作成する際の留意事項

『小学校学習指導要領（平成29年告示）解説 総合的な学習の時間編』（p.92）によれば、単元計画とは、「課題の解決や探究的な学習が発展的に繰り返される一連の学習活動のまとまりである単元についての指導計画」であると述べられている。

そして、単元計画をたてるにあたっては、右［⑥-3］の平成29年版『小学校学習指導要領』第5章第3の1の（1）の内容を踏まえることが重要であるとされている。

つまり、総合的な学習の時間では、子ども自身が学びの意味を感じ、主体的に追究できる探究的な学習を重視している。このような総合的な学習の時間の趣旨を生かした学習活動を行うためには、子どもの興味や疑問を重視するとともに教師が意図した探究的な学習が展開されるように工夫し、単元計画に位置付けることが大切である。

> ［⑥-3］
> 年間や、単元など内容や時間のまとまりを見通して、その中で育む資質・能力の育成に向けて、児童の主体的・対話的で深い学びの実現を図るようにすること。その際、児童や学校、地域の実態等に応じて、児童が探究的な見方・考え方を働かせ、教科等の枠を越えた横断的・総合的な学習や児童の興味・関心等に基づく学習を行うなど創意工夫を生かした学習活動の充実を図ること。

4. 単元計画作成の手順

前掲の『今、求められる力を高める総合的な学習の時間の展開（小学校編）』（文部科学省）においては、単元計画作成の手順が右［⑥-4］のように示されている（p.86）。この内容に加え、育む資質・能力の育成に向けて、主体的な学び、対話的な学び、深い学びを単元のどの部分で実現を図るのか、検討して位置付けることも大切である。

> ［⑥-4］
> A 全体計画・年間指導計画を踏まえる
> B 3つの視点から、中心となる活動を思い描く
>   ① 児童の興味・関心　② 教師の願い
>   ③ 教材の特性
> C 探究的な学習として単元が展開するイメージを思い描く
> D 単元計画の実現が可能かどうか検討する
> E 単元計画としての学習指導案を書き表す
> F 単元の実践
> G 指導計画の評価と改善

5. 単元の流れをイメージできる単元構想図

単元計画をたてる際には、まず、単元を概観する単元構想図を作成することが有効である。次ページの表［⑥-5］は、福山市立今津小学校3年生「心も体も大きく、強く 〜食を通して〜」（全70時間）の単元構想図である。この単元は1年間を通じて同じテーマで継続的に取り組むものであるので、この図は、前ページで取り上げた年間指導計画の型の一つともいえよう。

この単元構想図の特徴は、年間を通じて取り組む活動のまとまりごとに六つの単元に分けて、主な学習活動と予想される児童の意識、関連させる教科等、めざす児童の姿を示すものであ

る。これにより，単元全体の流れを，各教科等との関連を意図しながら大まかに概観でき，探究のプロセスや期待される子どもの姿をイメージすることができる。

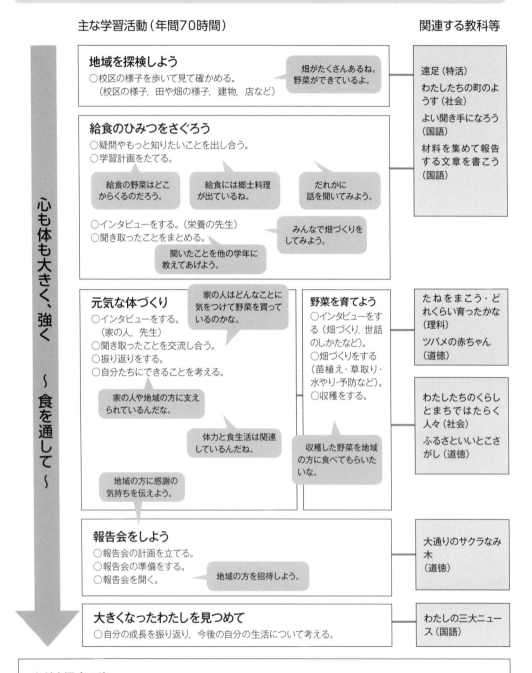

[⑥-5] 単元の流れをイメージできる単元構想図の例（3年生）

6. 単元構想図をもとにした単元計画

下は前ページの福山市立今津小学校3年生「心も体も大きく，強く〜食を通して〜」の単元構想図をもとにした，第2次の「元気な体づくり」（全16時間）の単元計画である。学習過程，時数，学習内容・学習活動，指導のポイント，評価規準（本文p.38参照），教科等との関連が簡潔に示されている。　■

［⑥-6］ 単元構想図をもとにした単元計画の例（3年生）　第2次 【全16時間】

学習過程	時数	学習内容・学習活動	指導のポイント	評価規準	教科等との関連
整理・分析	1	1学期に学習したことを振り返る ・給食のひみつはなんだったのかを話し合う。 ・どうして「食」は大切なのかを考える。	・1学期に学習した給食のひみつを振り返り，なぜ食べることは大切なのかを考えることができるようにする。	【主】 （行動観察，発表）	
情報の収集	2	健康のために，何に気をつけて食事をするとよいだろう ・家の人が食事をつくるときに気をつけていることを考える。 ・家の人にインタビューをする。 ・インタビューの結果を整理・分析する。	・家の人が食事をつくるときに多くの工夫をしていることに気付き，感謝の思いを抱くことができるようにする。 ・家の人の工夫をグループ分けし，レシピづくりにつなげる。	【課】 （発表） 【主】 （ワークシート）	国「つたえよう，楽しい学校生活」 学「毎日を元気にすごすために」
課題設定	3	家の人が食事をつくるときに困っていることはないのかな ・家の人は食事をつくるときにどのようなことに困っているのかを考える。 ・家の人にインタビューをするための，インタビュー用紙をつくる。 ・インタビューの結果を整理・分析する。	・困っていることは何かを予想し，予想をもとに自分たちでアンケート用紙を作成する。 ・実際のおうちの人の困り感をグループ分けし，おうちの人を助けるために自分たちにもできることがあることに気付かせる。	【課】 （ワークシート） 【感】 （発言，ワークシート） 【表】 （発表，行動観察）	国「つたえよう，楽しい学校生活」 道「ぼくのおばあちゃん」 社「店ではたらく人々の仕事」
整理・分析	1	わたしたちにできることは何だろう ・家の人を助けるために，自分たちに何ができるか考える。 ・考えたことを整理・分析する。	・自分たちにできることを前時にまとめたアンケート結果をもとに出し合う。	【課】 （発表，行動観察）	
情報の収集	4	健康になるためのレシピをつくろう	・グループに分かれ，それぞれ「味つけ」「栄養バランス」など，何を重視してレシピを作成するかということを考える。	【課】 （行動観察，発表） 【主】 （行動観察，ワークシート）	総「野菜を育てよう」
まとめ・表現	2	考えたレシピを発表しよう ・班ごとに考えたレシピを発表する。	・出し合ったレシピを，実現可能かどうか根拠を明確にし，評価し合う。 ・互いのグループのレシピにアドバイスをすることで，改善につなげることができるようにする。	【表】 （行動観察，発表） 【課】 （発表，ワークシート）	
整理・分析	2	つくったレシピを見直そう ・他の班のレシピのよさを取り入れて，レシピを改善する。	・前時でのアドバイスをもとに自分たちのグループのレシピをもういちど見直す。 ・レシピをつくる中で何が大変だったかを振り返らせることで，家の人の苦労に改めて気付くことができるようにする。	【課】 （行動観察）	
振り返り	1	これまでの学習を振り返ろう ・レシピをつくるときに苦労したことを振り返る。	・自分たちでレシピを考える中で大変だったことを振り返り，家の人の苦労に気付くことができるようにする。	【感】 （発表，ノート）	

〈注〉評価規準の【表】は表現力，【課】は課題発見・解決力，【主】は主体性，【感】は思いやり・感謝の心を表す。

学習指導案の書き方

酒井達哉（武庫川女子大学）

総合的な学習の時間の学習指導案を作成する場合，先に記した単元計画を具体的にどのように表現するかが重要である。本節では，前節の「年間指導計画，単元計画の書き方」に続いて，具体的な事例として福山市立今津小学校3年生（以下，今津小と表記）の実践を取り上げる。なお，学習指導案の項目は，他教科と同様に学校によって多少の違いはあるものの，一般的に［⑦-1］のようなものが多い。

以下，この項目ごとに学習指導案の書き方

> ［⑦-1］
> ・単元名
> ・単元目標
> ・単元設定の理由
> 　(1)児童観　(2)教材観　(3)指導観
> ・評価規準
> ・単元計画
> ・本時の展開
> 　(1)本時の目標　(2)展開

のポイントについて述べる（単元計画の書き方については前節で述べたので割愛する。p.33～35を参照）。

1. 単元名

単元名を作成するにあたっては，探究課題をもとにして，ひとことで簡潔に学習の目的や学習活動の内容を表現することがポイントである。その際，それが子どもの学習の姿と学習の目的が想起できるものがよい。例えば，今津小の場合は，年間指導計画を踏まえて「元気な体づくり」としている。

2. 単元目標

単元目標の作成の際には，「知識及び技能」「思考力，判断力，表現力等」「学びに向かう力，人間力等」の三つの柱をもとに決めた，子どもに育みたい資質・能力を一文や箇条書きで明確に示すようにする。例えば，今津小「元気な体づくり」の単元目標は，［⑦-2］のように4点が示されている。ここでは文章の最後に（表現力）（主体性）のように，子どもに育みたい資質・能力が端的に表現されているのでより分かりやすい。

> ［⑦-2］　単元目標の例
> ○調べたことや，考えたことを，理由を明確にしながら相手にわかりやすく伝えることができる。（表現力）
> ○自ら課題を見つけ，自分たちにできることはないだろうかと，解決への方法を比較したり，分類したりすることができる。（課題発見・解決力）
> ○知りたいと思ったことを進んで調べたり，調べて分かったことを交流したりすることができる。（主体性）
> ○自分たちの生活は多くの人の支えがあって成り立っていることに気付き，感謝の気持ちをもつことができる。（思いやり・感謝の心）

3. 単元設定の理由

単元設定の理由の項目では，他の教科と同様に，児童観，教材観，指導観の三つに

分けて書くことが多い。以下，今津小「元気な体づくり」の事例とともに，それぞれの項目を書くポイントを示す。

（1）児童観

この項目では，この単元に至るまでの学習活動や目的に関連して，どのような経験知や資質・能力，課題意識をもっているのかなどの子どもの実態を客観的に記述する。その際，子どもの実態を把握するため，育てたい資質・能力に関するアンケートを実施することも有効である。

> **[⑦-3] 児童観の例**
> 本学年の児童は，1学期に給食について調べることを通して，郷土料理や旬の野菜を食べることのよさを学んできた。また，給食の野菜を育ててくださっている方々との交流を通して，自分たちが何気なく食べてきた給食の野菜は，農家の方々が苦労して育ててくださっているのだということに気付いた。そして，その感謝の気持ちを何とかして表現したいという思いを抱いている。<中略>
> 児童アンケートの結果から，課題について「なぜだろう」「やってみたい」と思う児童が89パーセントと，ほとんどの児童が課題に対して意欲的な思いを抱いていることがわかる。
> しかし，課題を解決するための取り組みについては否定的な回答をしている児童が多い。このことから，課題発見・解決力に課題があると言える。

（2）教材観

この項目では，この単元で扱う教材を学ぶことが，子どもにとってどのような教育的価値をもっているのかを記述する。すなわち，教材の紹介にとどまることなく，子どもの現在の姿と子どもに育みたい資質・能力との関係で教育的価値を具体的に書くようにする。

> **[⑦-4] 教材観の例**
> 本単元は，1学期の給食のひみつで学んだ栄養バランスや，食材の産地，食事を工夫することの大切さなどから，家庭での食事に焦点を当てることで，身の回りの食に関する課題に関心をもち，意欲的に学習に取り組むことができる単元である。
> 日ごろ何気なく食べている食事にも，多くの工夫が凝らされている。そして，作り手には多くの苦労がある。仕事で食事をつくる時間がない，栄養の偏った食事になりがちであるなど，食事をつくる人の苦労や悩みを知ることで，児童は「自分たちにできることはないだろうか」と自ら課題を見つけ，それを解決するための取り組みを考え，課題発見・解決力を高めることができる。
> 2学期は，自分たちの健康に目をむけ，おうちの人はどのようなことに気をつけて食事をつくっているのか，また，どのようなことに苦労をしているのかということを，1学期に学習した「給食のひみつ」をもとに予想し，実際に調べる活動を行う。調べたことを整理・分析する中で，自分は多くの人に支えられて育っている存在であることに気付くことができ，周囲の人への感謝・思いやりの心を育むことのできる単元である。

（3）指導観

この項目では，児童観で明らかにした実態をもつ子どもに，教材観で述べた教育的価値をどのように指導していくのかを記述する。その際，単元展開における学習指導の手立てを具体的に書くようにする。

> **[⑦-5] 指導観の例**
> 指導にあたっては，栄養の先生や家の人にインタビューをし，わかったことをまとめることで，多くの人の支えや，愛情があって成長している自身の存在に気付き，感謝・思いやりの資質を高めることができるようにする。
> また，インタビューでわかったことをグループ分けし，それらに名前をつける活動を行ったり，インタビューの結果を自分たちで表やグラフにまとめたりする。そうすることで，自分たちの食生活を支えている人々の苦労や，困り感に気付くことができ，自分にできることはないだろうかと児童が課題を発見することができる。

以上，三つの項目で単元設定の理由を書くポイントを示したが，これらの項目は系統性をもつようにしなければならない。

4. 評価規準

　単元の評価規準は，子どもに育みたい資質・能力を評価するために設定した到達目標を記述するものである。例えば，今津小「元気な体づくり」の評価規準の項目では，単元目標で示された四つの子どもに育みたい資質・能力をさらに「スキル」「意欲態度」「価値観・倫理観」に分類している。そして，「主体性」「表現力」など，それぞれの資質・能力に即して，期待することができる，子どもの具体的な姿が記述されている。

[⑦-6] 評価規準の例

	資質・能力		評価規準
スキル	コミュニケーション能力（表現力）	表	食について調べたことやわかったことを，根拠をもとにしながら説明している。
	課題発見・解決力	課	家の人を助けるという課題を見つけ，課題を解決するために自分にできることを比較したり，関係付けたりしている。
意欲態度	主体性	主	自ら進んで課題について調べたり，話し合い活動に取り組んだりしている。
価値感倫理観	思いやり・感謝の心	感	自分の生活を支えている人々の存在に気付き，感謝・思いやりの気持ちを表現している。

5. 本時の展開

　この項目では，「本時の目標」と「展開」について書かれることが多い。

(1) 本時の目標

　この項目ではまず，単元目標，評価規準に沿って，本時の活動を見通して目標を決定する。例えば，今津小「元気な体づくり」では，本時の目標が「家の人を助けるために，自分たちにできることを考えることができる」と設定されている。その際，本時の目標についての評価規準として，「前時のインタビュー結果をもとに，理由や根拠を明確にしながら，自分たちにできることを整理・分類している」と記述されているので，本時における期待できる子どもの姿がより明確になっている。

(2) 展開

　本時の展開を構想する際は，まず，教師が，その授業の展開のイメージを明確にもつことが重要である。その際，主体的な学び，対話的な学び，深い学びを授業のどの部分に配置するかを決めたり，学習形態，思考ツール，ICT，資料，ゲストティーチャー，関連する他教科等の学び，振り返りなどのキーワードを用いて展開を検討したりして，本時の授業を組み立てていくとよい。

　なお，本時の展開の項目では，その表の項目に「学習活動」「指導上の留意点」「評価規準と評価方法」をあげる学校が多い。今津小の場合も次ページに示すように「学習活動」「予想される児童の反応」「指導のポイント・評価規準」の項をあげている。同校の特徴としては，「資質・能力の育成のための手立て」が矢印で明記されていることである。

　なお，[⑦-7]の評価規準の文章の後にある[課]とは，評価規準の「課題発見・解決力」を略したものであり，（発表・行動観察）とは評価の方法である。

　以上，総合的な学習の時間の学習指導案

の書き方について述べた。加えて，学習指導案を作成するにあたって大切なことは，単元の学習を通して，どのような資質・能力を身につけるのかを明らかにした上で，一連の学習活動が探究的な学習となっていることを具体的に表現することである。 ■

[⑦-7] 本時の展開の例

(1) 目標と評価

目　標	家の人を助けるために，自分たちにできることを考えることができる。
評価規準	前時のインタビュー結果をもとに，理由や根拠を明確にしながら，自分たちにできることを整理・分類している。

(2) 準備物　前時のアンケート結果をまとめた掲示，ワークシート

(3) 本時の展開

	学習活動	予想される児童の反応	指導のポイント ○評価規準
導入	1. 前時までの学習について想起する。	・お家の人は，仕事で遅くなるとき，栄養バランスの整った食事をつくる時間がなく困っている。 ・子どもの好き嫌いが多いので，子どもの健康のために，どうやったら残さず食べられるか悩んでいる。	
展開	2. 本時の学習課題を確認する。	【めあて】家の人を助けるために，何ができるだろうか。	
	3. 班ごとに自分たちにできることを話し合う。	・手伝いをする。 ・好き嫌いを減らす。 ・献立を一緒に考える。	・理由を明確にして発表するよう助言する。 ・「いつ」「どのように」と問い返し，児童の考えを深めることができるようにする。
	4. 班ごとに発表する。	・アンケートで，家の人は忙しくてごはんをつくるのに時間をかけられないと言っていたので，自分も手伝おうと思う。 ・アンケートで，家の人は献立を考えるのに悩んでいることがわかったので，自分も献立を考えて家の人に提案する。	**資質・能力の育成のための手立て** それぞれのグループの発表に質問をし合うことで，より具体的な解決策を考えることができるようにする。
	5. 全体で意見を交流する。	・班ごとに出された意見で，気になった考えを伝え合う。 ・各班の考えをもとに，新たに思いついたことを伝え合う。	○家の人を助けるためにできることを友だちの考えと比較したり，生活に関連付けたりして具体的に考えている。【課】（発表・行動観察）
	6. 今後の見通しをもつ。		・本時の学習をもとに，家の人を助けるために，これから何をするか考えさせる。
まとめ		【まとめ】自分たちの健康のために，たくさんの工夫をしている家の人を助けるために，自分たちで献立を考える。	
	7. 振り返りをする。		・本時の学習を振り返り，これから自分にできることを考え，次時への見通しをもつことができるようにする。

主体的・対話的で深い学びの授業づくり

石堂　裕（たつの市立新宮小学校）

1. なぜ総合的な学習の時間なのか

（1）求められる資質・能力と総合的な学習の時間の充実

新学習指導要領で示された知識基盤社会における育成すべき資質・能力の三つの柱とは，<u>生きて働く</u>「知識及び技能」，<u>未知の状況に対応できる</u>「思考力，判断力，表現力等」，そして<u>自己のキャリア形成を見据え</u>た「学びに向かう力，人間性等」である。教師が意識しておきたいのは，下線の部分であり，これが「社会に開かれた教育課程」の必要性につながる要因でもある。

[⑧-1] 「見方・考え方」と三つの柱の関係

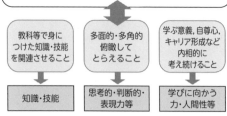

[⑧-1] は，新学習指導要領が示す総合的な学習の時間における「見方・考え方」と育成すべき資質・能力の三つの柱との関係を示したものである。総合的な学習の時間は，実社会の課題を取り上げ，その課題解決に向けて，教科等で習得した「知識及び技能」を用いながら探究的に学ぶことを目的とするため，「探究的な見方・考え方」と資質・能力の三つの柱とのかかわりは明らかである。そのことから，「社会に開かれた教育課程」をカリキュラム・マネジメントし，「主体的・対話的で深い学び」を生み出す授業をつくるには，総合的な学習の時間を充実させることが求められているといっても過言ではない。

（2）主体的・対話的で深い学びを生み出す授業への改善の視点

授業改善の視点と，総合的な学習の時間における授業づくりのポイントを整理すると [⑧-2] のようになる。

[⑧-2] 授業づくりの視点とポイント

	授業づくりにかかわる主な視点	主なポイント
主体的な学び	・学ぶことへの興味や関心をもつこと→①②※1	学習意欲づくり
	・見通しをもって粘り強く取り組むこと→①③	見通しづくり
	・自己の活動を振り返って次につなげること→③	評価活動※2
対話的な学び	・子どもどうし，地域の方，専門家などとの対話→②③	外部人材の活用
	・図鑑，物語などの図書資料との対話→②③	図書館の活用
	・映像教材との対話→②③	映像教材の活用
深い学び	・各教科等の見方・考え方を大切にすること→①	教科等との関連の気付き
	・個の気付きや疑問をみんなで共有すること→②	質の高まり
	・探究のプロセスを重視すること→③	思考スキル

※1 丸数字は次ページ冒頭の①～③に対応
※2 評価活動（ルーブリックやパフォーマンス評価など）

この[⑧-2]の主な視点を大別すると,「①単元をデザインすること」「②個の気付きや疑問をみんなで共有すること」「③探究のプロセスを重視すること」の三つに整理できる。これらを授業づくりの柱として実践することが大切である。

2. 授業づくりにおける三つの柱

(1) 単元をデザインすること

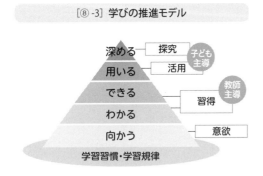

[⑧-3] 学びの推進モデル

主体的・対話的で深い学びを生み出す授業を[⑧-3]にあてはめると,既習の知識を用いながら課題解決したり,既存の知識をさらに深めたりするステップに位置付けられる。そのため,主体的・対話的で深い学びとは,単元全体を見据えた学習活動によって生まれる学びであると理解してよい。

では,単元をデザインするための具体例を示したい。単元の完成には,「構想→構成→計画」の三つの流れがあることを受け,まず「構想」の段階では,教師は,探究課題に対する子どもたちの思いや願いを把握した上で,次の五つを意識したい。

○単元とかかわる子どもたちの体験知
○単元における子どもの継続体験
○知識及び技能と関連する教科等
○外部人材とのかかわり
○期待する子どもの姿

これらを構造化するのが,「構成」の段階である。構造化する際,[⑧-4]のように,「体験知」「社会認識」,そして「期待する子どもの姿」をベースにつくるとよい。

単元をデザインすることで,具体的な手立て,時間数,評価のポイントなどがイメージしやすくなるため,指導案に示す「計画」も立てやすくなる。

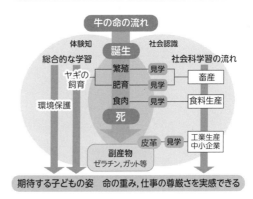

[⑧-4]「そして命と向き合う」単元デザイン

(2) 個の気付きや疑問をみんなで共有すること

個の気付きや疑問が出やすい環境づくりには,飼育や栽培などの継続した観察体験と,それに伴う外部人材とのかかわりがポイントである。なぜなら,子どもたちの「あれ? どうして? なるほど! でもね!」といった大切なつぶやきが出やすいからだ。これらのつぶやきは,個別の「気付きカード」に記述し,書きためたカードを整理・分析する過程で,深い学びにつながる気付きや疑問を,みんなで共有するように働きかけることが重要である。

例えば,動物園からレンタルした2頭のヤギを6か月間の世話をする過程で,5年生の子どもたちが,いくつかの疑問を抱いた。子どもたちは,市立図書館で見つけた動物の行動実験に関する本をきっかけに,いくつかの疑問を,次の四つに整理して,実験を企画したのである。

【実験1】ヤギは，餌を見て判断するか，においで判断するか。

【実験2】ヤギは，餌置き場を理解しているか。

【実験3】ヤギは，なぜ食べ残した餌を食べないのか。

【実験4】ヤギは，どのようにして仲間だと判断するのか。

　四つの実験の様子を写真やビデオで記録し，その結果をみんなで分担しながら，「行動データ」としてタブレットにまとめておく。知識を再構成する機会である。理科の実験結果の考察と同様に進めることで，子どもたちは，やり方を理解しやすい。

　さらに，[⑧-5]のように，全体で実験結果を関連付ける時間を設けるのである。黒板にXチャートを描き，整理した結果，子どもたちは，嗅覚がポイントになることを突き止めることができた。

　このように，個の気付きや疑問をみんなで共有し，実験や考察の時間を設けることで，子どもたちの観察力は向上する。その成果は，日々の書きためた個別の気付きシートにも表れ，一段と質の高い気付きとして可視化されるのである。

（3）探究のプロセスを重視すること

①探究のプロセスとは

　「探究のプロセス」とは，探究活動における「課題の設定→情報の収集→整理・分析→まとめ・表現」の四つのプロセスを指す。探究活動では，課題解決に向けて，このプロセスが連続する。このプロセスに必要な力は，「課題を多面的・多角的にとらえる力」や「整理・分析する力」であり，それらの具現化には，「思考スキル」の活用が効果的である。前述したヤギの行動実験の考察にも，「関連付ける」といった思考スキルが使われている。

②実社会の課題を取り上げることで

　また，探究のプロセスには，実社会の課題に関する事実的知識の獲得が求められる。そこで，社会科の学習内容との関連を図ることが効果的である。

　例えば，[⑧-6]は，社会科で公害の単元で，原発問題について学習した後に行った「希望

[⑧-6] 関連付ける板書の例

[⑧-5] Xチャートによる分析

の牧場」の板書である。絵本『希望の牧場』とは，原発問題によって飼育する牛を殺処分することを求められた主人公のYさんの，それでも飼い続けるという生き方を表した絵本である。この絵本を市立図書館から借り，みんなで討論するための話題として提供した。子どもたちは討論を通して，家畜やペットの命が失われていることを知るとともに，放射能の影響と恐怖，そして家畜を飼うことへの責任と愛情について理解することができた。

また，「ヤギは環境にやさしいか」といったテーマでの討論もした。提示した資料は，里山のシカの被害を記した新聞記事，冬休みの飼育中に新芽を食べ尽くしてしまった［⑧-7］の掲示シート，そして小笠原諸島の野ヤギの被害についての新聞記事である。特に「ヤギとシカは違う」といった意見をもっていた子どもたちは，ハッと

［⑧-7］ 提示シート

気付き，その結果，全体で飼育者が責任をもって飼育することが自然環境を守る」と結論づけをすることができた。この結論づけは，外来種の飼育放棄の問題と関連していることからも貴重であった。

二つの具体例のように，日々の体験知と社会科で得た知識をもとに，他者と対話することで，子どもたちは，実社会の課題を深く理解することに導かれるのである。

③学びを言語化することで

［⑧-8］は，こども園の園児を招待したふれあい動物園の様子である。このように，発信相手を意識しつつ，学びを言語化する機会が大切である。この機会によって，子どもたちは，ヤギの生態や飼育に関する知識を確かなものにするだけでなく，ヤギに対する愛情を深める機会になるのである。

［⑧-8］ ふれあい動物園

3. リフレクションの機会が重要

深い学びには，熟考する機会が重要である。その機会の一つとして，［⑧-9］のようにお世話になった方や下級生を招待し，他者評価を受ける機会を設けることが効果的である。

このような成果発表では，学んだことをもとに，グループまたは個人で発表する。［⑧-9］の子どもたちもグループごとに，タブレットで編集したシートをもとに発表している。発表の際，教師は，国語科で学んだ説得

［⑧-9］ 他者評価の機会

力のある伝え方に基づいて，話題の提示，根拠，結論づけが明確になるように意識させるとよい。集めた情報を自分の言葉で整理して言語化することは，子どもたちのこれまでの学びをリフレクションする機会となり，改めて深い学びを実感することができるからである。

何より，専門家（この単元では動物園の飼育員）からの他者評価は，子どもたちの満足感や達成感を高める機会となり，それが，子どもたちの学びに向かう力や人間性等を高めていくことにつながっている。　■

考えるための技法（思考スキル）の活用

石堂　裕（たつの市立新宮小学校）

1. 考えるための技法（思考スキル）とは

　子どもたちに「○○について考えよう」と問いかけても、教師の意図した活動にならず、言い直しや付け加えをしなければならないことがある。そんな場合に用いるのが「考えるための技法（以下、思考スキル）」である。

　思考スキルとは、「比較する」や「分類する」のように、思考を、具体化した行為の総称である。「○○について考えよう」と問いかけるより、思考スキルを用いて、「○○と○○を比較しよう」や「○○を分類しよう」と問いかける方が、子どもたちは学習活動を具体的にイメージしやすくなり、その結果、意欲的な学習活動へと変わるメリットがある。

2. 考えるための技法（思考スキル）を活用する意義

　探究のプロセスにおいて、思考スキルを活用する意義のうち、主なものを二つ紹介する。一つ目は、子どもたちの整理・分析を助けることである。例えば、[⑨-1]のように、個別のふせん紙に書き出した情報なら、「同じもので分類しよう」と発する子どもたちによって、集まった情報が処理されていく。このように思考スキルによって、思考の過程が具体的になるのである。

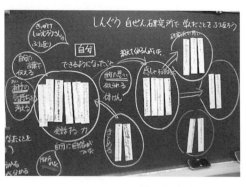

[⑨-2]　板書での可視化

[⑨-1]　ふせん紙の整理

　二つ目は、主体的で、対話的な学習の充実である。例えば、[⑨-2]のように、黒板を使って、グループから出た短冊の整理・分析の過程を可視化すると、新たな概念に気付き、その概念をみんなで共有できる。

　このように、二つの意義を理解し、総合的な学習の時間だけでなく、各教科等でも意識的に活用することによって、子どもたちは、場に応じた思考スキルを選択できるようになり、思考力、判断力、表現力等の学習の基盤となる資質・能力を高めていくのである。

3. 主な考えるための技法（思考スキル）とその活用場面

思考を自覚化したり整理したりする場合に、思考スキルは有効である。そこで、探究のプロセスと関連する思考スキルのうち、主なものをあげると次のようになる。

思考スキル	活 用 場 面
比較する	ある視点から共通点や相違点を明らかにする。
分類する	ある視点から共通するものをまとめる。
関連付ける	複数の対象の関係を見つける。
多面的に見る	対象を複数の視点から見る。
構造化する	考えを構造的に整理する。
順序付ける	順序付ける視点や条件によって対象を並べ替える。
見通す	見通しを立てたり予想したりする。
理由付ける	理由、原因、根拠を見つけて整理する。

さて、思考スキルを使って、比較したり分類したりする場合にポイントになることは、視点の設定である。例えば、3年生でカイコとアゲハチョウを飼育していたとする。深い学びへと導くためには、二つの昆虫の変態の様子やつくりの共通点に注目させたいと思うと、「しっかりと観察しよう」と声かけするより、[⑨-3]のように、「ベン図を用いて比較しよう」と声をかける方が、活動が具体的になり、その結果、子どもたちは、共通点や相違点の書き出しをきっかけに改めて観察意欲まで高めていくのである。

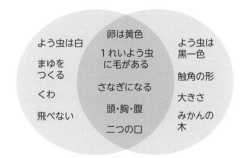

[⑨-3] カイコとアゲハチョウの比較

4. 考えるための技法（思考スキル）の活用における留意点

（1）思考ツールの利用

学習の対象について、別のものと比較したり関連付けたりする場合に、その手段として用いるのが、思考の過程を可視化する用紙（以下、思考ツール）である。紙ベースの思考ツールは汎用性が高く、大変便利である。しかし、思考ツールを使うことが目的化してしまったり、個別の思考ツールに書き出すだけで、授業を終えてしまったりしないようにすることが重要である。そのためには、教師は、学習の過程において、どのような意図で、どのように使用するかを計画的に考えておくことが必要である。

（2）集団思考に陥らない工夫を

[⑨-4]のように、グループで協働的に整理・分析することは、議論が活発になり効果的である。ただし、発言力の強い子の意見に終始し

[⑨-4] 思考ツールを使って

てしまい、個別の意見が反映されない集団思考にならないように留意しなければならない。そのためには、事前に話し合いのルールを決めておくとよい。

考えるための技法（思考スキル）を発揮させる思考ツールを活用した授業設計

三田大樹（西東京市立けやき小学校）

総合的な学習の時間においては，子ども相互の対話によって思考を活性化させていくことが重要である。しかし，社会のことを学習材で扱うこの時間の場合，情報が多様であったり，論点が定まらなかったりして，得てして子どもの混乱が起こりやすい。だからといって教師が指示や発問を繰り返したり，説明を重ねたりすることは，子どもが対話によって思考することに対して逆効果である。教師は，対話の中で混乱をしている状況を子どもが自覚し，自ら整理していけるような指導を行いたい。前項でも触れた通り，このような場面では考えるための技法（思考スキル）の指導は適している。以下，思考スキルを発揮し，その手段である思考ツールを活用する授業設計について述べていく。

1. 「考えるための技法」を意識した授業設計

学習活動をより子どもが主体的に進めていくために，教師は，子どもがそこでどのような思考スキルを活用すると内容と合致するのかを考えることが重要である。授業設計の際，次のような要素をあらかじめおさえておくとよい。

①子どもが話し合って学ぶ目的を明確にする。②授業終了時のゴールのイメージを定めておく。③これらを支える学習活動を選定する。そして，「比較する」「関連付ける」「多面的に見る」など子どもにどのような思考スキルを発揮させたいのかを考え，それに応じた思考ツールを選択する。さらには，そのための学習形態をどうするのか（個別，グループ，全体）等について具体的にする。

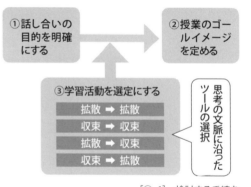

［⑩-1］ 検討する手続き

2. 全体での練り上げ場面を活性化する思考パターンの枠組

授業設計の際，次のような要素をあらかじめおさえておくとよい。話し合いの目的を踏まえて，アイデアを広げる「拡散的思考」と，整理してまとめる「収束的思考」の二つを組み合わせると考えやすい。例えば，グループごとにアイデアを話し合い，それを全体で選び出す場合は，「拡散⇒収束」となり，相互に比較して一位を決定するランキング・チャートや視点を使って比較するマトリクス・チャートが想定できる。こ

ういった想定をしておくことで収束的な思考スキルを発揮する場面において，ウェビングやくま手チャートなどの拡散的な思考スキルを促すという，誤った思考ツールを選択することはなくなる。授業内容によって適切な思考をイメージすることで，教師の授業設計と子どもの思考の文脈とのミスマッチを回避することにつながる。

[⑩-2] **思考のパターン**

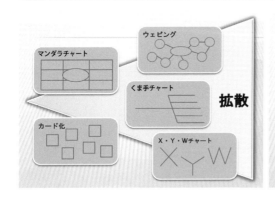
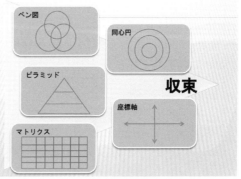

3. ファシリテーターとしての教師の支援

教師には，ファシリテーター*としての姿勢や力量が求められている。総合的な学習の時間のような地域や社会の事象を子どもが「自分事」としてとらえたり，問題の解決に自ら向かうことを促進したりするためには，適切な発問や板書力のほか，「単元の内容に応じた思考スキルの設定」や「設定した思考スキルを発揮させるための適切な思考ツールの選択」もしくは，「これらを子どもが主体的に活動しやすくする学習環境の整備」など用意周到な準備も欠かせない。こうした教師の間接的で高次な支援によって，子どもたちは，最後まで目的をもって話し合いに参加し，授業の終わりには新たな課題を見出すことができるようになる。そして，教師を手本に，話し合いを推進する子どもも見られるようになる。

では，どのようにすればよいのか。具体的には，子どもの話し合いの「論点」に着目し，「論点」が変化したり焦点化されたりしていく推移を見逃さないようにすることである。その際，事前に想定した授業プランにこだわらず，柔軟に修正していけるようなゆとりをもちたい。

*ファシリテーター
その集団の立場や意見をくみとり，最適な解を導く人。教師においては，授業を調整したり，促進したりする役割を担うこと。

[⑩-3] **実際の子どもの話し合い「どうすれば多文化共生が実現できるのかの真剣な議論」**

総合的な学習の時間で国際理解を探究課題とする単元を扱った場合に，子どもに多様性を意識した議論を導き出すことはきわめて重要な思考である。そこでは現れている諸要素を「分類する」「関係付けする」などの思考スキルを設定することが適しており，「メリット・デメリットチャート」のような思考ツールを選択することが望ましい。

「外国人だけじゃなく日本人にも問題があるのでは？」
「完全に相手の文化を理解することはできない，認めることはできるけど……」

→アイデア「日本人と外国人の交流会を開こう」

■交流会の有効性について
【手立て】メリット・デメリットチャートを活用して，交流会を「有効な点」と「有効でない点」の二つの視点から整理。交流会開催の是非について検討。

C1 来てくれたらいっぺんにいろんな人とお話しできるよね。
C2 その国のことがわかる。
C3 デメリットは人が来ないのではってことかな。
C4 来づらいってこと。
C5 確かに来づらい。
C6 やっぱり日本語が話せないから来ない。
C7 来る人が少なかったらという意見が多かったので，そうならないように改善点を見つけた方がいい。

→交流の場においてはデメリットもあるけれども，解決すれば有効な手立てになる。交流会に参加したがらない人たちの意識をどう変えていけばよいか。

（次の論点へ）…

［⑩-4］ メリット・デメリットチャートの活用
交流会のよさが具体的に見えてきた半面，本当に外国の人が来てくれるのか，当日ケンカになったりしないかなど，新たな問題や懸念も見えてきた。

4．思考ツール活用の心得

　思考ツールは，目的と方法が一致していない場合でも，子どもは意欲的に思考活動を展開することがある。また，目的と方法が一致していても，思考ツールが子どもの発達段階に合わずに思考活動が停滞することもある。こうした状況を打開するために，次の三つの質問を投げかけることが有効である。
☐「何について話し合いたいのか（**目的**）」
☐「どのように話し合うのか（**方法や学習形態**）」
☐「それをすることでどのようなよいことがあるのか（**意味や価値**）」

　これらの問いに対する子どもの回答から，もし，自分の想定した授業設計と子どもの意識にズレが生じていると感じた場合は，教師が潔く修正しなければならない。思考ツールの活用が目的なのではなく，あくまで子どもの思考を促進させるための手段であり，探究的な活動を質的に高めていくための道具であるからである。そういう意味からも，これらの質問は，授業を客観的に振り返るための視点として有効である。

5．子どもの意識と思考の文脈に即した本時指導案

　思考ツールを活用した話し合いの授業においては，練り上げの場面が大事だという自覚が足りない教師が実は多い。本来ならば，子どもの思考と授業者の意図が噛み合い，授業においてうまく練り上げている状態が生まれることが望ましい。当初想定した子どもの話し合いの論点は，話し合いの過程において多様化したり，洗練されたりして，発展的に変化していく。したがって，引き出されるであろう次の論点が想定できれば，さらに，その

論点の解決にフィットした思考ツールを事前に予測でき，練り上げ場面における教師の戦略が一層確かになっていく。

以下に例示した本時指導案は，外国人が多い多文化共生をしていくことが必須であるまちに住む子どもたちが，自らの親の実態について，「多文化共生をすることへの関心の有無」（縦軸）と「地域に居住する様々な国や文化を背景にもつ人との実際のかかわりの有無」（横軸）の視点を示した「座標軸」という思考ツールを使って確認する場面を位置付けている（展開①）。その後，展開②において，これらの2軸の論点から発展して三つの論点に変化した場合の案とその手立てを示している。

このように子どもの意識と思考の文脈に即した授業戦略を事前に立てておくことにより，練り上げ場面に柔軟に対応することが可能となる。　■

[⑩-5] 子どもの意識と思考の文脈に即した本時指導案（例）

【26/50】本時のねらい：地域とつながりのない家族のためにどのようなイベントにしたらよいのか，自分たちができることを相手意識をもって考え，課題意識を高める。＋α（具体的な取り組み）or（改善策）

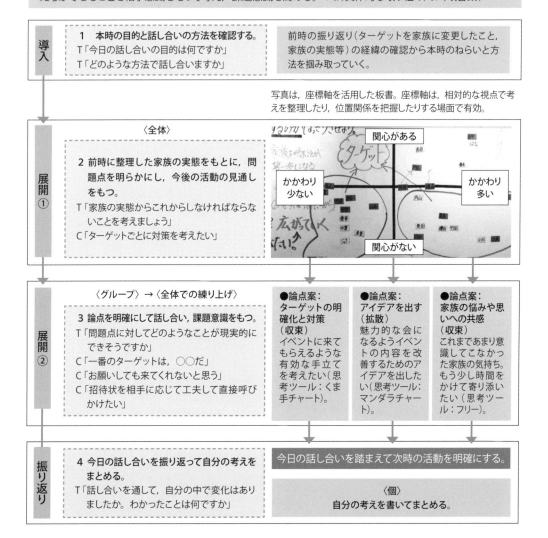

学習指導のポイント

原田三朗（四天王寺大学）

1. 子どもたちの学びが主体的であること

　総合的な学習の時間では，「探究的な見方・考え方」を働かせて学習が展開されなければならない。探究的な見方や考え方を働かすことのできる場面のない，また，そうした機会に乏しい学習は，総合的な学習であるとはいえない。まず，それが大前提である。それでは，「探究的な見方・考え方」を働かせることのできる学習とはいったいのどのような学習なのだろう。

　『小学校学習指導要領（平成29年告示）解説　総合的な学習の時間編』には，平成20年の解説に「探究の過程の連続」として示されていたスパイラル図が，「探究的な学習における児童の学習の姿」として，同じように示されている。「探究的な見方・考え方」を働かせることのできる学習とは，子どもたちが意識的であれ無意識であれ，スパイラル図に示されているような思考のプロセスを辿りつつ，課題解決に挑んでいく学習である。

　この時，このスパイラルを動かしていくために欠くことのできないものが，子どもたちの主体性である。それは，「もっと知りたい！」「あれ？どうしてだろう」「さあ困った，どうしよう！」「とにかく，やってみよう」といった，学びに向かう子どもたちの気持ちや態度である。こうした気持ちや態度があってこそ，自ずとこのスパイラルは動き始め，次々に新しいスパイラルを生み出し始めるのである。

　したがって，学習指導のポイントとして，まず，あげられるのは，子どもの主体性を喚起し，継続していくための支援を教師が計画的，継続的に行っていくことである。そのために必要なことは，次の3点。1点目は，目の前の子どもたち一人ひとりの実態をしっかりととらえること。2点目は，1点目に呼応する形で，子どもの主体的な学びに耐え得る教材を準備すること。3点目は，これも1点目に応じた形で，子どもたちが教材とどう出合うのか，教材と出合ったときに，子どもたちはどう深めていくのかという課題解決に挑む学習展開のストーリーを目の前にいる子どもたちの姿を思い浮かべながら教師自身で丁寧に描いてみることである。

> [⑪-1]　学習指導のポイント①
>
> <u>子どもたちの学びが主体的であること</u>
> そのために，教師は，
> 　ア　子どもたちの実態をとらえる。
> 　イ　教師が教材としっかり向き合う。
> 　ウ　目の前の子どもの姿を思いながら，学習のストーリーを描く。

(1) "子どもの姿をとらえる"ことなくして学習は成り立たない

　教師が子どもの実態をとらえ，それに応じた働き掛けをすることから学習は動き出す。この"つかみ"がなければ，主体的な学習は生まれない。優れた実践には，必ず，教師の

絶妙な"つかみ"がある。たとえ，この教材を子どもたちにぶつけたいという教師側の強い思いがあったとしても，優れた教師は，一人ひとりの子どもの実態をとらえ，子どもたちの興味関心を掘り起こし，そこに働きかけていく中で，教師の（隠された）願いを子どもたち自身の課題へと転嫁させていくという実に丁寧なアプローチを講じる。そうすることで，初めて，子どもたちの「○○したい！」という思いや願いが子どもたちの内側からわき上がってくるのである。この「○○したい！」という子どもの思いや願いの掘り起こしを怠ると，これから展開させていこうとする「総合的な学習」全体の骨組みが揺らぐことになる。子どもたちの主体性の掘り起こしがないまま進められる総合的な学習の時間は，ガス欠になった車を教師が一生懸命引っ張っているようなものである。

事例①(p.72)の「食」の実践では，教師は，食べ物に対して好き嫌いの多い子どもの実態をとらえ，「食に対する問題を発見し，自ら解決していくことができるような学習を展開したい」と願う。そこで，給食の時間に「地元の食材」について触れる。元々，この地域の子どもたちは，地元が大好きである。今まで見過ごしてきた地元の食材が気になり始める。「食」という題材が身近であり，また，自分に直接かかわる問題であるので，子どもたちは，徐々に地元の食材に引き込まれていく。そして，絶妙なタイミングで教師とともに『食物帯(しょくもつおび)』をつくることになる。それは，生産から自分の口に入るまでの過程を調べ，可視化する作業である。すると，そこにこれまで気にもとどめていなかった地元の食材に対する気付きが子どもたち一人ひとりの中に生まれ，ますます，地元の食材が気になってしかたなくなってくる。こうして，単元の終末には，子どもたちは，アイデアを駆使して地元の食材を活用した「小坂井弁当」づくりに取り組むことになる。

しかし，導入時，子どもたちの主体性を喚起させていく場面で，最初から子どもたちが意欲的である必要はない。むしろ，いろいろと活動している中で，「あれ？ 以外に面白そうだ」「へえ，そうなんだ」といった思いがわきあがってくる，そんな緩やかなアプローチで構わない。子どもの興味や関心が少し膨らんできたときに，後ろからそっと背中を押す，そんな教師の働き掛け，仕掛け，展開の工夫，それが，重要な学習指導のポイント（次々項（3））である。そのタイミングをとらえるために，子どもたちが今，何を考えているのか，どんな思いや願いをもっているのか，今，彼らの探究に不足しているものは何か，それらをしっかりとつかみ，それに応じて支援を繰り返していくことで，彼らの学びに向かう力を存分に発揮させることができるのである。

(2) 教材にどれだけ教師が惚れ込んでいるのか

子どもたちが動き出したとき，子どもたちが向き合う教材が，その探究に耐え得る教材かどうかが，子どもたちの主体性を損なわせず，継続させていく重要な鍵となる。

このとき，問われるのは，教師と教材との関係である（次ページ図⑪-2）。教師がどれだけその教材に惚れ込んでいるのか，どれだけ教師自身が教材と対峙し探究を深めているのか。そのことが重要である。教師がその教材に魅力を感じていなければ，学習は当然のように低調なものになるだろう。

教師が感じる教材の魅力には，目の前の子どもと教材との関係へのまなざしも含まれている。その教材が探究に耐え得るため

には，教材と子どもとのかかわりを考え，それが深められていくことが期待できる教材でなければならない。教師が「その教材が好きだから」だけでは探究のスパイラルは動かない。前項で述べように，目の前の子どもたちの姿をとらえ，子どもたちと教材とが織りなす探究のストーリーを描くことができるのか（次項（3）），そこを吟味する必要がある。

教師が「教材に惚れ込む」ということには，教師が感じるわくわく感をこれから教材に向かう子どもたちもきっと同じように，探究し続けていくだろう，そんな教師の"読み"も含まれているのである［⑪-2 C］。

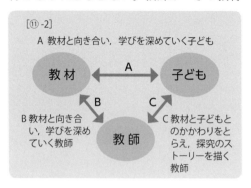

［⑪-2］
A 教材と向き合い，学びを深めていく子ども
B 教材と向き合い，学びを深めていく教師
C 教材と子どもとのかかわりをとらえ，探究のストーリーを描く教師

(3) 子どもたちの思考の流れに沿ったストーリーを描く

教材に向き合う子どもたちが，どのように思考を展開していくのか，その思考の流れに寄り添うような形で学習が展開していくことで，学びはより主体的になる。だからこそ，今，子どもたちが何を考え，どうしようとしているのか，どんな願いをもっているのか，それを常にとらえる必要があるのである。

学習展開を創造することは，一つの物語を描くのと同じような作業である。その物語が，教師だけのものであってはけっしてならない。初めに教師が子どもたちのことを思いながら描いたストーリーが途中で変わってしまうことも当然のようにある。時に，子どもたちは，教師の創造以上の動きをすることもある。また，こうなるだろうと思って活動しても，思ったほど子どもたちの意識が高まらないといったこともある。こうした実態に応じて，教師は物語を少しずつ修正する。優れた教師は，子どもたちの実態に応じて学習展開をフレキシブルに変化させていくことができる。これは，教師が子ども一人ひとりを丁寧に見取っている証でもある。

事例①のパフォーマンス課題で，A児は地元産ではなく，高価な北海道産のプレミアムかぼちゃを選ぶ。ここで議論がわき起こる。結果，A児は地元産を選ぶのだが，「地産地消」をテーマにしたこの学習であっても，場合によっては，A児が北海道産にさらにこだわることもあるだろう。この時に，ストーリーをどう組み立て直すのか。そこが，まさに，学習指導のポイントである。

2. お互いが，学ぶ人であり教える人であること
～見方・考え方の広がり～

総合的な学習の時間では，「教科等で学んだ見方・考え方を働かせて課題の解決に向かう」こと，「総合に固有な見方・考え方として，教科の枠を超えた広範な事象を多様な角度から俯瞰してとらえる」ことが求められる。こうした能力を育んでいくために，最も重要となるのは，他者の存在である。他者によってこそ，自分の考えは磨かれ，さらに広がっていく。また，自身が他者の考えを広げる力ともなる。「総合的な学習の

時間」では，他者と語り合いお互いの意見を交流する機会が，学習を動かし深めていくきわめて重要な役割を果たす。

> [⑪-3] **学習指導のポイント②**
> 語り合い，アイデアを生み出そう！
> そのために，教師は，
> ア 自由に語り合える雰囲気をつくろう。
> イ 語り合うことの楽しさやその醍醐味を味わわせよう。

「三人寄れば文殊の知恵」という言葉がある。一人で考えていたのでは，生まれることのなかった知恵が，三人寄ったからこそ生み出される。語り合うことで導き出されたこの知恵は，「教える人」「教えられる人」が固定されている関係の中では生み出されない。誰もが教える人であり，誰もが学ぶ人であるというフレキシブルな関係性がその土壌として必要である。上下関係のない，リラックスした関係の中で自由闊達な議論を交わす。そこに思わぬアイデアが生み出される。現在，企業などでも，会社を活性化したりアイデアを生み出したりするために，こうした視点から，会議のしかたの改革も進められている（会議という言葉すら取り除かれていることもある）。

総合的な学習の時間でも，自由闊達な議論を繰り返し，その魅力や楽しさ，その醍醐味を子どもたちが存分に味わうことができる場面を位置付け，重要な学び方の一つとして，体験を通し実感をもって身につけていくことが望まれる。

3. 教材固有の知識を身につけること 〜学びの深まり〜

総合実践を，真の高みへ導くのは，扱われた教材固有の知識を，自分自身のものとして獲得していく子どもたちの姿である。学習指導要領解説では，「事実的知識」と「概念的な知識」があげられ，「事実的知識」については，学校によって扱う題材が異なるため具体的には示されていないが，「概念的な知識」は，例えば，「多様性」「相互性」「有限性」の三つの観点が示されている。

> [⑪-4] **学習指導のポイント③**
> 教材の内容についてしっかりと学ぼう！
> そのために，教師は，
> ア 事実的知識の獲得も重視しよう。
> イ その教材のもつ固有の価値に迫らせよう。

内容論が先行すると，主体性や協働性が損なわれかねないので，議論が後回しにされたり，「積極的に活動ができた」「活発に議論することができた」ということのみが評価されたりしがちであるが，子どもたちを教材としっかりと対峙させ，表面的なとらえではなく，教材のもつ固有な価値や本質的な意味に迫らせていくことは，「総合的な学習の時間」における学習指導の重要なポイントである。その教材固有の「事実的知識」「概念的知識」を整理し，学習によってその知識が子どもたちにしっかり備わるようにしなければならない。そのためにも，概念的な知識として示されている「多様性」「相互性」「有限性」の三つを教材の本質をとらえるための観点として活用したい。■

総合的な学習の時間におけるICT活用

中川斉史（東みよし町立足代小学校）

1. ICT活用のシーン

　総合的な学習の時間における好事例を見てみると，その実践では，ICT活用が無理なくなされていることが多い。「調べる」「まとめる」「伝える」活動においてもICTの活用があることで，内容に深まりと広がりが生まれる。総合的な学習の時間の活動における主なICT活用をみてみると次の四つに分けられる。

> （1）インターネットの活用
> （2）データの共有
> （3）データの加工とアウトプット
> （4）すべての前提となる文字入力スキル

2. インターネットの活用

　特に総合的な学習の時間の実施においてインターネットを利用した調べる活動は，長きにわたり主要な活動として実施されてきた。これらの活動は学校のPC室のLAN整備とともに，高速インターネットに接続する学校が増え，「調べる＝インターネット」という活動があたりまえに行われるようになった。

　ところが当時から検索する言葉をどのように選ぶのかといったことや，検索語を打ち込む際の，文字入力スキル等の個人差が現実問題として生じていた。また，当時の検索サイトは，正確なキーワードを入力しないと意図する記事がヒットしないことも度々あり，1時間中延々とネット検索をする授業などが批判された。

　小学校におけるインターネット利用については，記事の漢字が読めないということや，表示されている文章が，目的の記事なのかどうかさえ認識できないといった課題があり，フリーワードによる検索に時間をかけないようになっている。

　総合的な学習の時間を，試行錯誤の時間ととらえ，行ったり戻ったりを繰り返しながら前に進んでいくことを考えると，多くの試行錯誤を含む活動でも授業の目的に到達することもあろうが，授業の目標により深くせまるためには，検索後の記事の取捨選択が大事になってくる。

　そのため，学習者に目を通してもらいたい記事を限定し，ホワイトリスト形式で必要なWebページをたどっていくような授業展開が増えていくことになる。これは，図書館メタファーであり，よく似たジャンルの記事をたどりながら複数の記事を参照し，広い視点で物事を考えさせたり，気付かせたりするのに適している。

　このように，現在ではインターネット検索の利用法もその目的により，変化している。

3. データの共有

　授業で使うPC端末は、基本的に共用である。近年ではログインすることで自分のデータの保存場所が自動的に決められたり、クラウド上でデータを共有したりするなど、各端末などで作成されたデータを保存する場所について、様々な方法が採用されている。

　このことは、とても大切な仕組みであるものの、学習者にとっては、作成したデータがきちんと保存されていることが重要であるし、指導者にとっては、個々に作成したデータを簡単に閲覧できたり、ポートフォリオの資料として再編集できたりすることが重要になってくる。

　問題なのは、これらのデータ保存の仕組みが、学校によりバラバラであることと、データの形式やファイル単位での管理という概念そのものを十分学習する機会が設定されていないことにある。これは、総合的な学習の時間に限ったことではないが、ICTを使う機会が多いことや、これらの概念そのものの学習をする必要性を考えると、総合的な学習の時間できちんと習得させたい内容である。

　この議論でよく話に上るのが、すべてクラウドにしたら、保存ドライブを気にする必要がないばかりでなく、保存という概念すら不要になるというものである。現実的には世の中がこういう方向に向かっていることは間違いないが、学校で使うすべてのツールがクラウドを前提として設計されているわけではない。さらに、クラウドの場合はインターネット環境が途切れないことと、大容量のデータの通信がストレスなくできることが大前提となる。現状、校内のどの場所でもストレスなく高速データ通信ができる環境の学校は残念ながらまだ多くない。

　総合的な学習の時間の活動では、全員が同じことをすることは少ない。むしろ個人が取材してきたインタビューや写真、動画、インターネットから入手した資料など、多くのデジタルデータを、[⑫-1]のように所属するメンバーと共有しながら、一つのものをつくり上げていくといった活動となる。その場合、自分のデータとしては、わかる場所に確実に置いておきたいし、みんなの役に立つ情報として、共有しておきたいという二つのジレンマが起こる。

　これらのプロセスは、世の中の仕事でもすでに常識となっており、特に離れた場所の人と一緒に仕事をする場合に、前述のような仕組みを備えたシステムで協働的に仕事を行っている。簡単に言えば、自分のデータはみんなから見えるが、削除したり編集したりできないという仕組みである。

　大切なのは、これらのデータをフォルダ

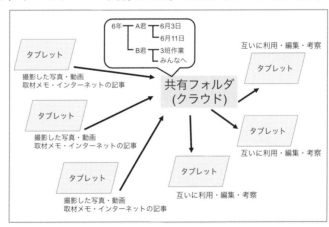

[⑫-1]　データの階層管理と共有

構造で管理することと，アクセス権の条件（編集削除可能か，参照のみか）があるという概念をもっていることである。このことは，情報モラルの考え方に通じることであり，他人のデータを大切に扱うことや，形として見えない情報の価値に気付かせることができる。

4. データの加工とアウトプット

　総合的な学習の時間では，調べてまとめたことを複数の方法で出力するケースが多い。つまり，同じ内容でも，パンフレット，冊子，プレゼンテーション，動画配信，ポスター発表など，必要に応じて様々な形で表現を変えていく。そのために，活動としてはゴールを一つに設定せず，いろいろな形式で表現を行うことを前提にし，時期に合わせて出力方法を変えていく。1年間の学校の活動では，そのときそのときによって，パンフレットで表現した内容をプレゼンテーションとして，地域に報告するようなイベントが発生することも多々ある。急に発表の依頼が来て困ってしまうことも現実的にはある。そういったときに，取材していた内容を，形を変えて表現すれば，時間をかけずに対応できる。さらに，こういうことを繰り返し経験させることは，成果発表のスタイルを数多く経験することになり，人とのかかわりや，学ぶ意欲の向上，探究の姿勢など，総合的な学習の時間で培うべき資質・能力の発揮にもつながる。

　拡大縮小，データの変換などの知識と技能，用紙サイズやネットワークプリンタの概念，レイアウトや音出力，プロジェクタへの接続など，一つひとつ取り出すと数多くのスキルが必要となってくる。これらを一つひとつ手順を踏んで学習させるのではなく，必要に応じて，データを再利用していくことを学んでいくスタイルが，理想である。そういったカリキュラムを仕組ませるような課題にしておくのが指導者に求められることである。

　これらの活動を支えるのは，3．でも述べたように，個々のデータをきちんと管理し，いつでも取り出せるようにしておくことと，データの形式の認識，階層構造でデータを管理するなどの情報整理が大切になってくることは理解できるだろう。

　また，各出力方法に応じた大型プリンタや，カラープリンタ，大型提示装置などの整備も必要である。あるいは，大きな紙への出力や冊子印刷などは，アウトソーシングして，手間を省くことも一つの手段として考えておくのがよいだろう。

5. すべての前提となる文字入力スキル

　文部科学省が2015年に行った情報活用能力調査（文部科学省 2014「情報活用能力調査の結果について」[1]）では，小学5年生の文字入力の実態として，1分間に5文字以下が最も多く，平均で5.9文字だったことは，大きな衝撃であった。それは，総合的な学習の時間が始まる前から，学校へのPC整備とともに，文字入力スキルにつ

いて，多くの実践とその必要性が報告されてきたにもかかわらず，現実的にはそれらの指導がほとんどされていなかったという結果であるからだ。

　日本語をPCなどに入力するには，表音をキー操作し，さらに漢字仮名交じりに変換するというステップが，欧米の言語と比べ余分に必要である。だからその指導はかなり細かくなり，時間をとられることと，PC整備が不十分なこともあり，学校で指導をしていないことも少なくない。

　しかし，インターネットで調べたり，取材したことをまとめたりするには，PCによる文字入力スキルが全員に備わっていなければ，本来の活動に到達できないことになる。筆者がこれまでかかわってきた学校では，PCによる文字入力スキルを確実に指導し，その能力が総合的な学習の時間の基盤となって，より深い学びへとつなげていった。

［⑫-2］　確実に身につけさせたい，スムーズな文字入力スキル

　文字入力の指導はそのうちできるようになるという楽観論者もいる。スマホのフリック入力などは，そもそも指導されたり練習したりせずとも，高速ですらすら打てているではないかという反論もある。また，音声入力技術が進化されてきた今，音声入力でもいいではないか，タブレットに手書きすれば，文字認識して変換してくれるなど，様々な技術革新が進んできているので，あえてPCでの文字入力スキルなどは，不要ではないかという意見も確かに存在する。

　ただ，PC等への文字入力が，現存するどのPCでも前述のような数々の入力方法に対応できるのであれば，その通りであるが，現実的には，フリックも，音声も，手書きも，文字入力の新技術の事例に過ぎない。自動車の世界でも，オートマ限定免許が主流になってきたのは，現存する車のほとんどがオートマになってきたからであり，マニュアル車が多かった時代にはオートマ免許そのものも存在しなかったのと同じである。

　逆に考えると，現存しているどのPCでも文字入力できる方法を，現段階で習得させておくことは，初等教育として大切にしたい内容といってよいだろう。そのためには，むしろ小学校3年生の前半には，徹底的に文字入力についてのスキルを向上させる取り組みを行うべきである。そして，そのために総合的な学習の時間に，文字入力スキルを効率よく学習できるカリキュラムを組み込んでほしいと思う。

　現在，学校へのタブレット導入においても，脱着式のキーボードが必須であるという仕様が示された（文部科学省2017「平成30年度以降の学校におけるICT環境の整備方針について」[2]）ことからも，その重要性が表れている。学習の基盤となる情報活用能力が何かを考えるとき，まずは正確でスピード感のある文字入力を確実に習得させたいものである。　■

【引用・参考文献】

1) http://www.mext.go.jp/a_menu/shotou/zyouhou/1356188.htm
2) http://www.mext.go.jp/component/a_menu/education/micro_detail/__icsFiles/afieldfile/2017/12/26/1399908_01_3.pdf

評価のポイント

野口　徹（山形大学）

1. 総合的な学習の時間の評価の基本的な考え方

　総合的な学習の時間は，学習指導要領に示された目標を踏まえ，各学校において具体的な目標や内容を定め，創意工夫を生かした特色ある教育活動を行うものである。そして，児童・生徒がどのような力を身につけるのか，ということを明確に設定し，適切な指導に取り組むことが求められている。この特質を鑑みて，各教科等と同様に適切な評価を行わなくてはならない。

　総合的な学習の時間の評価については，かねてよりこの時間の趣旨，特質に応じて，数値による評価を行わずに児童・生徒の学習状況や成果を適切に見取ること，としてきている。前回改訂の学習指導要領における総合的な学習の時間の改善の具体的事項でも，「各学校において，総合的な学習の時間における育てたい力や取り組む学習活動や内容を，子どもたちの実態に応じて明確に定め，どのような力が身についたかを適切に評価する」と示している。

　また，今回改訂された学習指導要領に示された「カリキュラム・マネジメント」の視点から，各学校では，子どもたちの実態に応じて定めた総合的な学習の時間で育てる力や取り組む学習活動や内容，そして，その実施状況を評価し，そこから次なる取り組みを適切に改善を図ること，となっている。

　これらのことから総合的な学習の時間における評価には，次の三つの観点がある。

> ● 児童・生徒の学習状況に関する評価
> ● 教師の学習指導に関する評価
> ● 各学校の指導計画に関する評価

　これらについて評価を行う目的は，児童・生徒の学習状況の把握とその改善，教師の学習指導の把握とその改善，各学校の指導計画の把握とその改善，となる。

　ここでは，これら三つの評価について述べることとする。

2. 児童・生徒の学習状況に関する評価

① 学習状況の評価の基本的な考え方

　総合的な学習の時間における児童・生徒の学習状況に関する評価は，児童・生徒がこの時間の目標をどの程度達成したのかという状況を把握し，これにより適切な学習活動になるように改善を図るためのものである。また，児童・生徒の学習状況及び成果を外部に説明するためのものである。

　これを行うためには，教師は，総合的な学習の時間において取り組まれる児童・生徒の学習活動及びその状況について，あらかじめ「望まれる姿」を想定しておく必要がある。これらと，授業を行ったときに表れる児童・生徒の学習状況とを照らし合わせて考えることから，各学校で定めた育てたい資質・能力が適切に育まれているのか見取るのである。

そのためにも，総合的な学習の時間を評価するための観点を各学校が適切に設定することが大切である。

ここで言う観点とは，各学校で設定した児童・生徒に育てたい資質・能力の要素を，より簡潔に示したものである。

これまでの各学校の設定した観点としては，学習指導要領の総合的な学習の時間の目標から，「課題設定の能力」「問題解決の能力」「学び方，ものの考え方」「学習への主体的，創造的，協同的な態度」「自己の生き方」などや，各学校が定めた目標や内容を重視して，「人とかかわる能力」「情報を適切に扱う能力」などが見られた。今回の学習指導要領では，資質・能力の三本柱としての「知識・理解」「思考力・判断力・表現力」「学びに向かう力・人間性」が示され，総合的な学習の時間の目標にもそれに応じたものが示されていることから，新たにこれらに準拠した観点を設定することも考えられる。

いずれにしても，これらの観点をより具体的な児童・生徒の姿として表した「評価規準」として設定することが必要である。

例えば，「自己の生き方」という観点に対して，「自分の考えを積極的に伝えることを通して自信を深めたり，人とかかわることを通して自分のよさに気付き，自己の生き方について考えたりすることができる」などとするのである。これにより，児童・生徒の学習状況や成果を見取り，指導に生かしていくことが明確に行われるのである。

つまり，総合的な学習の時間における児童・生徒の学習状況の評価は，各学校で育てたい資質・能力の明確化を図って目標や内容を定め，その目標に従って評価の観点を適切に設定した評価規準を設定するのである。これらが一体的に行われることにより，児童・生徒の学習状況を評価するときに，より児童・生徒の実態に迫って行うことができる。

② **評価の方法**

総合的な学習の時間の児童・生徒の学習状況の評価は，信頼される，また，多様な評価の方法であること。そして，学習状況の過程を評価する方法であることが重要である。

信頼される方法とするためには，児童・生徒の学習状況をどの教師も同じように判断できる評価が必要となる。例えば，取り組む単元について，担当する教師の間で目標に従った観点や評価規準を設定し，これに基づいて児童・生徒の学習状況を評価することで，教師による見取りの幅が可能なかぎり小さなものになる。前年度の児童・生徒の活動の様子や姿などが収められた画像や，活動をまとめた作品やポートフォリオ等を参考にしてより鮮明な評価規準を設定することもできる。

活動的な児童・生徒の学習状況を見取るためには，多様な評価の方法を用意しておくことが肝要である。考えられる評価の方法としては，次ページのようなものがあげられる。

なお，これらの多様な評価は，適切に組み合わせ評価することや，教師間や教師と児童・生徒の間で共通に理解され共有されている観点や評価規準に基づいて評価することも考えられる。

また，総合的な学習の時間では，その児童・生徒の内に個人として育まれているよい点や進歩の状況などを積極的に評価すること

> **[⑬-1] 児童・生徒の学習状況の評価の方法**
> - 児童・生徒の発表や討論の様子，学習活動の状況などを観察したり，インタビューをしたりすることによる評価。
> - 児童・生徒が作成したレポート，ワークシート，ノート，作文，ポスター，新聞，絵などを見ることによる評価。
> - 現実生活の問題やある一定の課題の中で，各学校が定めた育てたい資質・能力を実際に用いて活動する場面において，実際に児童・生徒が現した姿やパフォーマンスによる評価。
> - 教師や地域の人々，保護者等のコメントなどによる他者評価。

や，それを通して児童・生徒自身も自分のよい点や進歩の状況などに気付くようにすることも大切である。児童・生徒も，自らの学習状況を自己評価したり，友だちとポートフォリオなどを相互評価すること自体が新しい課題に気付いたり，学び方を意識したりするなどの「学び」となる。

このような総合的な学習の時間における児童・生徒の学習状況の評価の方法は，児童・生徒の内なる資質や能力を的確にとらえ，見定め，かつ，それをよりよく育む教師の学習指導に直接的に役立つ評価の方法として常に意識することも重要である。

3. 教師の学習指導の評価

① 学習指導の評価の基本的な考え方

総合的な学習の時間における教師の学習指導の評価とは，この時間において教師が行う学習指導により，児童・生徒に育てたい資質・能力がどの程度育まれているのか，ということを児童・生徒の姿を通して評価することである。これにより，教師は自らの指導の問題を探り，改善するような評価になることをめざさなくてはならない。

教師が自らの学習指導を評価するには，なによりも目前の児童・生徒に対する的確な理解がなされているか確認することが最も大切である。したがって，総合的な学習の時間における問題の解決や探究活動では，教師は常に児童・生徒に寄り添い，児童・生徒の考えを尊重し，それをくみ取った学習指導を心掛けることが必要である。そして，そのような学習指導が成功したか否かを評価するのがこの評価の基本的な方向性となる。

具体的な教師の学習指導の評価の項目を例示するならば，以下のようなものなどが考えられる。

> **[⑬-2] 教師の学習指導の評価の方法**
> - 児童・生徒の知的好奇心を充たし，よりよく育む学習指導を行ったか。
> - 示した教材は適したものであったか。
> - 児童・生徒の見方や考え方の変容を促す学習指導を行ったか。
> - 児童・生徒の課題意識を連続させ，発展させる学習指導を行ったか。
> - 各教科等の学習が活用され，探究に発展していく学習指導を行ったか。
> - 他者と協働して取り組む学習活動になるように学習指導を行ったか。
> - 児童・生徒自らが学習の蓄積を活用するような学習指導を行ったか。

これらを，実際の教師の学習指導と合わせて考え，評価することが重要である。

② 評価の方法

教師が学習指導の評価をするには，まず，自らが日常的に行っている授業を「反省的

な実践者」としての態度をとることを基本とするべきである。日々の授業実践を振り返り，授業をとらえなおすのである。

それには，同僚教師と互いの実践を見合うことや，映像に自らの授業を記録し，集った教師どうしで語り合うことなどを行うことが必要である。また，児童・生徒のポートフォリオや自己評価・相互評価，作品などを材料にして，児童・生徒理解や児童・生徒の実態把握，学習過程における児童・生徒の探究活動の深まり方や探究への意欲などについて同僚教師と検討する方法もある。

具体的な教師の学習指導の評価の方法としては，例えば，複数の授業評価項目をあらかじめ設定しておき，それによって評価する評価尺度法，教師と児童・生徒の発言内容を記述する文章記述法，録音や映像のメディアによる記録法などがある。これらの評価の方法を目的に応じて工夫することが望ましい。

総合的な学習の時間における教師の学習指導の評価は，よりよく児童・生徒を育もうとする児童・生徒理解と，それをもとにした児童・生徒の学習活動の丁寧な見取りを常に心掛けることがきわめて重要である。

4. 各学校の指導計画の評価

① 指導計画の評価の基本的な考え方

各学校においては，学校教育目標の達成をめざした指導計画が，効果的に実現しているのか否かを適切に評価し，その改善を図ることが必要である。

特に，教科書のない総合的な学習の時間においては，その指導計画が各学校の定めた目標及び内容を的確に実現していることに作用しているのか評価を行い，より児童・生徒の主体的な学習活動を担保するように全教師が協働していくことが大切である。

[⑬-3] 各学校の指導計画の評価の項目
- 学習指導要領の示すこの時間の目標が十分に達成されているか。
- 各学校で定めた目標が，この時間の学習活動全体を通して十分に取り組まれ，児童・生徒に育てたい資質・能力が育まれているか。
- 全体計画と年間指導計画，単元計画が相互に関連し，育てたい資質・能力が育まれるように配慮されているか。
- この時間の指導方法が，児童・生徒の実態や発達段階を考えて適切に位置付けられているか。
- 各学校の教職員や施設・設備，地域の人材や施設・環境などの諸条件が無理のないように計画されているか。

② 評価の方法

具体的な評価の方法としては，年間指導計画の中に評価の時期を適切に位置付け，できるだけ事実に基づいた評価となるように，多面的かつ継続的な評価を実施することが重要である。

例えば，単元実施の終了時に児童・生徒の学習状況と指導計画について振り返り，計画と授業の実際との相違点を記録として残したり，単元での児童・生徒の自己評価やポートフォリオにおける特徴的なエピソードをまとめたり，さらに，児童・生徒や保護者，地域の人々にアンケート調査を実施したりするなど，学期末や学年末のみならず，平素から各単元の具体的な改善に生きる評価を心掛けた方法を工夫すべきである。

ワークシート等のコメントの書き方

酒井美奈子（篠山市立西紀北小学校）

　総合的な学習の時間においては，子どもが書いたワークシート等に教師が書くコメントの内容は重要であり，それによって，子どもが学習意欲を高めたり，学習方法の見通しを明確にしたり，自分の成長を実感したりすることができる。本節では，具体的な事例にもとづいて，教師がワークシート等にコメントを書く場合のポイントを整理する。

1. コメントの観点と学習場面の例

　教師がワークシート等にコメントを記入する際には，「知識・技能」「思考力・判断力・表現力等」「学びに向かう力・人間性等」の三つの柱ごとに設定された，総合的な学習の時間の単元の評価規準に照らし合わせて行うことが大切である。そこで，以下にコメントを書くための主な五つの観点とその学習場面の例を示す。

　A・B・Cは，子どもの学習成果をとらえ積極的に評価していく観点であり，D・Eは，子どもが直面している課題を解決するために支援する立場からの観点である。

> A 課題の解決に必要な知識・技能の習得について評価する。

例（整理・分析）情報に見出しをつけ，工夫して分類している。

> B 探究的な学習の過程における，子どもの思考力・判断力・表現力等の成長を評価する。

例（課題の設定）探究的な学習にふさわしい課題を自分で立てている。

> C 子どもが自身の変容や，他者や社会とのかかわりについてメタ認知した点を評価する。

例（振り返り）感想の中で学習を通して自分に身についた力について述べている。

> D 学習の意味，学習の価値に気付かせるための方向づけをする。

例（情報の収集）体験活動を遊び感覚で楽しみ，学習の目標を見失っている。

> E 学習の方法について見通しをもてるように具体的にアドバイスをする。

例（整理・分析）情報を整理する際，資料を丸写しにしている。

2. コメントを記入する具体物

　ワークシート等にコメントを入れる時期は，探究的な学習の過程，協働的に取り組んでいる場面，学習開始時，学習終了時などが考えられる。なお，コメントを記入する具体物の例は［⑭-1］の通りである。

［⑭-1］
計画表，ワークシート，ノート，日記，作文，コメントシート，インタビューメモ，ポートフォリオ，作品（絵，ポスター，パンフレットなど），振り返りシート，自主学習ノートなど

3. コメントの実際例

ワークシート等における子どもの文章（下線の番号）に対して，教師が記述したコメントを記載するとともに，その際の観点を前述のAからEの記号で示す。

【事例1】3年生 総合的な学習の時間
「草山ふるさとカルタを作ろう」
（概要）地域の宝物（自然，歴史，文化，景色，行事，食べ物）を調べ，「ふるさとカルタ」づくりを行った。

[⑭-2] 単元終了後の自己評価（ワークシート）

> しりょうで調べて整理をして下書きをして本番を書いて1つのカルタにこれだけかけて，初めてするときは「こんなにたくさんだいじょうぶかな」と思ったけど，「みんなに草山のことを伝えたい」という気持ちがとても大きくてやる気がでました。たくさんのしりょうの中から整理して書いていく力が身につきました①。
>
> その場所に行って，インタビューするとその人の気持ちがしりょうよりもっと伝わりました②。わたしは，おおぜいの人の前でインタビューや発表する力が身についていないので，この力をこれから身につけたい③です。
>
> 今まで，身近にある物とかに全ぜんきょうみをもたなかったけど，身近な物でカルタをつくると，よりきょうみをもってより好きに④なりました。ちょっとした物が，りっぱなカルタになってよかったです。

【教師のコメント】

最後につくったバイカオウレンのカルタも，しりょうを見て大事なところをわかりやすくまとめてすてきなカルタになったね（①A）。しりょうより，インタビューした方が気持ちの伝わることに気づいたなんてすごいよ（②B）。インタビュー力も発表の力もぐんぐんのびています（③B）。カルタ大会で全校生にも身近な物のよさに気づいてもらおうね（④C）。

[⑭-3] ふるさとカルタ

〈書き方のポイント〉

「最後につくったバイカオウレンのカルタも」のように子どもが学びを具現化したものをあげて評価した。また本人が，まだできていないと考えている力（③の文）については，教師の目でとらえて肯定的な評価をした。

【事例2】5年生 総合的な学習の時間
「生き物の環境について考えよう」
（概要）理科「メダカのたんじょう」と関連させ，ゲストティーチャーを招聘して，地域の川の生き物を調査した。

[⑭-4] 同一児童の授業後，3回にわたる振り返りの記録（1枚ポートフォリオ）

・川観察当日（地域の川）
　川に行って魚やカニを見て，サワガニが卵を持っていて，たまごは小さいはらの中にいっぱい入っていて命をつなげるためにいっぱい持ってうむんだなあ①と思いました。

> 自分はカニや魚がとれなくてとったものが全部似たような生き物ばかりでカニや魚をとりたいと思いました。ナベブタムシとコオニヤンマしかとれなくて少し残念でした②。カジカとドンコは似ていて、見分けがあまりつきませんでした。

【教師のコメント】
サワガニの卵を見て命をつないでいると気づいていて、うれしくなりました（①B）。ナベブタムシは、こうしの先生がめずらしいと言われていたよ。よくゲットしたね（②D）。

・川観察の次時の授業の振り返り
> サワガニは、いっぱいいることを知ってよかったと思いました。それは、ぜつめつしてほしくないからです。モリアオガエルはぜつめつしそうになっているのでびっくりしました。でも、そんなモリアオガエルは兵庫県にいっぱい見られると知って、あらためて自然がいっぱいだなあ①と思いました。プランクトンなどがみんな死んでしまうと、ほかの生き物が生きられないので川をコンクリートにしてほしくない②と思いました。

【教師のコメント】
身の回りの豊かな自然に気づくことができたね（①B）。これからは、川がコンクリートばりにならないように見守っていきましょう（②B）。

・単元最終授業日の振り返り
> 川の中にいる生き物をいろいろ見られてよかったです。これまでは、水の中にいた生き物たちのことなんて1つも考えていなかったけど、これまでの学習で水の中にいる生き物のことをいろいろ考えることができたし、どのようにすれば、メダカたちはかえるかなどのことを知れてよかったです。プランクトンはメダカに食べられ、プランクトンは植物プランクトンを食べるという食物連さということもわかってよかったです①。ぼくは、あらためて、ここは自然にかこまれたいところだ②と思いました。

【教師のコメント】
たくさんの生き物がつながって生きていることに気づいたね。すばらしい（①C）。自然に囲まれた生活ってすてきだね。いつまでも、このままの豊かな川であってほしいので、わたしたちに何ができるか考えていきましょう（②D）。

〈書き方のポイント〉
　子どもが学習の回を重ねるごとに深い学びになっている様子がわかる。3回目の振り返りは、子ども個人の中で学びが終結しているので、「わたしたちに何ができるか考えていきましょう」と社会へ目をむける視点を示した。

［⑭-5］　川での生き物観察

【事例3】6年生 総合的な学習の時間「草山子ども新聞」を発行しよう (本書156ページ参照)

［⑭-6］　日記・作文より

「遠方に行って」
> 今日、遠方に行って、自分の地区だけど色々知らないことがありました。
> まず、じいちゃんの話を聞いてわかったのが、地域への思いです①。じいちゃんが、お年寄りの方のためにイベントを作ったり（中略）平安時代に作られた観音様が市の指定文化財にもなっていたりしたのでびっくりしました。
> 改めて見ると、知らないことだらけでした②。

【教師のコメント】
自分の地区にあるものをじっくりと見つめて考えた、よい1日になったね。新聞づくりは、まず知ることから。きっとまだ、地域のことを知らない人が○○さんのようにいるはずです。地域の方の思いやわかった情報をもとに、み力的な記事にしていきましょう（①②C）。

〈書き方のポイント〉

　子どもの体験での気付きを評価した上で、今後の学習への方向付けを行った。

「もうすぐ学習発表会」

　いよいよ学習発表会まであと3日です。今まで練習したことをすべて発表する日です。この発表で、まず伝えたいのは、ぼくたちの新聞づくりへの思いです。ぼくたちは、何のために新聞を発行しているのかなどの思いを伝えたい①です。2つ目は、新聞にのせた記事などを本当のように再現してお客さん方を話の中に入りこませたい②です。3つ目は、テクニックです。今年は小道具類は、ほとんどつくっていません。その小道具がまるであるかのように見せたいです。4つ目は、裏のテクニックです。暗転など、ぶ台を変えるのは、ぼくたち6年です。すべてを完ぺきにしたいです。今まで学んだことをいかして本番を成功させたい③です。

【教師のコメント】

　何を目的にして何を伝え、そのために何をがんばるべきか、発表に向けて自分の目標をしっかりと持っていてうれしいです。この思いを友だちと共有していきましょう。きっと成功まちがいなし（①〜③B）！

〈書き方のポイント〉

　学校行事に向けての意欲が感じられる日記である。子どもは、これまでの学習の成果を感じ取り、それを発表したいという気持ちにあふれている。その思いが実現するよう、さらに新たな視点（友だちとの協力）を示唆した。

「秋号を発行して」

　これまで、新聞を発行してきて、地域には、まだ私の知らなかった見所がいっぱいあることがわかりました。また、アンケートなどを地域の方にたのんだとき、快く引き受けてたくさん答えてくださったので感謝しています。

　新聞を読んだ地域の方から「新聞見たよ。上手にできてるので感心したわ」とか「昔から住んでるけど、新聞を読むまで知らんかったわ」などの感想を聞いて、とてもうれしかったです①。記事を書くことで、いろんなことができるようになってきました。見出しや記事の書き方やパソコンの使い方です。見出しはなるべく短く引きつけるようにすることが大事です②。パソコンでは、みんなの記事を合わせて1枚にするのが特に難しいですが、やり方がわかってきて、友だちと協力してできるようになってきました③。あと冬号が残っているので、最終号にふさわしく地域の方に楽しんでもらえるような新聞になるようにがんばります④。

【教師のコメント】

　新聞づくりを通して、新聞のつくり方のスキルはもちろん（②A）地域の人と交流しながら、人の思いを受けとめる力（①B）や友だちと協力する力を身につけてきましたね。私も○○さんの素晴らしい成長を感じます（③C）。最終号も期待がふくらみます。地域の人も楽しみにされているよ（④C）。

〈書き方のポイント〉

　子ども自身が自分の成長をメタ認知できている点に共感し、最終号への意欲をさらに高めるように意識してコメントした。

4. コメントを通して教師も学ぶ

　子どものワークシート等を評価することは、教師が自身の授業のあり方をメタ認知する活動でもある。教師のコメントは、学習の始まりや過程においては、子どもの学びへの意欲を喚起し、学習の見通しをもたせるためのものであり、学習の終末では、子どもの学習への成果を認め、新たな学習への視野を広げるためのものでありたい。そのためには、教師が子どもの学びの質を正しくとらえる眼を養うことが大切である。　■

総合的な学習の時間の充実に向けた校内研修

村川雅弘（甲南女子大学）

1. 子どもや学校，地域の実態と育成すべき資質・能力を踏まえた教育目標の設定

学習指導要領には各教科等の目標や内容，今次改訂からは目標の中で資質・能力が示されている。しかし，子どもや地域の実態や特性は学校によって大きく異なる。各学校においては，様々な実態や特性を踏まえた上で，子どもの生きる未来社会を見据え，教育目標と育成をめざす資質・能力を設定していくことが求められる。特に，総合的な学習の時間では，学習指導要領に示されている第1の目標を踏まえた上で，学校の教育目標との関連において設定することが求められる。

[⑮-1] 第1の目標（小学校）

探究的な見方・考え方を働かせ，横断的・総合的な学習を行うことを通して，よりよく課題を解決し，自己の生き方を考えていくための資質・能力を次のとおり育成することを目指す。
(1) 探究的な学習の過程において，課題の解決に必要な知識及び技能を身につけ，課題にかかわる概念を形成し，探究的な学習のよさを理解するようにする。
(2) 実社会や実生活の中から問いを見いだし，自分で課題を立て，情報を集め，整理・分析して，まとめ・表現することができるようにする。
(3) 探究的な学習に主体的・協働的に取り組むとともに，互いのよさを生かしながら，積極的に社会に参画しようとする態度を養う。

まず，自校の子どもたちの実態や特性をとらえ直し，共通理解を図る上で有効な研修が「児童・生徒の実態把握と共有化」ワークショップ[1]である。「概念化シート」[2]を応用し，縦軸を「よさ」と「課題」，横軸を「生活面」と「学習面」とする。子どもたちの姿を通しての教職員の気付きや思いを大切にしながら全国学力・学習状況調査や都道府県版学力テスト等の諸データ，保護者や地域の方からの意見や思いも加味して検討する。分析や検討の過程で共有化が図られる。

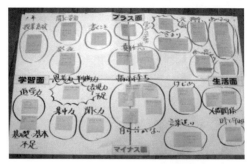

[⑮-2] 実態分析結果例（中学校）

この研修と並行して，次代を生きる子どもたちに求められる資質・能力の検討を行いたい。書籍や講演等，様々な場で語られている。それらを踏まえつつも教職員一人ひとりが考え，KJ法で整理・構造化を行うとよい。自校の実態分析結果と比較したり関連付けたりして，総合的な学習の時間で育成をめざす資質・能力及び教育目標を策定していきたい。

2. フィールドワークとウェビングによる教材研究

総合的な学習の時間の授業づくり，教材づくりにおいて身近な地域，特に校区を知

ることはきわめて大切である。

　まず，フィールドワークを勧める。新年度の早い時期に三々五々出かけたい。異動してきた教員に前からいる教員も加わり，道案内だけでなく，地域や専門家とのつなぎ役を果たしたい。訪問先には事前に連絡しておき，直接話を伺ったり，関連資料をいただいたりしたい。デジタルカメラも持参ししっかりと取材を行いたい。学校に戻れば，他方面に出かけていたチームと校区地図を用いて情報交換を行うとよい。

　同様に推奨したいのがウェビングである。模造紙の真ん中に中心教材として扱う対象（例えば，「〇〇川」「〇〇祭」など）を記述し，「どのような情報が関連するか」「どのような体験や学習活動が可能か」「各教科等とどのような関連が可能か」「どのような人材とかかわらせることが可能か」など思いつく言葉をつなげていく。模造紙に直接書いてもよいが，［⑮-3］のように，ふせんに記述することで，後で位置を変えることができる。「ものやこと」はイエロー，「教科等との関連」はブルー，「多様な人とのかかわりや地域貢献」はピンクというようにふせんの色に意味をもたせることで，視点を踏まえたアイデアを引き出すことができる。

　中心テーマに関連する資料や当該学年の各教科等の教科書，インターネットにつながったパソコン（スマートフォンでも可）なども準備しておくことで，感と経験だけに頼らず幅広い視野や視点から中心教材についての教材研究が可能となる。

　ウェビングを教員だけで行うのではなく，中心テーマにかかわる関係者（例えば，徳島特産の「すだち」や「ゆず」を中心教材として取り上げる場合には，栄養教諭や栽培者である農家の方，JA職員，加工品業者，シェフなど）も参画して行うことで，多様な情報やアイデアが創出されるだけでなく，その場において新たな人的ネットワークを構築することができる。「社会に開かれた教育課程」の実現につながる有効な研修となる。

［⑮-3］ふせんを用いたウェビング

3. 教科横断的な視点による教育内容等の構成

　学校が掲げた目標や資質・能力は各教科等の中での閉じた学びだけで実現することはできない。環境や福祉，健康や安全，防災などの現代的諸課題の問題解決において各教科等の知識や技能を関連付けて総合的に活用することが求められる。

　そのためには，各教科等の教育内容を，教育課程編成において必要に応じて動かしたり，関連付けたりして指導することが必要となる。総合的な学習の時間では，これまでも主に身近な地域社会の諸課題に取り組む過程において各教科等で身につけた知識や技能をつなげて活用してきた。

　今次改訂では，資質・能力の視点から教育課程全体を見直そうとしている。総合的な学習の時間と各教科等の関連においては，これまではどちらかといえば内容面からとらえていたが，今後は資質・能力面においてのとらえ直しも必要となる。

　「総合的な学習の時間と各教科等との関

連」ワークショップ[3]では，資質・能力面と内容面とでふせんの色（例えば，「資質・能力面」はブルー，「内容面」はピンク）を変えることで両者への意識づけを図りたい。

ほとんどの教科を担当する小学校では，総合的な学習の時間を介して，教科学習と社会とをつなげたり，教科と教科とをつなげたり必要に応じて学習内容の再編成を行うことは比較的容易であるが，中学校や高等学校では，教科担任制のために困難が伴う。

例えば，岩手県立盛岡第三高等学校のように，授業公開を日常化し一部分でもよいので他教科の授業を見合うことで，今どのような内容を扱っているのかを互いに知ることとなり，担当教科の内容と他教科等の内容との関連を意識した指導が可能となる[4]。また，三重県鈴鹿市立千代崎中学校は，空き時間が一緒の教員でチームを組み一つの授業を参観し，ワークショップで成果や課題，改善点を整理・分析することで，自習を行うことなく，多くの授業研究を可能にした[5]。短期間で多くの教科の授業を参観することで教科横断的な視点をもち，指導に生かすことができる。いずれも子どもの学びの中で教科横断的な視点での関連付けを行うものである。

4. 主体的・対話的で深い学びの授業づくり

「資質・能力」育成のための授業づくりの鍵を握るのは「主体的・対話的で深い学び」の実現である。総合的な学習の時間でも求められている。しかし，「主体的・対話的で深い学びの授業づくりを行いたいが，教員間で具体的なイメージがもてない」というのが多くの学校の反応である。

各教員が様々な研修や書籍を通して理解したことも踏まえつつ，これまでの日々の授業を思い起こし，どのような子どもの姿を「主体的な学び」「対話的な学び」「深い学び」の現れととらえるか，そのような姿を引き出すためにどのような手立てをとっているか，をふせんに書き，チームで分析・整理する。その際に用いるのが「マトリクスシート」［⑮-4］である。縦軸を「子どもの姿」と「教師の手立て」，横軸を「主体的な学び」「対話的な学び」「深い学び」とした。

写真の成果物の内容を少し紹介する。「主体的な学び」の姿としては「自らの学習を振り返り，どうすればもっとよくなるか，どう自分が変容してきたかを書ける」「めあてに

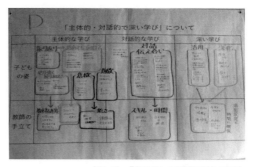

［⑮-4］「主体的・対話的で深い学び」
ワークショップの成果物例

向かって（様々なやり方で）目標を達成できるように，活動を楽しみながら進めている」「困ったりわからなかったりしても投げ出さない」「やってみたい，考えてみたい，つくってみたいと思う」等と書かれている。そのような姿を引き出すために，「予想されるつまずきとその手立てを考えておく」「子どもにとってわかりやすいめあて」「課題との出合わせ方」等があがっている。

「対話的な学び」の姿としては「一つの問題の解決に向けて，一人ひとりが自分の考えをもち，発表し合いながら子どもどうしで解決することができる」「自分の考えをも

ち，他者の考えと比べながら聞く」「友だちの発表を聞いて，自分の考えに取り入れ，新たな発見をもつことができる」等と書かれている。手立てとしては「話す時間の確保」「話す・聞くスキルの強化」等があがっている。

「深い学び」に関しては割愛する。この研修では，教育課程全般を対象に実施したが，内容的には総合的な学習の時間につながることがらが書かれている。

本来，「主体的な学び」「対話的な学び」「深い学び」は相互に関連しており切り離せないものである。敢えて「主体的な学び」「対話的な学び」「深い学び」に分けて考えた上で，「子どもの姿」と「教師の手立て」の関連を明確にするだけでなく，三つの学びを越えて「子どもの姿」をつなげたり，「教師の手立て」を関連付けたりしていきたい。

5. 年間指導計画の見直し・改善

総合的な学習の時間の年間指導計画は，子どもや地域の実態を踏まえて開発されるだけに，毎年度の見直し・改善が求められる。

年間指導計画の見直し・改善を図る研修として有効なものが「年間指導計画を全教職員で見直し次年度につなげる」ワークショップ[6]である。「指導案拡大シート」[7]の応用である。年間指導計画を模造紙サイズやA3に拡大したものを用意する。それ以外に，ふせんを3色（ブルー，イエロー，ピンク）用意する。

ふせんの使い分けは，1年間の実践を振り返って，「よかったので来年も続けるべき」（ブルー），「うまくいかなかったので止めた方がいい。改善の余地がある」（イエロー），「今年はできなかったけど来年はこうすればいいのでは」（ピンク）である。3色のふせんに実践を踏まえての気付きやコメントを書き，年間指導計画の該当箇所に貼っていく。そして，その成果物を次年度の当該学年の教員へバトンのように手渡す。改善案

［⑮-5］年間指導計画の見直し例

の作成自体は次年度の教員にゆだねる。

1年間の実践(D)を踏まえての見直し・改善(C・A)を年度末に行い，次年度の始めにそれを受けて改善・計画(A・P)を行う。D→C・A→A・P→D→C・A→A・Pを繰り返すことで，PDCAサイクルを確立する。子どもや地域の実態や特性を踏まえて，継承しつつも形骸化しないために有効な方法である。比較的時間が取れる夏休みなどに実施すれば，年度内での工夫・改善が可能となる。

なお，［⑮-5］の学校では各教員が事前にふせんに記入してから研修に集まったので，1学年分の整理は15分で終わっている。

【参考文献】
1) 村川雅弘「児童・生徒の実態把握と共有化」(2016)『ワークショップ型教員研修　はじめの一歩』教育開発研究所，pp.61-62
2) 前掲書1), p.39
3) 前掲書1), pp.74-78
4) 村川雅弘 (2013)「確かな学力と豊かな人間力の育成を目指すバランスあるカリキュラム」，村川雅弘・野口徹・田村知子・西留安雄編著『「カリマネ」で学校はここまで変わる！』ぎょうせい，pp.142-149
5) 前掲書1), p.51
6) 前掲書1), pp.72-73
7) 前掲書1), p.41

II 事例編

- 小坂井を食べよう —地産地消から食を見つめよう—（小学校5年生）
- 未来に向かって今を生きる —私たちがつくる未来のまち— 和・話・輪フェスティバル（小学校6年生）
- 大山化石発掘隊がゆく（小学校6年生）
- わたしたちの町 新町 —伝えよう 新町のすてき—（小学校3年生）
- 水と共に生きる命 —ぼくら二の沢川見守り隊—（小学校4年生）
- 新町の魅力を伝えよう（小学校5年生）
- 笑顔広がれ!とべまちポ★スター（小学校5年生）
- 山形まるごとマラソンを目指して，心と体の健康を創ろう!（小学校5年生）
- みんな安心 ひろせ防災教室（小学校6年生）
- 多文化共生への一歩! —ラップで心の距離を縮めよう—（小学校6年生）
- キラ☆まち日記 〜メイ・ジンからのおくりもの〜（小学校6年生）
- 「草山子ども新聞」を発行しよう（小学校6年生）
- 足代の魅力セレクト9（小学校5・6年生）
- 福山市制100周年PR大作戦!（小学校6年生）
- さくらプロジェクト —魅力ある総合的な学習の時間の創造に向けて—（中学校全学年）
- 朝日探究プロジェクト・りんご探究プロジェクト Search for Asahi 〜朝日町を知る〜（中学校1年生）
- 私たちが描く未来のふくやま（中学校3年生）
- ボランティアガイドのできる子ども（中学校3年生）

探究課題　食　　小学校5年生

小坂井を食べよう
—地産地消から食を見つめよう—

〈実践〉愛知県宝飯郡小坂井町立（現豊川市立）小坂井西小学校

1. はじめに

　小坂井町立（現豊川市立）小坂井西小学校の本学級の子どもたちは，給食の時間を楽しみにしているが，食材に対する好き嫌いは多く，地元産の食材が使用されていても，それにも気付かずに残してしまう子もいる。現代社会の中では，生産者と消費者が離れており，こうした子どもたちの様子もそうした現実と深く結びついている。そこで，地域の素材を生かし，自分が口にする食材には，それを生産した人たちの思いがあり，特に，給食などは，地元の食材や生産者とのかかわりも考えながらつくられているということに気付かせたいと願った。地域の人々とかかわる中で，地域の食材に関心を寄せ，それを大切にすることができる子を育てたい。また，その食材を調理して食べることで，地域食材についてより深く考える子を育てたい。こうしたことから，地域の食材のよさに目をむけ，その活用方法を考え身近な食材のよさに気付き，大切にできる子，食事をつくることに喜びを感じる子の育成をめざして，実践に取り組むことにした。

　以下，5年生児童が地域で学ぶ中で人として大きく成長した，本単元における指導の手立てについて述べる。

2. 実践を進めるにあたって，ポイントとしたこと

ポイントⅠ〈地域食材について探究するために〉
○一人ひとりの「食物帯*」[①-1]を制作させ，野菜などの食材が種から口に入るまでの過程をとらえさせる。
○『パフォーマンス課題』の取り組みを通して，地産地消のよさをとらえさせる。
○栄養教諭との連携を図り，その専門性を生かして授業を構想・実践する。

ポイントⅡ〈食事をつくることの喜びを感じ取るために〉
○小坂井の食材に徹底的にこだわった「小坂井弁当」をつくる。
○「振り返り」を行い，自分の探究の姿を客観的にとらえさせる。
○アイデアを出し合い，協力してつくり食べることの楽しさを味わわせる。

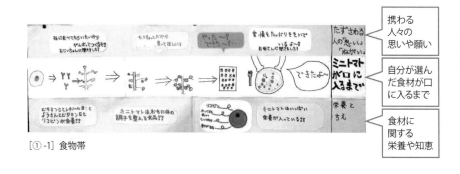

[①-1] 食物帯

＊「食物帯」とは，地元産の食材の意味や価値を考えさせるための自作教材である。

3. 単元の構想

(1) 見ていきたい子 A 児について

　A児は，給食で地元産の食材が使用されると，教師にそれを伝えに来てくれる。また，調理の技能は高く家庭科の調理実習でも手際のよさを見せている。しかし，なぜ小坂井産の食物が使用されているのかは具体的にはとらえてはいない様子である。それは，どのような食材であれ，簡単に減らしてしまったり，残してしまったりするような姿からもうかがえる。また，調理の際には効率のよさを意識するあまり，自分一人で早く終わらせようとする傾向にある。このような児童は学級の中に多くいて，A児を育てることは学級全体を育てることにつながると考えた。そこで，本単元を通して，A児に小坂井産の食材やそれに携わる人々とかかわらせる中で，地域の食材のよさに気付かせ，それを大切にできる態度を育てたい。また，小坂井産の食材を使って仲間とともに計画・調理・食べる活動の中で，食材や食事の意味や価値について考えさせ，食事をつくることに喜びや楽しさを感じさせたい。このようにして，A児が単元を通して，めざす子ども像に向かって変容する姿を期待した。

(2) 単元の計画

　子どもたちは，1学期の社会科「わたしたちの生活と食料生産」の学習において，「地産地消」という言葉を学習した。稲作の学習においては，地域の方の協力を得て実際に田植え体験を行い，米が自分たちの口に入るまでの過程を学習するとともに，つくり手の思いや願い，あるいは，つくることの大変さも味わうことができ，子どもたちは食に対する意識を高めつつある。しかし，自らの食生活に対しては，その意識が通じていない側面も見られる。

　例えば，子どもたちは給食の時間を大変待ち遠しく思っている。給食の匂いが漂ってくると，その匂いに反応を示す子どもがいる。また，休み時間になると「先生お腹すいた。今日の献立は何？」と話しかけてくる子どももいる。さらに，デザートが余ると希望者を募り，じゃんけんをしてそのデザートを食べることができる子を決定する等，子どもたちにとって，給食の時間は1日の中でも最も楽しみな時間の一つである。しかし，「いただきます」の後に多くの子どもが席を立ち，自分の嫌いな食べものや量を初めにたくさん減らす姿が見られる。また，「ごちそうさま」の後には食べ残しをなんの罪悪感もなく食缶の中に戻す姿も見られる等，栄養バランスを配慮した食べものの大切さをあまり意識していないのではないかと思われるような姿が見られる。

　そこで，本単元では，子どもの生活の中でも最も身近な行為である食に着目し，自らの力で身近な食に対する問題を発見し，解決していくことができるような学習を展開したい。小坂井の町でつくられている多様な食材の存在に気付かせるとともに，その一つひとつにつくり手をはじめとした，流通に携わる人々すべての思いや願いがこめられているということに気付かせたい。食という切り口で小坂井町の人やものと主体的にかかわって新たな発見をする中で，小坂井の町でつくられた食材を大切に思う気持ちが育まれると考えている。また，小坂井産の食材だけを使って自分たちで調理する場面を設定する。そうすることで子どもたちは，小坂井の町でつくられた食材だけでも，工夫することでいろいろな料理を食べることができることに気付くであろう。また，友だちと協力して問題を解決していく場面も生まれ，調理することの喜びにも気付くであろう。

（3）単元構想図　［①-2］

・給食の匂いが漂ってくると，その匂いに反応を示したり，休み時間になると「先生お腹すいた。今日の献立は何？」と話しかけたりして，給食の時間が楽しみな子どもたち。	・嫌いな食べものやいらない量を初めに減らしたり，「ごちそうさま」の後に食べ残しを平気で食缶の中に戻したりして食べものの大切さをあまり意識していない子どもたち。	・地元産の野菜が給食に出ると，反応を示す。しかし，実際に，小坂井で何が生産されているかを，詳しく述べることはできない子どもたち。

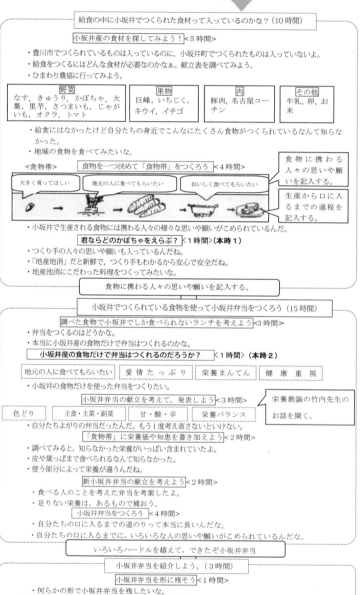

【展開上の留意点】

・給食の献立表に着目させ，小坂井の食材が使われていないことに気付かせる。

・献立表をもとにして，小坂井にありそうな食材となさそうな食材を整理させる。

・小坂井産の定義を徹底した後調査させるようにする。

・実際に携わる人とかかわらせたり，実物の食材と出合わせたりする。

・一人調べの時間を十分に確保し課題に対する意見を持ち寄った上で議論させる。

・「食物帯」はできるだけ細かい工程に分けさせるようにする。

・携わる人々の思いや願いと生産から口に入るまでの過程は，上下に分けて記し，視覚的にとらえ易いようにする。

・調べるにあたっては，調べ方について十分に事前指導をする。

・実物のかぼちゃを3種類提示し食べさせるようにする。

・本時のねらいを栄養教諭とあらかじめ打ち合わせておく。

・あらかじめ弁当づくりのルールを徹底しておき後段の導入時に児童に提示するようにする。

・意見を述べる際には，なぜそう思ったのかという根拠をもとに発表させる。

・栄養教諭の話を聞くことで，自分たちの考えた小坂井弁当が自分たちよがりのものであったことに気付かせるようにする。

・「食物帯」に三段目を付け加え，食物に関する知恵等を記すようにする。

・「食物帯」は教室掲示を行い，いつでも学習を振り返るようにするとともにクラスの共有財産にする。

・地域の人々の思いや願いを振り返らせ，弁当づくりを行わせる。

・計画から調理までの十分な時間を確保する。

・「食物帯」を用いてこれまでの活動を振り返らせる。

・単元の振り返り時間を十分に設け，クラスで共有できるようにする。

4. 実践の様子

(1) 考えてもみなかった，小坂井産の食材

①小坂井の食材との出会い

お昼時になると，子どもたちとの会話の中で，給食の話題が頻繁にあがる。そして，給食の献立を意識している子は，小坂井産の食材が，時折そこで使用されていることを教師に伝えに来る。そこで，子どもたちと献立を眺めている中で，「小坂井では，他の食材がつくられていないのかなぁ？」と投げかけてみた。すると，「他にもあるよ」「畑で見たことある」と返答があった。そこから，献立に使用されている食材の一つひとつが，小坂井で生産されているかどうかの予想を立ててみることになった。

子どもたちは授業時間外を使って，予想したことがあっているのかを調べた。実際に自分の目で見る，家の人に聞くなど調査方法は様々である。調査を進める中で，調べたことを共有する場面を設けるとともに，子どもたちと話し合い，小坂井産の食材を的確に探すことができるAコープに出掛けた。A児はすぐに，さといもを探し出した。単元の導入の振り返りに記された「さといもは，ほんとうにつくられているのか」という課題を，実際に確かめて解決することができた。

[①-3]【子どもたちが調べてきた小坂井の食材】

〈果物以外22種〉		
・なす	・玉ねぎ	・ねぎ
・ピーマン	・さつまいも	・にんじん
・おくら	・きゅうり	
・ゴーヤ	・じゃがいも	〈果物5種〉
・キャベツ	・さつまいも	・巨峰
・白菜	・ほうれんそう	・いちじく
・冬瓜	・トマト	・みかん
・ししとう	・ミニトマト	・キウイ
・米	・かぼちゃ	・いちご
・小松菜	・チンゲンサイ	

すべてを調べ終わりAコープの店長に，地産地消という言葉を使って地元産の野菜を店頭に並べる意義を説明していただいた。また，店長自身の小坂井産の食材に対する思いや流通の仕組みも説明していただいた（[①-4]）。

[①-4]【店長のお話】
○地産地消について
・地元で消費することで，新鮮な食材をお客さんに売ることができる。
・生産者の名前や顔がわかるから，安心して買うことができる。
・輸送の距離が短いため，CO_2を減らすことができる。
　→ エコにつながる。
○どんな思いで食材を売っているか。
・好き嫌いなくみんなに食べてもらいたい。

②小坂井産の食材が自分の口に入るまで

Aコープでの活動を終え，多くの子どもが食材だけでなくその背景にいる生産者へと関心が広がった。そこで「小坂井産の食材が生まれてから自分の口に入るまで」について，その順序を追うことにした。

その日のA児の振り返り（[①-5]）には，小坂井産の食材の種類に対する関心だけでなく，地産池消の考え方にも関心を寄せている様子が見られた。特に，それらと生産者を関連付けて考え，ものから人にも関心が広がっている様子であった。

[①-5]【A児の振り返り(9/25)】
　Aコープには，ふつうにキュウリやトマト，にんじんとかよく見る野菜を売っているかと思ったら，新しいキュウリやトマト，にんじんは小坂井でびっくりしました！ドクダミやウコン，焼き肉のたれとかも小坂井産でした。意外！デス。小坂井産の食物は全部で27種類以上。すべての食物に作った人の名前が書いてありました。地産地消はすごい！安心，安全，新鮮だしエコにもつながる。

Aコープでの活動を終え，多くの子どもが食材だけでなくその背景にいる生産者へと関心が広がった。そこで「小坂井産の食材が生まれてから自分の口に入るまで」について，その順序を追った（[①-6]）。

[①-6]【食材が生まれてから自分の口に入るまで】

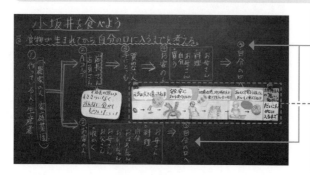

本時においては，食材が生まれてから自分の口に入るまでの過程が2通り出された。
1・販売所を経由するコース
2・自分の家で収穫するコース

〈食物帯の例示〉
「食物帯」を例示すると「すごい」「おもしろそう」とつぶやく声が聞こえてきた。「食物帯」とつくり方を提示すると，A児は満面の笑みを見せた。休み時間に，「材料とか先生が用意するの？」，「色は自分で決められる？」と疑問を投げかけてくる様子であった。

(2) 調べてみよう！小坂井産の食材
① 「食物帯」づくりへの挑戦　　～できたよ！17種類の「食物帯」～

　授業の後半には，あらかじめ用意しておいた「食物帯」を提示し，子どもたちは，小坂井産の食材を選んで「食物帯」づくりに取り組んだ。37名で17種類の食材である。作成するにあたっては，実際に生産に携わっている人からの聞き取りやインターネットを活用しての学習を行った。

[①-7]【A児の食物帯】

　　私は，自分で作った食物帯はなかなかじょうできだと思います！食物帯を作るまでインタビューとか大変だったけど，自分の口に入るまでに農家の人とかお母さんの思いや願いがいっぱいつまっているということがわかりました。特に，お母さんが元気に育ってほしいと思ってごはんをつくってくれているのがうれしかったです。

　A児は，自分の好きなかぼちゃを選定した。「食物帯」の制作を終えて，A児は，振り返りに「自分の口に入るまでに農家の人とかお母さんの思いや願いがいっぱいつまっていることがわかりました」と綴った（[①-7]）。

[①-8]【B児の食物帯】

　　農家の人がこんな思いや願いをこめてつくっていることがわかりました。野菜などを作っている人は，子どもたちにたくさんたべてたくさん成長してほしい！と願っていることもわかりました。私が農家の人だったら，自分が作った食べ物を食べてもらって「おいしい！」と言われたら，とっってもうれしいです！！

② さぁ，君ならどのかぼちゃにする？

　小坂井の食材を，客観的な視点からとらえることができるようにするために，次のようなパフォーマンス課題を設定し，その解決に取り組んだ。

[①-9]【パフォーマンス課題】

　スーパーの野菜売り場に期間限定で新コーナーがたん生しました。一つは国内のおいしい野菜を揃えたコーナー，もう一つは世界の野菜を取り揃えたコーナー，最後は地元の野菜を取り揃えたコーナーです。そんな中，5-2は家庭科の調理実習で，かぼちゃ料理をつくることになりました。材料はドミーで買い揃えます。また，予算はみんなで出し合います。さぁ「君なら，どのかぼちゃを選ぶ」？

 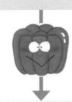 

北海道産プレミアムかぼちゃ	地域密着小坂井産かぼちゃ	ニュージーランド産かぼちゃ
冬季限定！ ミネラル豊富，甘くておいしい 1玉　¥800のところ 半額　¥400	愛情たっぷり 安心・安全 新鮮 1玉　¥150	安い 不景気の強い味方 1玉　¥100

　児童に上記のような課題をあらかじめ提示する。それぞれの長所や短所をもとに，自分ならばどのカボチャを選択するかを考える。より説得力のある意見にするために，一人調べ学習の時間(インターネット，本で調べる，家の人に聞く，専門家の人にインタビューする……)を十分に確保する。それぞれの意見を出し合う中で，他と比べながらそれぞれの食材への見識を深めていく。

ア　A児の考え

　前時までに，地元産の食材に携わっている人々の思いや願いに気付いたA児であったが，課題中に示された値段と味に関する文言に加え，母親の意見も加わり，A児は，「北海道産プレミアムかぼちゃ」を選択した（[①-10]）。

イ　北海道産にこだわるA児

　学級全体としては，選んだかぼちゃは，小坂井産26名，北海道産6名，ニュージーランド産3名であった。この課題について，学級で討論をした。小坂井産やニュージーランド産の意見が出される中で，A児は，「北海道は人気がないけど」と前置きしながらも，「いつでも食べられ

[①-10]【本時に至る過程の意識調査(10/2)】

　北海道プレミアムかぼちゃがいいです。理由は半がくだし甘くておいしいって書いてあるし，<u>1回食べてみたいです！冬季限定だし，めったに食べられないから！</u>ニュージーランド産は少しこわい。安くて安全じゃないイメージ。

　母の意見……せっかく家庭科で料理をつくるんだから，甘くておいしいプレミアムかぼちゃでいいのでは!?

[①-11]【授業記録①(10/5)】

T　：感想を聞いてみたいんだけど，理由をつけて発表して。どうぞ。
C1：小坂井産です。地元だし，おいしかったし，安心で安全だからです。
C2：小坂井産がいいと思います。北海道産は高いし，ニュージーランド産はこわいからです。
T　：なるほど。なんでこわいの？
C3：安いから。
C4：ニュージーランド産です。質より量だから！どれを食べても同じ味だったし。
C5：小坂井産です。おいしいし，安全だし，新鮮。農薬も使ってないと思う。ニュージーランドの方が安いけど，見えないから外国産よりも小坂井産がいい。(中略)
T　：北海道産の子は？
A児：北海道は人気ないけど，うちの意見はそんなに高くない……で，<u>割れば安いし，半額だから，北海道産がいいです。……いつでも食べられるわけじゃないし。</u>
C6：やっぱり冬季限定だから北海道産がいい。

るわけじゃない」（［①-11］下線）と北海道産かぼちゃの希少価値を主張した。「安全」や「新鮮」等のキーワードも出されてはいたが，A児の考えは変わらない。意見が交わされる中で，地元産のよさに着目した意見が続けて出された。C3「地元だし，小坂井の人がつくっとるもん」と生産者に着目した意見。C5「小坂井の人が，心をこめてつくってくれたから」と生産者の思いをくみ取った意見，また，C6「自分たちのことも考えてつくってくれている」と消費者への思いという観点をもった意見などである。友だちから出された生産者への思いが，少しずつA児の考えを動かし始めたようである。

ウ　栄養教諭のお話

子どもたちは，異なる産地の食材と，自分の食生活とのつながりについての理解が不十分な様子であった。そこで，地元産の食材と，それ以外の食材に対する理解を深めていくために，授業の後半に栄養教諭のT先生に，話し合いを聞いた上で，お話をしてもらう時間を設定し，「自分自身で必要に応じて食材を選ぶことが大切である」ということを中心に，話していただいた（［①-12］）。

> ［①-12］【授業記録（10/5）】
> ○地産地消について
> ・生産者がわかるため安心して買える
> ・産地と売り場が近くなるため新鮮でCO_2の削減にもつながる
> ・地元でとれた食物を地元の人が食べると身体によい
> ・地元で採れた旬の食物を，旬の時期に食べると身体によい
> ○国内，国外の食物について
> ・日本では，農薬の使用を記録している
> ・外国産は日本に来る際に厳しい検査を受けているため，決して危険ではない

右は，A児のこの授業の振り返りである。初めは北海道産のかぼちゃを主張していたA児だが，「CO_2を出さないためにも」や「安心して食べられるように」（［①-13］）と，自分なりの価値判断で，小坂井産の食材を選択した。また，別の児童は，「T先生も言っていたけど，地元になじんでいるからかな…」とT先生の意見をもとに，自分なりに小坂井産の食材がおいしく感じた理由を考える児童も見られた。食材を選ぶ観点は多様であり，求めるものによっては，地元産のものも大変魅力的であることに気付き始めた様子であった。

> ［①-13］【A児の振り返り（10/5）】
> 私はこの授業を受けるまで，ぜったい「北海道プレミアムかぼちゃ」がいい!!と思っていたけど，飛行機などを使ってかんきょうにわるいなんてことを考えていなかったので，CO_2をあまり出さないためにも，小坂井のかぼちゃがいい!と思うようになりました。そして小坂井産にした理由はほかにもあります。それは，やっぱり安全だからです。作っている人の名前もわかるし，住所や顔写真までのっているところもあると聞いたので，安心して食べられるように，小坂井産がいいと思いました。

（3）みんなで協力，ついにできたぞ「小坂井弁当」

① 動き出す子どもたち

ア　あるものだけで本当につくれるの？

小坂井産の食材について考えてきた子どもたちは，それを使って実際に調理をしたいという思いが高まり，話し合いの末，デザート入りの「小坂井弁当」をつくることになった。そこで，「小坂井弁当」をつくる上でのルールを子どもたちと確認した（［①-14］）。このルールにのっとり，一人ひとりが「小坂井弁当」をつくることができるのかどうかを考えていった。

> ［①-14］【小坂井弁当づくりのルール】
> ①小坂井産の食物のみ使用を可とする。
> ②調味料はすでにあるものとする。
> ③肉に関して，小坂井で飼育されている豚肉は地産として愛知県産の豚肉の使用を可とする（ただし，牛肉や鶏肉も飼育されているのを発見した場合，愛知県産のものの使用を認める）。

「小坂井弁当ができるのかどうか？」調べ活動を始めたA児は，栄養素を調べたり，母親から聞き取ったりしながら，資料［①-15］のようなレポートをまとめた。

[①-15]　【A児の一人調べ学習】
○ **調査内容**（農家の出荷食物・出荷額・小坂井の飼育家畜数・母親の意見）

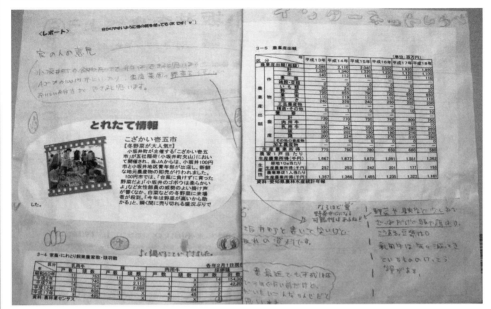

　この活動を通して，「つくろうと思えばつくれる。野菜中心になってしまう。…栄養はきん等にならない」と小坂井産では野菜が中心になってしまうと思われる弁当づくりに，迷いが生じている様子であった（[①-16]）。
　学級としては，弁当がつくれるが30名，つくれるかつくれないか迷っているが7名であった。

イ　野菜中心になってしまう

　こうした実態を受け，「小坂井弁当は，本当にできるだろうか？」をテーマに授業を行った。グループで，資料[①-14]に示したルールを守る中で，自分たちのグループで大切にしたいことを話し合った。地域素材を使うことは魅力的ではあるが，「弁当」に必要な要素は，他にもあるはずである。地元の素材が使われていれば，何でもよいという「弁当」にはしたくないという思いを教師はもっていたが，子どもたちもすでに，A児が栄養について考え始めたのと同じように，弁当に望まれるものは何だろうという思いをもち始めていた。
　弁当がつくれると考えるC3の「野菜がもっとおいしい，弁当にしたい」という意見を聞いて，A児は「わからない，つくろうと思えばつくれるけど，……野菜中心のお弁当になってしまう」（[①-17]　A児下線）と主張

[①-16]　【A児の悩み】
　小坂井でつくっている食べものは，野菜が多かった。お弁当はつくれると思います。ただ，野菜だけだけど…野菜は食べた方がいいから，野菜弁当になります！つくろうと思えばつくれる。<u>野菜中心になってしまうと思う</u>…全部野菜でヘルシーな弁当になる！でも，<u>栄養はきん等にならない。</u>

[①-17]　【授業記録①（10/20）】
T　：じゃあ，みんなが調べたものを理由とともに，簡単に教えてほしいと思います。もし，「つくれるかどうかわかならい」という人がいたらそう言ってください。
C1：できる。つくれば，つくれる。
C1：いろとりどりな弁当ができる。
T　：これって誰に聞いてくれた？
C2：はい。小坂井町には，Aコープで20種類以上の野菜があった。
C3：「できる」の方で，野菜がもっとおいしい，弁当にしたい。
A児：わからないで，<u>つくろうと思えばつくれるけど，つくろうとすれば，野菜中心のお弁当になってしまう。</u>
T　：これ調べてくれた？　なるほど。
C4：卵がないからから揚げは無理だけど，サラダはできる。

した。「おいしさ」という観点をもっているA児は，小坂井の食材だけでは，自分の中での満足のいく弁当がつくれないと考えている様子であった。

ウ　弁当づくりの観点

　弁当がつくれるか否か意見を出した後，C6「栄養の種類」やC7「ごはんだけ」といった，弁当づくりに必要な意見を具体的に取り上げた（[①-18]下線）。そして，弁当にもいろいろあるが，どんなことにこだわって小坂井弁当をつくりたいかを子どもたちに投げかけた。するとC8「人のために」やC9「栄養とカロリー」といった，こだわりを具体化するような条件が出された（[①-18]波線）。しかし，A児は，その最中も首をかしげ，友だちの意見をいろいろ参考にしながらも迷っている様子であった。

　授業の後段では，観点をより具体化することをねらい，弁当づくりのプロのインタビュー映像を視聴した。A児はこの映像が流れると，プロのこだわりを聞き逃すまいと，ワークシートにその項目を細かく記述する姿が見られた。

　インタビュー映像を見終わり，再びこだわりたい観点を聞いていきながら，それらを視覚的にとらえやすいよう，黒板上に示していった（[①-19]）。

> [①-18]【授業記録②（10/20）】
> T：C6さんは，とっても面白いこと書いてあったけど。
> C6：家にあった本なので，赤，黄，緑などを調べた。
> T：それって，色のことじゃないよね。ちがうんだよね。
> C6：<u>栄養の種類。</u>　　　　　（中略）
> T：C7君，何か面白いこと書いてあったけど。
> C7：<u>ごはんだけでも，</u>弁当はつくれる。
> T：野菜中心の弁当になっちゃう。ごはんだけでも弁当だよね確かに。卵がなければ弁当じゃない。それから，ここ，色とりどり，○○さんが言ってくれた栄養。ひとことで弁当と言ってもいろいろだね。
> 〈課題提示〉どんなことにこだわって小坂井弁当をつくりたい？
> C8：人のために。
> T：例えば？　お母さんのため。
> C9：栄養とカロリー。
> T：どうでしょうか？こだわり，見つけていくとしたら？これだけでいいの？
> C10：おいしい弁当
> C11：野菜を入れたい
> T：じゃあね。このぐらいみんな考えてくれたんだけど。ここで，ワークシートを配ります。日付と名前，いつものように書いてください。ここ，使ってかまいませんので，先生は，お弁当づくりのプロの人にインタビューをとらしてもらいました。みんなもこだわってみたいなというところがあったら，メモを取ってください。
> 〈ビデオをみる〉
> プロの人は，ああした考えでつくっているようです。みなさん何か取り入れてみたいなということはありますか？
> C5：愛情。
> C6：<u>おいしい味と量。</u>

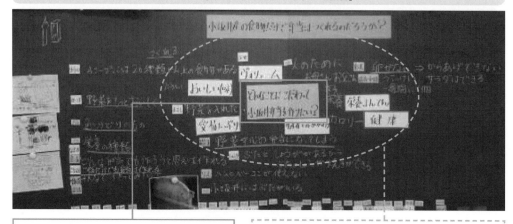

[①-19]【弁当へのこだわりを示した板書】

提示した課題
子どもたちが弁当づくりでこだわりたい観点を明確化することを意図する。

具体化された観点
愛情・おいしさ・ボリューム・栄養・健康（カロリー）・人のために・生産者とのかかわり・野菜中心（小坂井らしさ）

意見を共有した後のA児の振り返りには,「弁当をつくるには気持ちが大切だと思いました」と記し,弁当づくりの意味をとらえ直すことができた。これまで野菜中心の弁当に,おいしさを見出せずにいたA児であったが,つくり手が気持ちを

[①-20]【授業の振り返り(10/20)】
弁当をつくるには気持ちが大切だと思いました。野菜が多くても地元の食物だけを使ってつくれたらサイコーだと思いました。栄養がまんてんで,愛情がたっぷりでおいしい弁当をつくれたらいいと思いました。

こめることで,それがおいしさにつながることに気付くことができた([①-20])。また,栄養にもこだわりながら,小坂井弁当をつくれたら「サイコー」と綴り,弁当づくりへの意欲の高まりを見せるA児であった。

エ 「食物帯」の完成

弁当づくりに食材の栄養等を考慮したいと考えた子どもたちは,下段部分に食材に関する栄養素や知恵を書き加え,「食物帯」を完成させた。A児の完成させた「食物帯」は[①-21]である。

[①-21]【A児が完成させた食物帯】

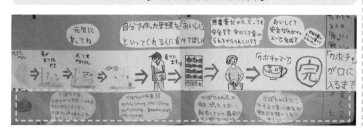

A児が完成させた「食物帯」である。A児は帯の3段目にかぼちゃの栄養素や知恵を書き加えた。
・栄養…カルシウム,ビタミン,カロチン等
・知恵…風邪の予防,疲れ目に効く等

この制作で,A児は「知らない栄養素がたくさんふくまれている」ことに気付いた([①-22])。そして,弁当づくりにおいては,栄養のバランスを考えていく必要があることに気付き始めた。

[①-22]【授業の振り返り(11/13)】
弁当をつくることが決まって栄養を調べてみると,知らない栄養素がたくさんふくまれていることがわかりました。……肉と野菜の栄養バランスを考えて弁当をつくりたいです。

②ついにできたぞ!「小坂井弁当」

ア グループでのレシピづくり

自分の弁当に対するこだわりと,班のメンバー一人ひとりのこだわりを出し合い,レシピを考案していった([①-23])。ボリュームにこだわりたいE児と,そうでないA児は,量を増やす代わりに野菜を多くすることで,お互いの希望に折り合いをつけながらレシピを構想していく様子が見られた。

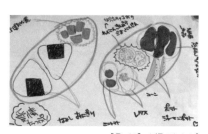

[①-23] A児のレシピ

イ みんなで調理・みんなで試食

レシピを完成させ,いよいよ弁当づくりである。必要な食材を用意し([①-24]),調理を開始した。

A児は自分が担当する役割以外にも,キャベツを切るG児の様子を見ながら,「まとめて切った方が早くできるよ」とアドバイスし,隣で実演して見せた。G児は「ほー,

[①-24] 小坂井産の食材

なるほど」とつぶやき，調理に戻っていった。また，A児は，調理の最中に手が空いたH児に「わたしが包丁片付けるで，皮（じゃがいも）は任せるに」と協力し合いながら調理を進めていく様子が見られた。調理を終え，小坂井弁当が出揃った（[①-25]）。

[①-25] 【ついにできたぞ！オリジナル小坂井弁当】

1班「小坂井・小西弁当」

3班「小坂井風あおい
パラダイスキッズセイバー弁当」

5班「おいしさ満点！！小坂井弁当」

2班「特大めっちゃうま
栄養まんてん弁当」

4班「ぽこちゃん弁当」

6班「愛情たっぷり♡
ちょ〜まいう〜6班とくせい弁当！」

そして，給食の時間にグループごとに試食を行った。[①-26]は調理後のA児の振り返りである。A児は振り返りの中で，「……自分でも驚きでした」と記し，やり遂げた自分の姿をとらえることができた（[①-26]波線）。またA児は，「子どもだけで」，「他の子」，「わたしたち」等，グループの仲間を意識した記述が多く見られた。

さらに，「班のみんなと協力して」と綴られていることからも，仲間と協力したことで，小坂井弁当が完成できたことに喜びを感じている。末尾では，弁当づくりに対して「よかったなぁと思いました。楽しかったです」と綴っている。自分だけでなく，仲間と活動してきたことで，いくつもの課題を抱えつつも，それを乗り越えたA児がいた。

[①-26] 【授業の振り返り（12/4）】
　わたしは，今日小坂井だけの食物を使って，おいしい弁当をつくれたのでよかったなぁぁぁ……♡と思いました。最初は子どもだけでできるかなぁ？と少し心配だったけど，最終的にはつくれたので自分でも驚きでした。（中略）洗っている時に班のみんなと協力して，お皿をわたしが洗ったら，他の子がふいて，ふきおわったら，また他の子がしまいにいく。というようにして，手早く洗いましたわたしたちが洗っている時は，また他の子が調理をしたりして，無駄なことに時間をかけずに調理することができました。できあがってから食べたら，とてもおいしかったです。どれも味がしみていたし，愛情もこもっていたのでよかったなぁと思いました。楽しかったです♪

(4) ぜ〜んぶ小坂井産

[①-27]は，単元を終えた後のA児の振り返りである。A児は「ぜ〜んぶ小坂井産で」と，地域の食材に今一度目をむけ，「食物帯」づくりで課題を乗り越え，小坂井産の食材と向き合う

ことができた。また,「自分たちでメニューを考えて,自分たちで弁当をつくったので一番の思い出」と,仲間とともに一つの弁当をつくり上げることができた喜びを感じていた。

> [①-27]【授業の振り返り(12/4)】
> 小坂井を食べようの授業をやって,おもしろかったし,いろんなことがわかってとてもよかったです。(中略)自分たちで弁当をつくれて(しかも,ぜ〜んぶ小坂井産で!!!)とってもうれしいです♡小坂井を食べようは,食物帯,栄養と知恵の帯,インタビューとか大変だったけど,ぜんぶできてよかったです。一番楽しかったことは,小坂井弁当づくりです☆自分たちでメニューを考えて,自分たちで弁当をつくったので,一番の思い出です♡6班のメンバーで協力してつくった「愛情たっぷり♡ちょ〜まいう〜6班とくせい弁当!!」自分たちでつくったなんて少し信じられません!ほんとに小坂井を食べようはたのし〜授業でした。

5. 実践の成果と課題

<ポイントⅠについて>
○「食物帯」の制作を通し,小坂井産の食材に着目し,その食材に携わる人々への感謝の気持ちにつながった。
○「パフォーマンス課題」への取り組みを通して,地域と比較した小坂井産の食材の価値に気付くことができた。単元内において「食物帯」の制作と順序を入れ替えることで,子どもの,追究に深い学びが期待できるのではないか。
○ 栄養教諭との連携により,専門的な知識のもと,食材選びの観点を的確にとらえることができた。

<ポイントⅡについて>
○ 小坂井産に徹底的にこだわって「小坂井弁当」を考案・調理したことで,そこで生じた課題を乗り越えた弁当づくりの喜びを感じることができた。
○ 振り返りを行うことで,小坂井弁当をつくる意味や弁当をつくることができる自分をとらえ直すことができた。
○ みんなでアイデアを出し合い,協力して一つのものをつくって食べる楽しさを味わったことで,一人では困難な場面を乗り越える喜びやみんなで食べることの喜びを感じることができた。

6. おわりに

単元「小坂井を食べよう」は,地域に根差した学習である。何気なく生活している小坂井の町も,「食」という切り口で見てみると,新たな側面が見えてきた。子どもたちは,それに対し,面白さや楽しさを見出すことができたのではないか。
この実践を通して出会った地域の方々,授業を支援してくださった多くの先生方に心から感謝したい。

探究課題 　地域・防災　　小学校6年生

Ⅱ 事例編 ❷

未来に向かって今を生きる
― 私たちがつくる未来のまち ― 和・話・輪フェスティバル

〈実践〉宮城県仙台市立北六番丁小学校

1. 東日本大震災の経験を風化させない！！新たな学校防災教育の充実をめざして

　2011年3月11日に起きた東日本大震災。この未曽有の災害により，東北地方は大きな被害を受けた。そして，当時の学校現場を大きく揺さぶった。この被災後，仙台市教育委員会では防災教育を重点化し，2012年度から3年間市内の学校を「新たな学校防災教育モデル校」に指定して，防災教育の推進に取り組んできた。仙台市立北六番丁小学校は，そのモデル校の一校となり，以来，都市型地域の防災教育の研究を進めてきた。

［②-1］地域の人たちとみんなで踊るマイムマイム

　本校の防災教育の特徴は，「総合的に生きて働く『防災対応能力』の育成」をめざして，「発達段階に応じた系統性のあるカリキュラム作成」「『防災対応能力』の明確化」「各教科・領域との関連を図った教育活動」「家庭や地域との連携を図った教育活動」「『自分づくり教育』との関連を図った教育活動」の五つの視点から実践的な研究に取り組んできたことである。学校の教職員が，それぞれ「カリキュラム作成委員会」「授業づくり委員会」「地域連携・防災訓練委員会」三つの委員会に所属して，五つの視点から防災教育の充実に力を入れてきた。全職員が協力して，「防災対応能力」を明らかにしていき，その力を育成するためのカリキュラムを作成し，研究授業を実施して評価し，カリキュラム改善に反映させていった。ここで行われたのは，防災教育のカリキュラム・マネジメントである。

　新学習指導要領（平成29年告示）の総則には，各学校におけるカリキュラム・マネジメントの推進が掲げられている。『小学校学習指導要領（平成29年告示）解説総合的な学習の時間編』においても，総合的な学習の時間の全体計画及び年間指導計画の作成にあたっては，カリキュラム・マネジメントを大事にする必要があると述べられている。本校の取り組みは，総合的な学習の時間における防災教育の年間指導計画・単元計画の作成とその具体的な実践方法，また，全国的に重要な教育課題になっている学校全体として取り組むべき「防災教育」の推進のための一つの手掛かりとなることが期待できる。

　本稿は，現行小学校学習指導要領(平成20年3月告示)をもとにして進めてきた防災教育の教育活動について述べている。学習指導要領が改訂されたが，実践内容は，十分にそれに対応できるものである。本校の防災教育のカリキュラムの要は，総合的な学習の時間である。以下に，まず本校の防災教育の概要に触れ，その中での総合的な学習の時間の位置付けについて述べてから，6年生の総合的な学習の時間で取り組んできた地域と連携した防災教育に関する学習についてまとめたい。

（詳細は，仙台市立北六番丁小学校HP参照 http://www.sendai-c.ed.jp/~kitaroku/）

2. 仙台市立北六番丁小学校の防災教育の概要

(1) 児童の「総合的に生きて働く『防災対応能力』の育成」をめざす

本校の「新たな学校防災教育」では,次のような児童の姿の実現をめざしている。

【自助】

災害に関する基礎的な知識や対応方法を身につけ,災害時に落ち着いて行動し,身を守ることができる児童

【共助】

災害時にその後の対応と復興に向けて,互いに協力し合って進んで行動できる児童

・今に生きる自分たちにとって,震災を振り返り,様々な災害や世の中の取り組みについて理解を深め,災害に対応する技能を身につけることが,自分たちの生き方を考える基盤となることを理解する。

・地域に根差し,地域の一員としてともにかかわりつながりを大事にし,相手の思いを知り自分や自分たちの力を生かしていこうとする態度を身につける。

上記の児童の姿を実現するためには,「防災対応能力」とは何かを吟味し,それらを「各教科・領域との関連を図った教育活動」「家庭や地域との連携を図った教育活動」『自分づくり教育』との関連を図った教育活動」を通して,児童の中に総合的に生きて働く能力として育成することが望まれる。この手順は,各学校における教育目標を踏まえ,総合的な学習の時間を通して育成をめざす資質・能力を明らかにし,他教科で育成をめざす資質・能力との関連を重視して作成していく,総合的な学習の時間の年間指導計画作成の手順と共通する点が多い。

(2)「防災対応能力」を明らかにする

防災教育を通して児童に身につけさせたい力を「知識」「技能」「態度」「思考・判断」「コミュニケーション・かかわる力」を主要な能力として取り上げ,その具体的内容を明らかにしていった。

[②-2] 「知識」「技能」「態度」

知 識	自然災害の種類・発生のメカニズム　自然現象や気象　災害の歴史 防災や防災対応を行う関係機関や取り組み　災害と産業や物流　建物の安全性や耐震性 指定避難所の役割や状況　仙台市や地域の特性と災害の発生　消防団の仕事
技 能	危険の予知と事前の回避　様々な状況下での避難や護身の方法 初歩的な応急救護措置やAED等の操作　サバイバルスキル　情報収集や伝達 避難所設営補助　防災用具の基本的な操作　家庭の防災対策　心のケア ピアカウンセリング
態 度	状況に応じた冷静な判断や行動　命を大切にし,他人を思いやる心 主体的に行動する力　他と協力する態度　地域と積極的にかかわる態度 ボランティア精神　困難に負けない強い心　夢や目標をもつ心

【思考・判断】

本校では「思考力・判断力」を「状況に応じて自己決定し,主体的に行動する力」を育成するための中心的な力ととらえている。項目「思考・判断」を,「防災教育の内容に固有な思考」と「機能的に働く『四つのタイプの思考』」の2点に整理した。

① 防災教育の内容に固有な思考 ……………… 防災教育関連単元で取り上げる思考・判断
② 機能的に働く「四つのタイプの思考」…… 「論理的思考」「体験思考」「かかわり（共同）思考」「生き方（価値づけ）思考」

　それぞれ授業の目標に応じて、それぞれの思考過程を設定し、学習形態を工夫して効果をあげることをめざす。それぞれの思考はかかわりあって機能しており、各教科・領域の授業の中ではこれらの力は関連して発揮される。防災教育の内容を自分で活用できる生きたものにするためには、自分で考えたり、友だち・大人・専門家とともに考えたり、助言を受けたり、体験したり交流したりしながら学習することが必要である。テーマについて資料や他の人の意見や体験、生き方に触れた感動などをもとに「熟考・評価」することは、学んだことを自分の「心構え」や「生き方」に結びつけることにつながると考える。

【コミュニケーション・かかわる力】
　学習においては、仲間とかかわり、家庭・地域の方々とかかわりながら学習を進め、「他と協力する態度」「地域と積極的にかかわる態度」を身につけさせ、「地域の実態に根差した防災」について考え、実践する児童の姿を実現していく。
　低学年から学びの中でもかかわることを重視し、「共助」の視点をもたせていく。学級の仲間との学びが「共助」の一歩である。学年が上がるにつれて、かかわる対象を家族・地域・NPO法人・専門家などに広げ、「ネットワークの中の自己」「様々な人々の努力に支えられて存在する自己」の存在に気付かせ、「社会のために貢献する生き方の育成」につなげていく。

(3) 発達段階に応じた系統性のあるカリキュラム作成と評価
　「防災対応能力」を総合的な生きて働く力として育成するためには、学校の教育活動全般を見直し、身につけさせたい「防災対応能力」を適切に各教科・領域に位置付け、それぞれを効果的に関連させて育成することが望まれる。各学年の年間指導計画、及び、系統性を図った6年間の計画を立案し、それに基づき、「防災対応能力」を総合的・系統的に育成してきた。具体的な防災教育のカリキュラムとしては、「防災教育全体計画」「防災教育年間指導計画」「防災教育年間指導計画（知識・技能・態度版）」がある。
　防災教育の評価は、児童が防災教育の学習内容を理解したり、身につけたりしたかを形成的に見取り、指導に生かすという目的で行っている。研究授業等の学習指導案の「指導過程」には、本時の重点となる評価項目を記入するが、特に教科において防災教育を関連づけて指導する場合の学習指導案には、その教科の評価と防災教育の評価の二つの評価観点を示した。
　総合的な学習の時間では、「ポートフォリオ評価」の考え方を生かし、学習の計画をたてたり、振り返ったりして、学びの履歴をまとめたワークシートのファイルを活用するようにしてきた。研究授業等の主要単元では、各学年で振り返り票を作成し、児童の学びの様子を見取ったり、授業を評価したりするために活用してきた。また、授業評価やカリキュラム全般についての評価を、次年度のカリキュラムに反映させてきた。

(4)　教科・領域の目標・内容・特質に応じて位置付ける
　仙台市教育委員会の「杜の都の学校教育～推進の指針と重点～（平成27年度版）」の「新たな学校防災教育の展開」において、「新たな防災教育とは、新たな『視点』による取り組みである。

従来の防災教育の概念や範疇を超えて，新たな視点から教育課程における防災に関連する部分を取り出し，新しい活動とともに，それらを有機的につないでいくものである」と説明されており，本校でも「防災教育として位置付けられる教科・単元」を選択・精選して，カリキュラムを作成した。

[②-3] 防災教育との関連をはかっている教科・領域

教科・領域	防災教育との関連
理科（生活科）	自然現象理解　自然についての認識　災害発生のメカニズム　災害予測　資料の読解・活用
社会科（生活科）	社会についての認識　社会の仕組み　社会参画意識　防災・減災の取り組み　地域理解　資料の読解・活用
家庭科	快適な衣服と住まい　（日常の食事と調理の基礎）
体育科	集団行動　着衣水泳
道徳	生命の尊重　勤労・奉仕　勇気　思いやり等心情面の育成　判断・行動，「心構え」「生き方」の基盤となる価値観の形成
外国語活動	異文化理解　積極的にコミュニケーションを図ろうとする態度
特別活動	学校行事（避難訓練・地域合同防災訓練・故郷復興プロジェクト等）　学級活動（心身ともに健康で安全な生活態度の形成　安全指導）
総合的な学習の時間	問題の解決や探究活動に主体的，創造的，協働的に取り組む。地域，まちづくり，福祉，環境，情報，国際理解等と「防災教育」とを関連付けてとらえ，自己の生き方を考える。

総合的な学習の時間の位置付け

本校の防災教育では，総合的な学習の時間を各教科・領域で学んだ内容を有機的につないでいく要となるものとして位置付けている。3年生から6年生までの各学年で，地域の人々と連携を図った教育活動を総合的な学習の時間に位置付け，「家庭・地域連携年間計画［②-4］」として一覧表にまとめた，いわば「地域連携のカリキュラムデザイン」を作成している。このデザインシートは，地域の人々とともに話し合う「カリキュラムデザイン発表会」で，話し合いのツールとしても活用されている。

(5) 学校教育目標・協働型学校評価等との関連から，カリキュラム・マネジメントの工夫

本校では，「総合的に生きて働く『防災対応能力』の育成」という目標から，各教科・領域で防災教育を展開している。各教科・領域と防災教育の関連をたらえるためには，教育活動の目標である学校教育目標や仙台市教育委員会が取り組んでいる家庭・地域と目標を共有して取り組む「協働型学校評価」の重点目標，「仙台自分づくり教育」の目標等の達成という視点からたらえることが重要である。これらの重要な教育目標と，教科・領域の目標，防災対応能力の関連を把握し，カリキュラム全般のカリキュラム・マネジメントを工夫して単元や授業づくりに取り組んできた。

(6) 家庭や地域との連携を図った教育活動

仙台市の各学校で行われている「協働型学校評価」とは，「児童生徒の現状や課題から，学校・家庭・地域の三者が協働して当該年度の重点目標を設定し，それぞれの立場から改善活動に取り

[②-4] 全学年 家庭・地域連携年間計画(生活科・総合的な学習の時間を中心として)

北六番丁小学校 協働型学校評価	新たな学校防災教育研究主題
目標「人やくらしとかかわる力の育成」 児童の姿 ◎進んであいさつし、場に応じた言葉づかいができる子 ◎地域のよさに気付き、地域を大切にする子	「自助・共助の力を育成する防災教育の在り方」 ～地域とつなぐ、学びをつなぐ、生き方をつなぐ教育活動を通して～

◎今に生きる自分たちにとって、震災を振り返り、様々な災害や現在の世の中の取り組みについて理解を深め、これからの防災を考えることは、自分たちの生き方の基盤になるという認識を深めさせる。

◎ともに生きる仲間として、地域の人々とのかかわり・つながりが大切であり、その進化に向かって自分や自分たちにできることをしていくことの手ごたえを、かかわりを通して実感できるようにする。

学年	地域関連行事	6年・つくし	5年・ひまわり	4年	3年	2年・ひまわり・つくし・すみれ	1年・ひまわり	特別支援	防災関係行事 上記以外で地域ボランティアさんの協力をいただく学習
目指す児童の姿(抜粋)		これまでの学びを集大成し、よりよい地域のあり方について考え行動する子 地域に貢献する取り組みを行う子	地域のためにできること(交流・広報等)を工夫し実践する子	地域の人々と力を合わせて訓練を工夫して実施し、これからの生き方を考える子	地域の施設・環境を調べ、地域のよさを体感しながら安全な行動できる子	友だちや家族、地域の人と協力して行動できる子	友だちや家族、地域の人に関心を持ち、自分でできることを進んでする子		
4月		各班(名簿・総務・情報広報・食料物資・救護・衛生)の班員の方との打ち合わせ	支え合うくらし 中江保育園との交流	青葉消防署・宮城県警	暮らしを守る 北六番丁交番・東照宮・宮町コミュニティ児童館	くらしを見つめよう 市民センター	生活学習サポーター 給食のお世話	交通安全教室 避難訓練(地震)	
5月	家庭訪問 北六学区大運動会2015		私たちがつくる未来のまちI 避難訓練					地域のお店の買い物学習①	
6月	修学旅行 地域合同防災訓練 青葉区総合防災訓練	各班に分かれて避難所開設・初期運営を実施する		6年生の避難所運営で、避難民として行動する	応急処置消火体験		学年P行事 親子ヨガ DVD鑑賞『地震のときどうする?』親子で学習	東六小との交流会①	防犯訓練 引き渡し訓練 着衣水泳
7月	朝会 防犯ボランティア紹介 エコ・ハッピーまつり(視覚支援学校・中江保育園・社会学級・おはなしばたけ・保護者) カリキュラムデザイン発表会(地域教育協議会・学校関係者評価委員・支援本部・福沢市民センター)	私たちがつくる未来のまちII「笑顔の北六 和・話・輪フェスティバル」を成功させよう!!	支え合うくらし 人とふれ合い地域を知ろう 中江保育園児童との交流 防災ランドセル	消防団・SBLのみなさんと訓練 視覚支援学校児童との交流	まちたんけん 宮町商店街 保護者 学年PTA行事 親子ヨガ				
8月	学校に泊まろう! 7月18～19日(おやじの会) 非常用食糧準備体験				絵馬をつくろう! 福沢市民センター・地域ボランティア	防災訓練を考え、体験しよう!		避難訓練(火災)	
9月	泉ケ岳 野外活動		私たちがつくる未来のまちIIIを成功させよう!!				家庭(防災リュック)	七ツ森合同宿泊学習	登山ボランティア ミシンボランティア
10月	「第2回 笑顔の北六 和・話・輪フェスティバル」地域貢献イベント	宮町秋祭り(踊り発表)		キャップハンディ体験	通学路で地震がおきたら 自分地図づくり H26例 家族防災会議・防災マップづくり 家庭・地域ボランティア				
11月	福沢市民センターまつり3・4年絵馬展示 5年防災ブース発表	故郷復興プロジェクト「感謝の会」学習発表会	クロスロードゲーム	学年PTA行事 カルビー					ミシンボランティア
12月	授業づくり訪問研究授業		けがの手当(養護教諭)	学年PTA行事 スポーツ指導者と運動		中江保育園交流会		東六小との交流会② 地域のお店の買い物学習②	地域防災連絡会(予定)
1月	全国小学校英語活動実践研究大会仙台大会授業		地域の取り組みを伝えよう 外国語活動との関連 防災宣言を発信しよう!	輝け!北六 10才の私	学年P行事 相澤豆腐店	みんなで遊ぼうフェスティバル 1・2年交流	福沢ちえ袋の会 昔遊びの会		
2月	カリキュラムデザイン反省会(地域教育協議会・学校関係者評価委員・支援本部・市民センター)	旧正月を楽しもう(おやじの会)		和楽器鑑賞				地域のお店の買い物学習③	
3月		故郷復興プロジェクト	平成二十七年度版 防災宣言(仮)発信		東照宮神楽を知ろう 東照宮神楽保存会			五城中体験入学	

組み，その成果を次年度に生かしながら，新たな重点目標設定につなぐ，P-D-C-Aサイクルによる改善活動の継続的な営みである」と説明されている（前掲書「杜の都の学校教育」）。また，文部科学省の「『生きる力』を育む防災教育の展開」の第2章「学校における防災教育」の小学校段階における防災教育の目標「ウ　社会貢献，支援者の基盤」において「自他の生命を尊重し，災害時及び発生後に，他の人や集団，地域の安全に役立つことができる」とある。防災教育の評価には「エ　児童生徒が学校，家庭及び地域社会の安全に進んで協力し貢献できるようになったか」とあり，防災教育においても地域連携の取り組みが欠かせない視点となっている。

　以前より，北六番丁小学校区の連合町内会をはじめとする各団体は学校の教育活動に協力的である歴史がある。加えて，本校では平成22年度に設置された「北六番丁小学校支援地域本部」の支援を受け，各学年の授業や朝の活動，学校行事，登下校時に様々な地域の人々・組織・団体に協力をいただき地域連携の活動が充実してきた。

　本校が新たな学校防災教育モデル校として防災教育に取り組んでいた期間の協働型学校評価の重点目標として「人やくらしとかかわる力の育成」が掲げられており，特に各学年の生活科や総合的な学習の時間の地域学習に関する主要単元では，この目標を大切にして，地域の方々の連携・協力をいただき教育活動に取り組んできた。防災教育を進めるにあたっても，これまでの地域連携の取り組みを生かして，防災教育の目標に基づいて，家庭・地域・関係機関・団体等の方々に児童に指導していただいたり，意見交流したり，ともに体験していただいたりして進めてきた。1年生から6年生まで各学年の発達段階や教育課程の学習内容との関連を生かし，地域と連携する防災教育や地域学習に関する学習活動を展開してきた。地域について知り，地域の人々と交流し，自分が地域の一員であることを理解し，地域の一員として生きていく態度や生き方を学び取ることをめざしてきたのである。

・学校と地域でともにカリキュラム検討を

　本校では，地域団体の代表の方々，「北六番丁小学校支援地域本部」のスーパーバイザー，福沢市民センターの職員の方々をお呼びして4月に「カリキュラムデザイン発表会」を行い，主に総合的な学習の時間の学習における地域の方との連携のしかたについての情報交換を行っている。「カリキュラムデザイン」を活用し，1年間の見通しをもって連携をお願いするように留意している。

[②-5] 地域の人たちと教職員の地域連携の授業についての話し合い

(7)「自分づくり教育」との関連

　「杜の都の学校教育」（前掲書）には，「仙台自分づくり教育」の目標として「児童生徒が自ら学ぶ意欲をもち，人や社会との関わりを大切にしながら，将来の社会的・職業的自立に必要な態度や能力を育むため，仙台版キャリア教育『自分づくり教育』を推進し，社会的・職業的自立に向けて必要な基盤となる5つの力（総称：たくましく生きる力）の育成を目指す」とある。本校では，各学年で教育目標・内容，発達段階に応じた地域連携の取り組みを重ね，4・5・6年生では特に，総合的な学習の時間において「自分づくり教育」との関連を図り，地域の人々と交流し，自分たちにできることを実践することで，よりよい地域（まち）・自分づくりをすることに取り組んできた。

6年生の「自分づくり教育」は，主に総合的な学習の時間で展開される。前半は，地域の一員としての自分を意識する「地域合同防災訓練」に参加した。そして，年間を通して「職業観」「生き方」「まちづくり」の視点で防災教育と「自分づくり教育」を関連させる学習を行っている。その学習が本稿で紹介する地域貢献イベント「和・話・輪フェスティバル」の取り組みである。広く生き方を学ぶ「自分づくり教育」において，防災の視点は重要なものである。6年生の「自分づくり教育」「防災教育」の実現した姿のゴールイメージは，学校全体のゴールイメージでもある。

3. 未来に向かって今を生きる ～私たちがつくる未来のまち～（全70時間）

　これまで取り組んできた防災教育の単元から平成27年度の6年生の本単元を取り上げて紹介したい。6年生の防災教育・自分づくり教育等でめざす児童の姿は「これまでの学びを集大成し，よりよい地域のあり方について考え・行動する子　地域に貢献する取り組みを行う子」である。学習として，毎年6月に行われる地域合同防災訓練での避難所開設・初期段階の運営訓練の手伝いと，平成26年度10月にスタートした地域貢献イベント「笑顔の北六　和・話・輪フェスティバル」の企画・運営に取り組んだ。

（1）防災教育の目標
【自助・共助の視点】（具体的な児童像）
自助：災害が起きる原因や災害の危険性について理解し，自他の命を守るために適切に判断し，行動しようとする児童
共助：災害から立ち直るために自分たちができることを考え，進んで他の人たちと協力し合おうとする児童

（2）自分づくり教育・協働型学校評価重点目標「人やくらしとかかわる力の育成」との関連から見た6年生の目標
● 地域に関心を持ち，積極的に地域の人々にかかわろうとする。
● 自分のことを知り，地域や社会において，自分の役割を果たそうとする。

（3）6学年「防災教育カリキュラム」（総合的な学習の時間）作成の方針
① 前年度の「防災」の学習と学びの継続を図る。
②「地域には様々な立場の人が暮らしていること，それぞれの思いを理解することの大切さ」「交流を継続して関係を深め，地域の人々とつながることの大切さ」を学ぶことができるようにする。
③ 絆の強い地域・よりよい自分づくりのために，自分たちにできることで地域に貢献することを，体験的に学ぶことができるようにする。
④ 地域合同防災訓練においては，これまでに学習したことを生かして，自分たちにできることを提案し，主体的に活動できるようにする。

4. 平成27年度地域合同防災訓練の取り組み

（1）6年生児童による避難所開設・初期段階の運営訓練実施までの経緯

本校で平成22年度より行ってきた地域合同防災訓練は，東日本大震災後の平成25年度から「避難所開設・初期段階の運営訓練」として取り組んでいる。平成26年度の訓練では，6年生児童が地域の避難所運営各班（総務・名簿・救護・衛生・情報広報・食料物資）の地域の方々（班長）と事前に話し合いを行い，自分たちが考えた活動案を提案して，実際にどのような活動をするかの検討を行った。当日，児童は計画に従い，その場の状況に応じて大人の指示を受けながら，積極的に活動することができた。平成27年度は，青葉区総合防災訓練の夜間訓練が6月19日に本校学区を対象として実施された。そのため，6月27日の本校での地域合同防災訓練には地域の避難所運営委員会や各団体の方の参加を見合わせることになった。そこで，平成27年度は6年生児童が主役となり，保護者と5年生児童を避難者とした避難所開設・初期段階の運営訓練を実施することにした。

（2）6年生による訓練の準備
　6年生児童は本部と六つの活動班を編制し，各班の主な業務内容と当日の活動計画を考えた。活動計画をたてる参考にするため，SONAE仙台防災研究所所長の古橋信彦氏を講師として，「地域における防災・生き方を考えよう－避難所開設時にできることを考える　HUG-S（避難所運営ゲーム仙台版）－」という体験学習を行った。HUG-S（避難所運営ゲーム仙台版）では学習者は避難所運営委員になり，様々な避難民カードを，避難所の学校の体育館や校舎，校庭に的確に判断して収容したり，避難所に寄せられる様々な要望に対処したりすることを，グループのメンバーで協力して学ぶことができる。この学習で，避難所についての概要を学んだ後，続いて各活動班の地域の方々（班長）との打ち合わせ会を実施し，事前に考えた活動内容や計画について指導や助言をいただき本番に備えた。

（3）6年生による訓練の様子
　訓練は授業参観の後，9時25分に大地震が発生し，児童の保護者への引き渡しと避難所開設及び運営が必要となったことを想定して行われた。当日は，雨天のため避難所本部を校舎3階の図書室に設置した。授業参観・引き渡し訓練後，体育館に集まっている保護者と5年生児童を体育館側校舎入り口で受け付け，地区別・要援護者（高齢者・外国人・妊婦・乳幼児と一緒の方・障害のある方・ペット連れの方等役になりきった5年生）をスムーズに各待機場所に案内することができた。その間，本部から各班に指示が出され，各班では活動の準備を進めた。その後，避難者カードの集計・様々な要望への対応・体調不良の方の手当て，支援物資の配布を行って，無事終了した。

（4）成果と課題
　平成27年度は，上述のような経緯で，6年生児童が中心となって避難所開設・初期段階の運営訓練を実施することになった。そのため，これまで地域連携の取り組みで培った組織やかかわりを生かして児童が力を発揮し，自分たちが主役となって避難所開設・初期段階の運営を行うことができた。まさに，非常時に主役となって活躍できたのである。被災時には児童が中心となって運営を行うことはないが，この学習を通して，被災時の地域住民の行動や力を合わせての避難所運営のあり方等について学ぶことができた。また，人々が暮らすコミュニティには，様々な立

場の方がいろいろな団体・機関・施設の助けを受けて生活していること，人々が協力し合うには多面的に考えて行動することが大切なことなどを学ぶことができた。教師としても，避難所についての学習の様々な可能性を知る機会となった。主な成果と課題は以下の通りである。

【成果】
① 各活動班の地域の方々（班長）と事前の打ち合わせを行ってご指導をしていただき，本番の訓練でも見守って下さり，児童が安心して運営に携わることができた。
② 青葉区総合防災訓練が6月19日に本校を会場に実施され，10名程度の6年生児童が保護者とともに参加して各班の活動を見学することができた。自分たちの活動の具体的なイメージを事前に持つことができた。
③ HUG-S（避難所運営ゲーム仙台版）を6年生児童が体験した。講師の古橋信彦氏に避難所運営を円滑に行うためには，日頃から方針を明確にして計画・準備を怠らず，被災時には慌てずに臨機応変に対応することの大切さを教えていただいた。6年生児童が避難所開設・初期段階の運営訓練を行うことに励ましの言葉をいただいた。
④ 児童の協力体制や臨機応変な対応について，参加してくださった地域の方・保護者によい評価をいただいた。閉会式では，青葉消防署の方と連合町内会会長さんからも「堂々とした活躍ぶりに感心した。将来の地域の担い手として期待している」との言葉をいただき，6年生児童は自信をもつことができた。他の学年の児童にとっても，6年生の活動はよいモデルとなった。
⑤ 訓練の取り組みで得た経験をもとに，6年生児童は自信をもって，「和・話・輪フェスティバル」の企画に取り組むことができた。また，中学生になってもこの地域の防災について考えていくという意識が芽生えた。

【課題】
① 要援護者の具体的な状況の想像をすることが難しく，高齢者想定の5年生児童を家族のいる高層階まで案内するという判断ミスも見られた。様々な立場の人の状況を理解する体験的な学習を充実させる必要がある。
② 平成27年度の訓練は，特別な状況により取り組むことができた内容である。今後も児童の防災意識を高めながら，地域防災に貢献する姿勢を育み，地域の人々と連携しながら実践できる地域合同防災訓練の取り組みを検討していきたい。

　青葉区総合防災訓練を事前に体験したことで，イメージをもつことにつながったが，日常的にできるだけ多くの児童が地域の防災訓練に進んで参加して，様々な体験的な学習ができるように呼びかけていく必要を感じた。

5．地域貢献イベント「和・話・輪フェスティバル」の取り組み

（1）平成26年度フェスティバル開催の経緯
　児童はこれまでの学習から，防災に強いまちづくりのためには，人々の絆を強めることが大切であると考えた。そこで，地域のために活動している諸団体の方に体育館のブースで発表していただき，交流を進めるイベントを企画し，平成26年度，第1回「笑顔の北六　和・話・輪フェスティバル～和やかに話して，地域の輪をつなごう～」を実施した。実施にあたっては，福沢市民センター（連携事業）や北六番丁小学校支援地域本部の協力をいただいた。地域の21団体が

参加して，体育館のブースで活動の様子を発表し合い，地域の人々・保護者・児童との交流を深めた。実施後には，地域の団体の代表者・次年度主体となって進める5年生児童とともに反省会を行った。課題としては，若い世代の保護者の参加を促すことが確認された。

（2）平成27年度のフェスティバルの様子

6年生児童は，営業部・広報部に分かれて計画を進め，夏休み前に事前説明会を行った。その後も各団体にブース発表のための資料や物品を届けたり，詳しい日程表や説明書を届けたり，サポートを継続した。ブースでの発表資料を団体の方が作成するお手伝いを，6年生児童が行った。当日は，昨年度より4団体多い地域の25団体の方がそれぞれの活動を工夫してブースで発表して下さり，全校の児童や保護者や地域の方々，参観者の方々が交流を進めた。児童はイベントの司会や運営を行い，6年生児童はフェスティバル開催への思いを，5年生児童は「防災ランドセルづくり」の学習の成果を各ブースで発表した。

[②-6]　笑顔の北六 和・話・輪フェスティバル～和やかに 話して，地域の輪をつなごう～ 参加25団体

北六地区連合町内会　中江地区町内会連合会　北六学区民体育振興会　北六地区社会福祉協議会
中江地区社会福祉協議会　北六地区民生委員児童委員協議会　北六地域赤十字奉仕団
中江地域赤十字奉仕団　青葉消防団宮町分団　宮町地区防犯協会　仙台北地区交通安全協会宮町支部
梅田町防犯ボランティア　防犯巡視員「守子」　北六・中江地域ボランティアクラブ　おはなしばたけ
福沢ちえ袋の会　福沢市民センター　福沢おもちゃ病院「トコ」　花京院包括支援センター
北六番丁コミュニティ児童館　宮町商店街振興組合　北六番丁小学校PTA　北六番丁小学校社会学級
北六番丁小学校おやじの会「みみずくの会」　北六番丁小学校支援地域本部

（3）成果と課題

「和・話・輪フェスティバル」は，平成27年度で2年目の取り組みとなった。昨年度（初年度）は，手探りでの実施であったが，昨年度の成功を受けて今年度は6年生児童が自信をもって地域に呼びかけることができた。地域の各団体の方も具体的なイメージをもって準備に取り組み，参加してくださることができた。今年度の成果と課題は以下の通りである。

【成果】
① 2年目の実施となり，昨年度の反省を受けて早期に各団体への呼びかけを始めたため，円滑に進めることができた。各団体も昨年の経験を受けて自分たちの発表内容を具体的にイメージして検討していたため，意欲的に準備を進めることができた。
② 今年度は新しく4団体が参加を希望してくださり，これまで以上に充実した内容となった。
③ 児童が準備を進める過程で，昨年度に引き続き「あいさつセミナー」で接遇の体験学習を行ったことで，本番は笑顔とはきはきしたあいさつ，臨機応変の対応をめざして活動することができた。スチューデントシティ（職業体験の学習）での人とのかかわりの体験もここで生かすことができた。
④ 平成26年度は3年生以上の学年がフェスティバルに参加した。平成27年度は，1・2年生も参加し，全学年児童が発達段階に応じて地域の人々と交流することができた。
⑤ 平成26年度の反省を受け，できるだけ地域の人々や若い世代の保護者らの参加者を増やすこ

とを，学校と地域の共通の目標にして，早期からの広報に力を入れたところ，昨年度より参加者が増えた。

⑥ 平成27年度の反省会でも，地域団体の代表者と5・6年生児童がグループになって話し合いを行った。来年度も平日開催を想定して，参加者を増やす手立てを話し合った。2年目の反省会とあって，昨年度5年生の時に反省会に参加した経験を生かし，6年生はしっかりと会を進めていった。地域の方々も児童との交流も回を重ねてきたため，熱心に児童に語り掛けてくださった。5年生児童も事前に考えてきたアイデアを発表した。「自分たちが本気で伝えていく」「それぞれの団体や担任教師，PTA等の立場を生かして宣伝する」「学校や地域の行事の機会に宣伝する」等のアイデアが出され確認し合った。同窓会長さんから「日頃から自分の地域の子ども会に積極的に参加するなどして，地域とのかかわりをもち，働きかけていくことが大切」というアドバイスをいただき，これからの生活に生かそうと話し合いを深めることができた。

⑦ 参加してくださった保護者のアンケートにも，この行事のよさを感じ取ってくださったことが表れていた。

[②-7] **保護者のアンケートから**
- たくさんのボランティア活動があることが体感でき，地域のことを知るとてもよい機会となりました。
- 多くのみなさんが協力して地域が成り立っていると感じました。
- 年配の方の知恵を引き出す児童たちの熱意に感動しました。未来を担うみなさんの今後の活躍に大きな期待をしています。
- 昨年度の改善したほうがよいと感じたことが，改善されていてよかったです。

【課題】

① 今年度で各団体のブース発表による交流は，2回目となり，今後もこの取り組みを継続していくにあたっては，「団体の発表内容を工夫すること」「場の設定に変化をつけること」「いろいろな学年の児童の活躍の場を生かして，保護者の参加意欲を高めること」「土曜日開催を検討すること」などの案が反省会で出された。震災の経験から地域の絆を強めたいという思いでスタートした取り組みであるので，今後も学校と地域が連携して無理なく充実した取り組みになるように工夫して継続していきたい。

② 反省会では6年生が「ふるさと」の合唱を披露したが，来年は是非一緒に歌いたいという意見が地域の方から出された。また，毎年イベントの最後に「マイムマイム」を踊っていて好評を得ているが「もっと踊り方を教えてほしい」という要望があった。歌やダンスを通しての交流も楽しみにしてくださっているので，今後改善していきたい。

③ 今後も6年生の取り組みを5年生が手伝いながら，見通しをもって引き継いでいくことができるように，高学年のかかわり方を工夫していきたい。

④ 低学年や中学年児童も交流活動に安全に積極的に取り組めるように，無理のない見通しをもった展開を図っていきたい。

平成28年度春の「カリキュラムデザイン発表会」では，地域の各団体の方々が「児童との交流を進めて，自分たちの団体の活動をもっと知ってほしい。そのことが，これから成長していくときにも大人になってからも，地域住民として活動していく意欲につながるのではないか」との提案を受け，平成28年度からは，児童が担当する各団体について弟子入りしたりインタビュー

したりして学び，フェスティバルの各ブースで発表するというスタイルになった。児童と地域の方々との顔のわかる関係が進み，取り組みが充実してきた。

6. 児童の成長・活動の成長とこれから

　6年生児童の活動は，地域の避難所運営委員会や地域の各団体のみなさんの協力をいただいたことで，一層地域との連携・協力が充実したものとなり，児童がそのあたたかい関係の中で安心して自主性を発揮できるようになってきた。児童の自己効力感も向上してきていることもうれしいことである。総合的な学習の時間の学習を通して継続してきた取り組みが「地域と目標を共有して，ともに継続して行う活動」に成長してきた。このことからも「防災」という学校と地域の共通のテーマが，相互の連携を生み出す上で大きな価値をもっていることがわかった。

　平成30年度の現在，地域合同防災訓練は，これまでの取り組みをもとに，親と子がともに地域住民としての意識を高められるような内容で進められた。また，「和・話・輪フェスティバル」の取り組みも地域の高齢化の問題の影響も受けて，平成30年度の6年生が新たな視点で学習課題をつくり，探究活動に励んできた。

　震災の経験を踏まえ，地域の絆を強めて防災・減災に強いまちづくりのため実施してきた活動が，地域連携のもと着実に発展している。今後も，豊かな地域にすることに貢献できるような教育活動を，地域の人々とともに家庭の協力をいただきながら連携して進め，それぞれの取り組みの中で児童が人々の生き方に触れ，自分の生き方を見つめて力強く生きていく姿勢を身につけ，未来を担う社会人として成長していくことを願っている。

> [②-8] **平成27年度6年生児童による「1年間の総合的な学習の時間の振り返り」より**
>
> - ぼくが防災訓練の本部長をする前は，他の人にまかせたり，自分から進んで手を挙げたりすることが少なかったけれど，自分が本部長に選ばれて一番大変な仕事をすることになった時に，ぼくは「一番大事な役目だから迷わないで自信をもってやろう」と考えました。それがきっかけで，今は地域の皆さんへの感謝の言葉や代表の言葉などを担当することが多くなりました。文集委員なども，自分から立候補してやりました。特に「和・話・輪フェスティバル」では，自分のブースの仕事が終わって，近くのブースの手伝いなどもしました。自分から周りを見て行動できるようになりました。（中略）これから自分たちがしていきたいこと，しなければならないことも考えました。中学生になってもできることです。地域の人にしっかり挨拶することや，この地域のことをあまり知らない人に，この地域の素晴らしさを伝えていきたいと思います。
>
> - 1年間を通して「地域と交流することの大切さ」を学びました。地域でお世話になった人と道で会ったときに自ら挨拶したり，地域で困っている人を見かけたときに助けたりした点で，成長できたと思いました。また，自分の地域にある絆や誇りを見つけ，将来よい地域づくりをしていきたいと思うようになりました。今年，地域の方々とふれあう機会がたくさんあったので，より一層，地域と交流することができました。また，地域の方に助けてもらうことが多くあると思います。その恩返しとして，自分たちがよい地域をつくり上げることが挙げられます。このことに，力を入れて取り組んでいきたいと思います。

【付記】
本実践は，「日本安全教育学会　第15回宮城大会」「第55回社会教育研究全国集会　東北盛岡集会」で発表したものである。

| 探究課題 | 地域・環境 | 小学校6年生 |

大山（おおやま）化石発掘隊がゆく

Ⅱ 事例編 ❸

〈実践〉兵庫県篠山市立大山小学校

はじめに ― 授業中に恐竜化石を発見 ―

平成20年7月，総合的な学習の時間の授業中に，篠山市立大山小学校の6年生が恐竜の歯の化石を発見したというニュースが報道され大きな話題になった。授業中に小学生が恐竜化石を見つけたのは全国初の事例だと言われる。本実践は，その恐竜化石などの篠山層群の化石を教材にして「大山化石発掘隊がゆく」という単元名で，児童に様々な「生きる力」を身につけさせることをねらって取り組んだものである。

[❸-1] 児童が発見した恐竜化石

1年間にわたって児童の学習活動を見守っていただいた，篠山チルドレンズミュージアム（篠山市内にある子どもを対象とした博物館）の館長から，翌年の春，「子どもたちが，まちづくりに果たした役割は大きく，市民に小学生でもここまで貢献できるのだという勇気を与えてくれました」などと書かれた，下記のような手紙をいただいた。なお，館長は民間のまちづくりコンサルタントでもある。

> 大山化石発掘隊は，学び得た知識を鼻にかけることもなく，地域で学び合うことに純粋に取り組んでいる素晴らしい知の探求者でした。「子ども化石フォーラム」では，子どもが子どもを，子どもが大人を教える風景を実に美しいと思いました。1年間，大山化石発掘隊の活動を見守らせていただき，これが地域で学ぶ子どもの理想形だと実感しました。子どもたちが，まちづくりに果たした役割は大きく，市民に小学生でもここまで貢献できるのだという勇気を与えてくれました。質の高い学習プログラムと良質の体験は間違いなく，子どもたちの目をキラキラにします。　　　　[❸-2]（一部抜粋）

以下，6年生児童が，地域で学ぶ中で人として大きく成長した本単元における指導の手立てについて述べる。

1. 年間指導計画（全70時間）の構想

（1）地域の実態

本校がある篠山市は平成の大合併の第1号として全国のモデルとなったが，その後の地方交付税の減額などによる深刻な財政難で，今では逆に失敗例として全国的に有名になってしまった。そのため篠山再生計画が進められ，当時は，職員数の削減や事業の見直しなど，暗くて先が見えないニュースばかりが飛び交っていた。そこで，探究課題のテーマを地域と設定し，ふるさとが危機的状況に陥っている時こそ，地域の将来を担う小学生だからできる，魅力あるまちづくりに貢献する方法がないかと児童と話し合いを進めた。

その際，「篠山層群」という約1億4千万年前の白亜紀前期の地層が話題になった。その頃の地球はまだ南アメリカとアフリカ大陸が引っ付いていて日本列島もアジア大陸の一部であった。校区の発掘現場からは，以前より研究者によって植物や貝の化石が発見され，隣接する校区では世界最

古のほ乳類化石も発見されている。篠山層群は篠山の「宝物」と言え，児童も興味をもっているとのことだった。そして，小学生も発掘活動を行い，市民にわかりやすく篠山層群の情報を伝えることは社会の役に立つことではないかという方向になった。さっそく，わたしは安全確認も兼ねて，校区で化石が採集できる川代渓谷の河床を研究者と数回訪れ，実際に化石発掘を体験してみた。そして，化石を見つけるごとに，わたし自身が感動した太古の浪漫を児童にも伝えてやりたいという思いをもった。また，研究者との話から，多様な学習活動の展開を想定することもできた。

［③-3］篠山層群の化石発掘現場

（2）児童の実態をもとに設定した，育成をめざす資質・能力

平成20年度の6年生（13名）は明るく元気で，すなおな子が多い。だが，5年生までの実態と新学期当初の様子から，次のような課題があげられ，総合的な学習の時間を通しても改善を図っていくことにした。

- インターネットやテレビからの情報には興味があるが，地域や自然に関心が薄い。
- 仲のよいグループで固まり人間関係を広げたり深めたりするのが不得意である。
- 失敗を恐れ，人前での発表する機会を極力避けようとする。
- 高い目標に向かって，こつこつと努力を積み重ねていくことが苦手である。

上記の課題を本校の総合的な学習の時間の評価規準と照らし合わせて，6年生の児童に身につけたい力の中で，特に重点的に指導し育むべき項目を下記の3点とした。そして，この項目の充実を柱とし，指導方針や年間70時間の指導計画を構想していくことにした。

- 地域や人とかかわる力を付ける。
- 自分の考えや思いを人に伝える力を高める。
- 自尊感情を高め，自らの生き方を前向きに考える力を付ける。

［③-4］〈総合的な学習の時間の指導方針　6年生〉
① 地域を学びの場とし，自然や人に直接，かかわらせる。
② 目的意識をもち，主体的，探究的に学べるように指導の手立てを工夫する。
③ 対話的な学習の機会を数多く設定し，コミュニケーション能力を高める。
④ 感動体験を表現する学習を丁寧に行い，言語活動の充実を図る。
⑤ 作文指導と関連させ，自己評価や相互評価を効果的に指導に生かす。

（3）探究課題の設定

そこで，前述の重点項目，指導方針にも留意して，「大山化石発掘隊がゆく」という単元名で，3学期に学校で開催される「学びのフェスタ」などの発表の場で，市民に篠山層群について学んだことを伝えることを目標に取り組んでいくことにした。そして，単元の探究課題を「篠山層群の魅力を伝えることによる，ふるさと篠山の活性化」と設定した。児童の主体性を大切にするために，年間指導計画の中では，グループや個人で取り組む具体的な学習活動は児童自身に課題を立てさせて進めさせることにした。また，学習の進行状況や児童の興味・関心の変化に対応させて，柔軟に指導計画の修正を行うことにした。なお，次ページの表［③-5］は修正を重ねた最終的な年間指導計画であり，主な学習活動と言語活動との関連を明記したものである。

（4）映像や資料を利用して学習の見通しをもたせる

新学期当初，授業中の挙手による発表が一部の児童に偏っていた。発表しない児童を指名して

[③-5] 年間指導計画　（言語活動との関連を明記したもの）

	単元	主な学習活動	身につける国語の力	言語活動
1学期	発掘プロジェクト（15時間）	**全体学習1** 篠山層群で化石の発掘をしよう (1)篠山層群のなりたちや分布について調べる。 (2)化石の見つけ方やハンマーなどの発掘道具の使い方を学ぶ。 (3)丹波竜の発見者、足立洌先生より篠山層群についての話を聞く。 (4)川代渓谷で化石の発掘を行う。 (5)発掘した化石を標本にするとともに種類を調べ、貴重なものは兵庫県立人と自然の博物館に寄贈する。	全体学習の1の(1) ・自分の課題を解決するために、必要な図書の種類を考えたり、インターネットの利用のしかたを考えたりしながら、資料を選んで読むことができる。	・篠山層群の化石について、自分が調べたことの中からわからないことやもっと知りたいことを図書室やインターネットで調べる。
			全体学習1の(3) ・話の中心に気をつけて聞き、質問をしたり、感想を述べたりすることができる。	・篠山層群についてのゲストティーチャーの話をメモをとりながら聞く。
		個人学習1 恐竜時代の生物に似た、カスミサンショウウオを育てよう (1)ふ化後、手足が生え、水中生活から上陸するまでの様子を観察し、記録に残す。特にえら呼吸から肺呼吸への変化に注目する。 (2)約35億年にわたる進化の歴史について調べる。人間の胎児の成長とも関連づけ、恐竜時代と現代のヒトとのつながりを知る。	全体学習1の(4) ・表現の効果などについて確かめたり工夫したりすることができる。	・発掘体験をしたことをもとに、詩や俳句をつくり、発表し合い、表現の工夫について話し合う。
			個人学習1の(1) ・図表やグラフなどを用いて、自分の考えが伝わるように書くことができる。	・カスミサンショウウオの成長の記録を3か月にわたってとる。観察記録には、絵や数値だけでなく、自分の感想を記述した文章を書くことができる。その後、観察記録文を書く。
2学期	展示・発表プロジェクト（35時間）	**全体学習2** 発掘した化石を展示して紹介しよう (1)夏休み中の自由研究で、恐竜や化石などについて調べたことをポスターセッション用のパネルにまとめ、伝え合う。 (2)公共施設で化石展示コーナーを設置し見学者に対面式で説明する。	全体学習2の(1)及び(2) ・資料を提示しながら、説明や報告をすることができる。	・夏休み中の自由研究で、恐竜や化石などについて調べ、ポスターセッション用のパネルにまとめたものを使って、発表する。 ・実際に発掘した化石を示しながら、化石の種類について説明する。
		グループ学習1 成果発表会の発表原稿をつくろう (1)構成表を利用して動画・静止画を交えた発表原稿を作成する。 (2)相互評価、学校外部からの評価を生かして、表現力の向上をめざして発表の練習を行う。 (3)県の環境リーダー研修会などで学習成果を発表し、助言をいただく。	グループ学習1の(1) ・事実と感想、意見などを区別するとともに、目的や意図に応じて、書くことができる。 ・自分の考えを明確に表現するため、文章全体の構成の効果を考えることができる。	・ふせんを活用した構成表を使い、主題に基づき段落の軽重や順番を並び替えて決めたり、事実・考え、表現の工夫などを書き込んだりして、発表原稿の骨組みを決め、文章を書く。
			グループ学習1の(2) ・書いたものを発表し合い、表現のしかたに着目して助言し合うことができる。	・グループごとに発表原稿を読み合って、内容面の検討を行い、原稿を修正する。
		全体学習3 「子ども化石フォーラム@篠山」を開こう (1)「子ども化石フォーラム」の企画、広報を行う。主な内容は次の三つ。 ①学習成果発表②発掘した化石の展示③化石発掘のワークショップ（以下、WS） (2)WSの説明や進行などのリハーサルを行う。 (3)参加者とは電子掲示板を使って交流を続ける。市長さんなど、お世話になったみなさんに礼状を書く。	全体学習3の(1) ・場に応じた適切な言葉づかいで話すことができる。	・友だちを参加者に見立てて、わかりやすい言葉やふさわしい丁寧語を使って話す練習をする。
			全体学習3の(3) ・文章の敬体と常体の違いに注意しながら書くことができる。	・お世話になった行政や専門家の方々に分担して、礼状を書く。
3学期	総合表現プロジェクト（20時間）	**グループ学習2** 1年間の学びをSF劇で表現しよう (1)グループに分かれて、ふせんを利用した「演出ワークシート」を使って、各場面のセリフや演出内容を考える。 (2)演技をビデオで撮って、KJ法を利用した評価法を生かして分析し、演技が上達するように話し合う。 (3)化石を生かしたまちづくりのシンボルアートになることを目標にして、大山竜をモチーフにしたステンドクラスを作成する。	グループ学習2の(1) ・目的や意図に応じて、書くことがらを収集し、全体を見通してことがらを整理することができる。	・選択したプレゼン映像に基づいてセリフや動作を相談して決める。
			グループ学習2の(2) ・互いの立場や意図をはっきりさせながら、計画的に話し合うことができる。 ・表現の効果などについて確かめたり工夫したりすることができる。	・班ごとにビデオで客観的に自分たちの演技を見直し、よかったところを黄色のふせんに、直したい所を赤色のふせんに書いて、KJ法で模造紙にまとめる方法で分析を行う。
		全体学習4 SF劇「丹波篠山・大山竜ものがたり」を通して地域の方々に、篠山層群の魅力を伝えよう	全体学習4 ・相手を見たり、言葉の抑揚や強弱、間の取り方に注意したりして話すことができる。	・大勢の市民の前で、SF劇「丹波篠山・大山竜ものがたり」を演じる。

考えさせると涙ぐむ始末である。聞いてみると，参観日には緊張してもっと手があがらなくなるらしい。そこで，発表についての概念を改めさせるために，昨年度の先輩が学習成果を発表している映像を見せた。それにより，これから進む道筋と目標にすべき姿を大まかにとらえられ，主体性をもたせることができると考えたからである。そこには優れた表現力を駆使して，大山の自然，歴史のすばらしさを懸命に伝えようとする先輩の姿があり，発表会場は感動の涙に包まれていた。

> 私は国語の時間に，先生のかんたんな質問に答えられずに泣いてしまいました。それは，これまで発表からにげていたから，低学年の時はできていたことができなくなってしまったのだと思います。ビデオでは，先ぱいの発表を見た地域の人は感動して涙を流していました。私は今の自分がとてもくやしいです。今日から発表を少しずつがんばって，1年後には先ぱいみたいに，多くの人の心を動かせるようになりたいです。
> [③-6]（日記より）

最初は表現力のレベルの違いに圧倒された児童であるが，思考ツールを使った相互批評などの先輩の学習過程を映像や資料で説明するうちに，「わたしも表現力を高めて，地域の方々に感動を与えたい」と意欲を高める児童が増えた。そして，総合的な学習の時間だけでなく，各教科等の授業でも映像で見たレベルに達することを目標にして，学習成果の発表に必要な様々な力を獲得しようとした。

2．主体的に学ぶための動機付けを図る

太古の昔から連綿と続いてきた「命のリレー」があるからこそ，現代にわたしたち人間も生きている。地域の化石を教材化するきっかけの一つは，この事実を児童に実感させたいと思ったことである。しかし，児童にとって白亜紀とは，あまりにも日常からかけ離れた存在である。児童が地域の化石を教材として主体的に学んでいくには，まず，恐竜時代と自分とのつながりを体験を通して意識させ，学びの動機付けを図る必要があると考えた。

（1）恐竜時代とのつながりを実感するために

そこで，カスミサンショウウオという絶滅の心配のある両生類の飼育を行うことにした。それはカスミサンショウウオが，恐竜時代に地球にいたゲロソラックスという生物に姿がそっくりで，卵から育て上げることにより古代の生物に触れる疑似体験ができると考えたからである。4月上旬，学校近くの沼地にカスミサンショウウオの卵を採集しに行った。や

[③-7] 上陸したカスミサンショウウオ

がて，卵から幼生が生まれ，児童の餌やりや水替え等の世話が始まった。幼生は生きたミジンコなどを食べるのである。一人三匹ずつケースに入れて飼育し，「カスミブラザーズ」などと名前を付けて世話を続けた。時には渇水で餌が見つからず，学校の周りを全員で探しまわることもあった。最初は興味がなかった児童も，幼生が餌に飛びついて食べる姿や，手や足が生えてくる様子を観察する中で，次第に飼育に夢中になっていった。そして，生命の進化に興味をもち始め，図書室で関連する本を読む姿が見られた。

（2）約35億年にわたる生命の進化，その神秘に触れる

夏が訪れ，体長が約3cmになった頃に水中からの上陸が始まった。外えらがとれ，肺呼吸に

変わるのである。それは，今から約4億年前に地球上で起こった海から陸に生物が上陸する姿の再現であった。海で発生した生命が遥かな時を経て，手や足が生えて，ついに上陸するという進化の過程をわずか3か月あまりで児童は早送りで見ることができたのである。さらに，図書館の図鑑で，人間の胎児も母親の子宮の中で約35億年の生命の進化の歴史を繰り返すということを調べ，受精後28日目頃には，自分たちも進化の名残である，えらやしっぽをもっていたことを知り驚いていた。7月，カスミサンショウウオを生息地に帰す日が来た。児童は我が子を送り出すような気持ちで別れを寂しがっていた。この飼育活動を通して恐竜時代と児童の心をつなぎ地球と生命の歴史に興味をもたせるだけでなく，小さな命を大切に思う心も育むことができた。

3．化石に関する情報を収集する　― 発掘プロジェクト ―

インターネットで自由に検索ができ，バーチャルな教材が溢れるこの時代だからこそ，地域の中で児童に本物に繰り返し触れさせ，化石に関する情報を収集していくことが大切だと考えた。そこで，カスミサンショウウオの飼育で太古の時代への関心が高まってきた7月上旬，「大山化石発掘隊」として校区の渓谷で篠山層群の化石調査を開始した。

（1）恐竜化石の大発見

まずは事前の情報収集として，化石の見つけ方をインターネットや図鑑で調べたり，実際にハンマーで化石の含まれた小石を割ったりした。そして，7月10日の第1回の化石発掘の日には，日本最大級の恐竜，「丹波竜」の発見者である足立洌氏にゲストティーチャーとして来ていた

［③-8］川代渓谷での化石の発掘

だき，篠山層群の化石についての講話を聞くことから始めた。児童は事前の情報収集に時間をかけた分，強い関心をもって聞くことができた。

その後，川代渓谷にバスで移動して河床で発掘を始めると，植物や二枚貝の化石が少しずつ見つかり出した。最初は発掘に意欲的でなかった児童も泥岩をハンマーで割るたびに，約1億4千万年の時を超えて太古の生き物の姿がよみがえるのであるから，次第に目を輝かせて石を割るようになった。授業の終わり際，崖に近いところで大きな歓声があがった。なんと，恐竜の歯の化石が見つかったというのである。下記は発見者の児童Aの作文である。

> 最初から植物の化石ばかりで，貝の化石も出ませんでした。そのうちに1時間が過ぎて，先生が後1分と言われたとき，「あーあ，今日は何も出なかったな」とあきらめようとしていました。足もとに落ちていた石を拾って，これが最後の石だなと思いました。期待と不安がありました。そして，ハンマーをふり下ろしました。石が割れたそのしゅん間，黒く光る1センチもない小さな固まりが見えました。よく見ると，歯のような形をしていて，貝や植物の化石とまったくちがう輝きをしていました。これを見て，まさかと思いました。横におられた足立先生に「これ恐竜の化石ですか」と聞きました。すると，足立先生が「これは大変なことになるぞ」と大きな声で言われました。ぼくは，頭の中が真っ白になりました。
> 　　　　　　　　　　　　　　　　　　　　　　　　　　　　　［③-9］（振り返り作文より抜粋）

翌日，兵庫県立人と自然の博物館による鑑定では，この歯は獣脚類という肉食恐竜のものであること，さらに，体長は1mから2mの小型恐竜のものであることがわかった。ルーペで見ると，歯の側面にはノコギリ状のぎざぎざがはっきりと見えた。それは獲物の肉をかみちぎるために役

に立ったようである。また，図書館の事典から，人間と違って恐竜の歯は数年に1度のペースで何度も生え替わり，発見された歯は自然と抜け落ちたものであることもわかった。春，化石発掘を行う学習の話し合いをした際，発見者の児童Aは，とても興味深そうに聞いていた。直後から，意欲的に恐竜や化石のことを調べたり，自ら博物館に恐竜化石を見学に行ったりして意欲的に情報収集をしていた。そして，発掘の日を誰よりも心待ちにしていたのである。わたしは，この大発見は単なる偶然ではなく，児童Aの恐竜への強い思いが引き寄せたものだと思わずにいられなかった。

（2）丹波篠山・大山竜と命名

この発見は教育的価値の高さから篠山市によって記者発表が行われ，市長や兵庫県立人と自然の博物館の主任研究員も同席して，総合的な学習の時間の中で児童が恐竜化石を発見したことが伝えられた。翌朝，テレビではNHKニュースで全国的に放送され，共同通信等によって全国の新聞社に記事が配信された。授業中の恐竜化石の発見は初めての事例ということで，大きく報道されたのである。恐竜化石は兵庫県立人と自然の博物館に寄贈され，この歯の持ち主の恐竜は，児童と市長によって「丹波篠山・大山竜」と名付けられた。（以下，大山竜と表記）

> 「化石発掘とぼく」
> 　化石を発掘した時 とても不思議な感じだ 約一億四千万年前の生き物を手にとって観察できるからだ
> 　暑い中，石を割っていく 割るごとに何が出てくるのだろうと思いながら 一つ一つ，輝いている貝が出る 筋がしっかりと入って その美しさに感動する
> 　そして，こう思う この貝はどのように暮らしていたんだろう
> 　茎そのものの形で 黒く光る植物の化石が出ると，こう思う この草を恐竜が食べたのかもしれないなあ
> 　ぼくは，化石を手にいろいろと考えこむ 化石とはロマンである
>
> （学級詩集より）

[③-10] 国語科との関連：化石発掘をテーマにした詩

（3）集めた情報を整理してリーフレットにまとめる

学級の合い言葉は「第2のAさんをめざして」になり，夢を実現させた児童Aを手本に，2回目以降も猛暑の中，したたり落ちる汗をぬぐいながら，懸命に発掘に挑む児童の姿があった。休み時間も持ち帰った石を詳しく調べる作業を続けるほどであった。なお，発掘体験を通した学びは国語科と関連させて前ページの作文や上記の詩に表現させた。

その後も月に2度のペースで発掘に出かけ，植物，生痕化石，二枚貝，3種類の巻き貝の化石等，数百点を発掘した。そのうち20点は，兵庫県立人と自然の博物館の古代貝の研究者の要請で標本として寄贈するほど貴重なものであった。

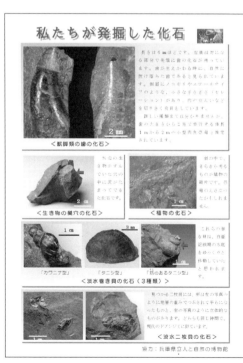

[③-11] 発掘した化石のリーフレット

児童は発掘した化石を図鑑と研究者の助言をもとに整理，分類した。そして，［③-11］のような市民向けのリーフレットを作成して，児童が発掘した代表的な化石を種類ごとに写真と簡潔な説明の文章とともにA4版にまとめた。その際，兵庫県立人と自然の博物館の主任研究員に監修をしていただき，大きさがわかるようにスケールを写真に入れるとよいなどの貴重な助言を得た。そして，採集した化石を市民会館に展示する際に，それを市民に配布した。展示会場では，大勢の方がリーフレットを読んでくださり，市民の関心の高さを感じることができた。

4．教科学習と関連させて，より深い学びに　— 展示・発表プロジェクト —

　教室内でも教科学習と関連させ，化石について学ぶ授業を展開した。例えば，6年生の理科では2学期に化石を含む地層の学習がある。そこで，自らが発掘した化石を手がかりにして発掘場所周辺の約1億4千万年前の姿を推測するという授業を行った。バーチャルな映像に慣れ親しんでいる児童に，白亜紀前期の化石が示す証拠をもとに太古の世界を想像する楽しさを知ってほしいと思ったからである。

（1）理科：化石を手がかりに太古の自然環境を推測する

　まず，大山竜の歯にあるノコギリ状のぎざぎざを実物投影機で拡大して観察し，その機能を調べる実習をした。ぎざぎざが付いているステーキナイフで厚い豚肉を切ってみると，ないものと比べて驚く程，楽に切れたのである。このことから，生命の進化について深く考えるとともに，当時，餌となる草食恐竜等も生息していたことを実感を伴い理解することができた。

　次に，児童はルーペで二枚貝や巻き貝の化石を観察し，発掘場所の当時の自然環境について話し合った。

［③-12］地域で発掘した化石の観察

ここでは教科書の学びに加え，夏休みの，恐竜や化石についての自由研究がおおいに役に立った。まず，発掘現場では現代も淡水にすむシジミとタニシの仲間の貝ばかりが見つかるということで，淡水の水辺であると推測した。さらに，池なのか，流れのある川なのかを考えた。化石を含む泥岩は大変きめの細かい泥でできていたので，川では流されてしまうとの考えから，ここは池であろうという結論になった。また，厚い植物化石の層の下から貝が見つかっていることから，周囲に植物が生い茂る，浅い沼のような場所だろうと話し合った。これらの推測は，わたしが事前に聞いていた研究者の見解とほぼ同じであり，それを伝えると児童は教科書の学びと体験を通した学びにより思考力が高まったと実感して大変喜んだ。

（2）国語：対話を通して学びを伝える

　化石の発掘を続けて化石を市民会館に展示することは大切な学習活動であるが，篠山層群の魅力を伝えるというテーマに立ち返り，新しい試みに

［③-13］対話を通して学びを伝える

挑戦しようということになった。そこで，校内にも化石展示コーナーを設置した。そこには市内の理科担当教員や県の環境学習リーダーの方々が研修の一環で来校された。その際，国語科で学んだポスターセッションの要領で，児童がガイド役として化石の説明を行い，発掘体験や前述の授業を通して学んだことを自分の言葉で伝える「対面式展示」を実施した。児童は見学者に対して，化石を見せながら篠山層群について学んだことを説明し，質問にも丁寧に答えていた。

5．子ども化石フォーラムに向けての対話的な学び　― WSプロジェクト ―

　秋になり，さらなる篠山層群の魅力を伝える方法を児童と考えた。そして，昨年度までの本校とのつながりを利用して，11月に篠山チルドレンズミュージアムと連携し，篠山層群について学んだことを発表する「子ども化石フォーラム＠篠山」を実施することになった。主な内容は，① 学習成果発表 ② 発掘した化石の展示 ③ 化石発掘ワークショップ（WS）の三つであり，主催は6年生児童で，参加対象は市内外の子どもや大人である。

（1）構成表を活用し情報を言語化する

　児童は感動的な体験を通して得た情報を表現することにより体験と自分を結びつけて考え，自己理解を深めていく。わたしは国語科とも関連させ言語活動の充実を図りたいと考えた。まず，数か月にわたる化石発掘での学びを原稿にまとめる学習を行った。25分間の発表内容を話し合いにより四つの章に分け，班で分担して書くことにした。

　その際，ふせんを活用した構成表を使い，主題に基づき段落の軽重や順番を並び替えて決めたり，事実・考え，表現の工夫などを書き込んだりして発表原稿の骨組みを決めた。すでに作文の時間に1度，習っているので，班で相談しながら慣れた手つきで作業を進めた。ふせんの利用は何度でも貼り替えられるので話し合い活動には適していた。

　次は構成表をもとに原稿を書いた。ここでも班で協力しながら進め，説明文の学習を生かし，例示や問いかけなどの説明の工夫を取り入れたり，「現代の私たちに地球の環境を守ろうというメッセージを送ってくれます」などと主題を明記したりした。推敲の段階で複数の目で見直したため完成度の高い原稿が仕上がった。

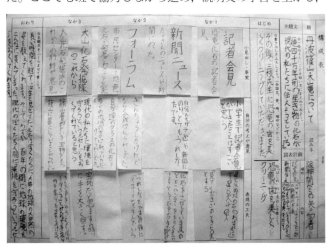

［③-14］ふせんを活用した構成表

――――――――――――――――――――――――――――
［③-15］【発表原稿の例】　（A班の主題部分）
　（前略）篠山はたくさん素晴らしいところがありますが，その中でも，気の遠くなるような大昔の化石がたくさん眠っている篠山層群は，私たち市民にとって大切な宝物だと思います。そんな宝物をもつ篠山に，私たちは暮らしていることがうれしいです。長い時間をこえて，姿を見せた化石は私たちに大昔の地球の姿を教えてくれます。そして，わずか

100年の間に地球の環境をこんなに変えてしまった，現代の私たちに「環境を守ろう」というメッセージを送ってくれます。これからの私たちの学習の目的は，大山で多くの化石を見つけて，卒業までに展示や発表などの方法で，市民の皆さんに篠山の宝物である化石の魅力を伝えることです。まだ，学習は折り返し点ですが，これからも大山の化石について調べていきたいと思います。

（2）フォーラムを通して社会に貢献する喜びを味わう

　当日は，市内や阪神間から約150人もの方に来場していただいた。特に「化石発掘ワークショップ」は10日前に予約が70人の定員に達するという盛況ぶりであった。それは発掘現場から化石を含んだ石を拾い集めて会場に持ち込み，参加者に石を割って化石を見つけてもらうというものである。学習成果発表や展示を見ることに加えて，実際に化石を採集する体験をしてもらうことで，化石に対する興味がより高まるだろうと考えた。開催に向けて，児童が企画・準備から進行までを行うので，学習意欲の高まりには目を見張るものがあった。

　当日，ミュージアムにお揃いのスタッフ専用Tシャツを貸していただき，雰囲気がさらに盛り上がった。学習成果発表では練習の成果を発揮して，緊張しながらも伝え方を工夫して発表することができ，会場の参加者から大きな拍手をいただいた。約100点の化石の「対面式展示」では驚くほどの長い行列ができ，児童は自分たちの学びに興味をもっていただいたことに満足していた。そして，いよいよ化石発掘ワークショップである。五つの班に分かれて説明や注意を行った後，参加者にハンマーで石を割ってもらった。つぎつぎと見つかる化石を児童が講師役となり説明や鑑定をしていく。大きな巻き貝が見つかった参加者は家宝にすると大興奮であった。そんな参加者の喜ぶ姿を見ることが児童にとっても大きな喜びであったようである。主催者側に立つことにより下記の振り返り作文のように多くのことを学ぶことができた。

［③-16］化石発掘ワークショップの様子

　　発表を終えて，次はワークショップです。これも化石のことをまったく知らない人に指導するので不安でした。しかし，始まったらすぐに教えることに集中して，困ったことはありませんでした。私は，参加者のみなさんに笑顔で話しかけました。すると，「よく見分けられますね。すごいなあ」とか言ってくださる人もいてうれしかったです。いえ，それは，うれしいをこえていました。「楽しい」と笑顔を見せてくれる人もいました。テレビなどで，「お客さんの笑顔が一番うれしいです」とか言う人がいるけど，その気持ちが初めてわかりました。人の役に立つということは，とてもやりがいがあることだなと思いました。
　　　　　　　　　　　　　　　　　　　　　　　　　　　　　　　［③-17］（振り返り作文より抜粋）

6．1年間の学びを劇にまとめて表現する　― 総合表現プロジェクト ―

　冬になり，いよいよ1学期から目標としてきた，地域へ向けての学習発表会「学びのフェスタ」が迫ってきた。集大成となる今回は，1年間の活動を児童自らの手でSF劇にして地域の方々に伝えることになった。題名は「丹波篠山・大山竜ものがたり」である。

（1）篠山層群の魅力をSF劇で

　まず，劇スタッフがストーリーを練り，学級全体のアイデアを加えてオリジナルSF劇の大ま

かな脚本を完成させていった。ストーリーは，地域の守り神である大山竜の導きで，児童が「化石を生かしたまちづくりプロジェクト」を前述のように，つぎつぎと展開していくというものである。児童は大山竜に話しかける形式で来場者に活動成果を報告していく。そして，ラストは篠山市の宝物である篠山層群の魅力が市民に伝わり，美しい自然環境が未来に引き継がれていくという設定である。

［③-18］班ごとに脚本・演出方法を練る

（2）思考ツールを利用して，よりよい表現をめざす

　全体で配役を決めた後，物語を四つの場面に分け，班ごとに分担してセリフと表現方法を考えた。その際，B4のワークシートの左側にセリフを書き，右側には対応する写真と演技の説明を書いたふせんを貼り付ける「演出ワークシート」を使用した。ここでは12月に県の環境学習推進リーダーの方々が児童の発表を見て記入された，「わかりにくい言葉を丁寧に話す」などの多くの助言を留意事項とした。

　また，班ごとにビデオで客観的に自分たちの演技を見直し，よかったところを黄色のふせんに，直したいところを赤色のふせんに書いてKJ法で模造紙にまとめる方法で表現の分析を行った。縦軸は「よかった点」と「直したい点」，横軸は「全体での演技」と「個人の演技」として四つのブロックに仕切り，思考ツールである座標軸を利用して班の演技のよかった点と課題を整理し，次回に向けての練習方針を明らかにしていった。

［③-19］座標軸を利用して練習方針を決める

（3）感動のフィナーレ，輝きを放つ児童

　フェスタ当日を児童は緊張をもって迎えた。そこで，本番前に1年間の学習活動を写真で振り返った。様々な体験や相互批評などの学習活動の積み重ねを思い出させることにより，自分たちの学びに自信をもたせるためである。最後に，この日のために兵庫県立人と自然の博物館から借りてきた大山竜の歯の化石を見せた。大山化石発掘隊の1年の学習活動を象徴する化石を児童はそっとさわって，会場に向かって行った。

　ステージに上がる直前に，児童は円陣を組んで声を掛け合い舞台に上がった。小さなハプニングはあったが，順調に劇は進んだ。大山竜が姿を現すクライマックスに近づくにつれ，6年生13人の心はさらに一つにまとまり，表情は学んだことを伝える喜びに溢れ，役を演じることを心から楽しんでいた。下記は，その学習活動の振り返りである。

> 　フェスタが終わりました。私は，どんちょうが下りたとき，ものすごい達成感があって，化石の魅力を地域の方々に伝えられたと思ったら，とてもうれしい気持ちになりました。でも，もう終わりなんだなと思うと，とても悲しかったです。大山竜のBさんのセリフの「さようなら，大山化石発掘隊のみんな。中学校になっても応援してるわよ」のとき，この1年間の化石についての学習を思い出しました。化石発掘やフォーラム，ワークショップや読売テレビに出たことなど，いろいろなことを思い出しました。劇が始まる直前，隊長のCさんと副隊長のDさんが，「みんなで，人生の砂時計に，『金の砂』を落としましょう！」と言っ

> ていました。私は、これを聞いてがんばろうと思いました。私は今日、自分の力で光り輝く「金の砂」を落とせたんじゃないかなと思います。私がこの「丹波篠山・大山竜ものがたり」で学んだことは、みんなで切磋琢磨して一生懸命に練習すれば成功するということです。今まで大きな声を出す練習や表情の練習などを学校でも家でもやってきました。その成果は今日のフェスタでちゃんと出せたと思います。6年生13人全員が、学級の名である「シリウス」のように輝けたと思います。中学生になっても、高い目標に向かって、このフェスタで学んだことを忘れずに過ごしていきたいです。　　　［③-20］（振り返り作文より抜粋）

　客席では児童の地域への熱い思いに引き込まれ、涙ぐむ参観者も数多く見られた。そして、最後のフィナーレの場面が来た。全員が登場してのエンディングのポーズ。会場の大きな拍手に包まれた児童は、まばゆいばかりの輝きを放っていた。目標の実現に向け、仲間と高め合い、ついに学習活動のゴールを迎えた児童の姿は本当に美しいと思えた。

> ［③-21］【保護者の感想】
> 　発表は素晴らしかったです。大山化石発掘隊はすごいプロジェクトでした。あまりの子どもたちの成長ぶりに、うれし涙があふれました。1年間でよくここまで成長できたと思います。　　　　　　　　　　　　　　　　（一部抜粋）

> ［③-22］【地域の方の感想】
> 　1年間にわたる体験学習の成果を見事に表現された素晴らしい取り組みに感動し感嘆いたしております。ふるさとを学びの場にした学習は、小さな気づきや発見の中から「ときめき」を覚え、郷土愛を醸成するものであったと確信しています。私たち地域住民も大山っ子の成長を見守り応援してまいります。　　　　　　（一部抜粋）

7. ねらった力が身についたかどうか評価する

（1）多様な評価を指導に生かす

　本実践の評価は、評価カードのみならず作文指導と関連させた「振り返り作文」を多用した。それは児童が課題に対する思いや今後のかかわり方などを書きたいだけ書いて考えをまとめることができるし、教師も返事や対話により、作文の内容を次の指導に即座に生かせるからである。また、自信やよさの発見、伸長を図るため、前述のような地域や保護者の方々による評価や下記のような相互評価も積極的に取り入れた。

> ［③-23］【評価カード：友だちから見たあなたの成長】
> 　Eさんはとても成長したと思います。5年生の時の児童会選挙のスピーチでは緊張しすぎて途中で泣いて話せなくなってしまったことを思うと、今ではフォーラムなどで堂々と大きな声で話せているから本当にすごいなと思います。そして、授業中もよく発表するようになったね。また、前までは友だちが話しているときは、遠りょしてなかなか輪の中に入れていない時があったけど、今は自分から男女関係なく、どんどん友だちに話しかけているので、こんなところからも成長していると思うよ。　　　（Fより）

（2）数値による自己評価から見えてきたもの

　本実践では、春に総合的な学習の時間を始めるにあたって、児童用の生活面、学習面で付けたい力の観点を、先輩の映像や資料をもとに具体的に説明した。また、新たな学習活動を展開するたびに、付けたい力との関連を話し、学習の節目には5段階の数値による自己評価を行った。1年を通じて、児童はこの観点を意識して生活し、文章での自己評価と相まって徐々に客観的に自分を見つめられるようになった。

　春に設定した三つの指導の重点「地域や人とかかわる力を付ける」「自分の考えや思いを人に

伝える力を高める」「自尊感情を高め，自らの生き方を前向きに考える力を付ける」にかかわる項目の数値は1年間でどれも1.5ポイント近く伸び，児童の姿や文章による自己評価を加味して評価すると，目標は概ね達成できたと考える。それは保護者からの「5年生の時はすごく投げやりで後ろ向きだった我が子が，いろんなことに全力で打ち込めるようになりました」などの文章による評価からもうかがえる。

数値による自己評価で特に注目したいのは，総合的な学習の時間での学びは，教科学習に向かう意欲も高めたということである。「教科学習でも向上を目指して取り組むことができる」という項目では，3月の平均値は4.1であり，「計画的に学習を進めることができる」も4.2と高い数値を

[③-24] 数値による自己評価

示した。総合的な学習の時間に芽生えた「自分もやればできる」いう自信が，苦手な学習内容でも一生懸命やれば理解できるはずだという思いを生じさせたからであろう。そして，何より担任としてうれしいことは，3月の「学校生活が楽しい」の平均値は4.5であり，この数値は，自分に自信をもち，学ぶ楽しさを実感した児童が増えたことの表れであると考えている。

おわりに ― 「生きる力」を育む総合的な学習の時間 ―

1年のすべての学習を終え，児童が図工科と関連させて作成した，大山竜をモチーフにしたステンドグラスが篠山市立中央図書館のロビーに設置された。柔らかい春の陽射しが一畳ほどもあるステンドグラスを鮮やかに浮き上がらせ，来場者に篠山層群の魅力を伝えた。除幕式の際に副市長は「みなさんのこの1年間の活躍，恐竜化石の発見から今日に至るまで本当にすばらしかったです。篠山層群は篠山市の宝物ですが，わたしにとってはみなさんこそが宝物です」と児童に語りかけられた。篠山層群という宝物の魅力を懸命に伝えてきた自分たちが，実は，まちの宝物であるという思いがけない言葉が児童の胸に深くしみた。

[③-25] 児童が作成した大山竜のステンドグラス

地域の宝物である篠山層群を生かした総合的な学習の時間を，対話的，探究的な学びを重視して展開することにより，児童は，まちづくりに貢献したいという目的意識を高め，主体的に学習活動を進めることができた。そして，学習発表会などの多くの場で，学んだことを堂々と胸を張って発表し，市民や行政，専門家の方々から評価をいただくことで，学校での学びが社会の中でどのように生きてくるのかも実感できたと思う。この1年の児童の大きな成長を目の当たりにし，教師としても総合的な学習の時間がもつ可能性の大きさを改めて認識することができた。

探究課題　地域　　小学校3年生

わたしたちの町 新町
― 伝えよう 新町のすてき ―

〈実践〉徳島県徳島市新町小学校

1. 地域の実態

徳島市新町小学校は，徳島市の中心部，眉山のふもとにある。校区は，住宅街・商店街・寺町と特色ある地域で構成されている。江戸時代，蜂須賀公が商人や職人を住まわ

［④-1］児童が作成した東新町商店街絵地図

せたことから，弓町・幟町など特色のある町名が残る地域である。伝統のある学校であるが，子どもの数は年々減少し，各学年20名前後の小規模校となっている。しかし，地域の方々は，学校教育，行事などに高い関心を示し，協力を惜しまない。

3年生の子どもは，明るく元気で，何事に対してもまじめに取り組むことができる。しかし，与えられた課題で手順の決まった作業には集中して取り組むことができるが，自分から課題を見つけたり，解決方法を考えたりすることは，苦手な子どもがいる。また，自分の考えを表現することが苦手なことから，トラブルが起こることもある。このような実態から，子ども自らが課題を見つけ，主体的・協働的に学ぶ力，進んで自分の考えを表現する力や，考えを伝える力を育てることが必要であると考えた。それだけでなく，歴史と伝統のある自分たちの地域に誇りと愛情をもってほしいと考えた。

2.「わたしたちの町 新町」 ― 伝えよう 新町のすてき ―

3年生の子どもは，これまで生活科や社会科で校区の探検を経験し，町の様子や特色について学習している。本単元では，探究課題を地域とすることにより，子どもが主体的に校区である新町の魅力をさらに追求したり，町やそこで活動する人とかかわったりすることが，主体的・協働的な学びにつながると考えた。

そこで，学校や地域，地域を訪れる人に地域のすばらしさを伝えることを目的に「わたしたちの町 新町」の活動をスタートさせた。表現方法は，伝える相手や内容により，その都度話し合うこととした。そこでは，地域を探検し必要な情報を集める情報収集力が必要である。また，集めた情報を整理し表現する力，表現方法を考え話し合う力も必要である。

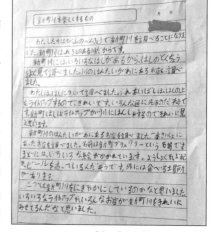

［④-2］調べたことを伝える

108

情報をまとめ，表現する際には，よりよく伝わるようにまとめる思考力，言語による表現力，友だちとかかわり自分の考えを伝える力が必要になる。それらの力は，国語科等の教科等と関連させながら育てていきたいと考えた。
　また，表現の際には，事実だけでなくそこから想像できることや，地域の人々の町に対する思いについても考えさせることにより，地域に対する思いを育むことにした。

3．地域の自然・文化・人材を生かした年間指導計画の作成

(1) 学校行事や各教科等との関連を図った年間指導計画

　学校行事や，各教科との関連を図ることで，他教科等及び総合的な学習の時間で身につけた資質・能力を関連付け，学習や生活において生かすことができるよう年間指導計画を作成した。

[④-3] 第3学年 総合的な学習の時間 年間指導計画

月	「わたしたちの町 新町」 ― 伝えよう 新町のすてき ―	学校行事・各教科等との関連
4	新町のすてきを見つけに行こう ・おすすめの場所を紹介し合おう ・探検の計画を立てよう	・わたしたちの大好きなまち（社会） ・春の楽しみ（国語）
5	眉山のすてきを見つけに行こう ・伝える方法を考えよう ・予想される方法……絵地図・図鑑等	・遠足（眉山登山）
6	新町川のすてきを見つけに行こう ・伝える方法を考えよう ・予想される方法……絵地図・ポスター等	・報告する文章を書こう（国語）
7	・学校のみんなに伝えよう 　（フレンズ集会での発表）	・「ありがとう」を伝えよう（国語） ・本を使って調べよう（国語） ・市を紹介するポスターを作ろう（社会）
9	東新町商店街のすてきを見つけに行こう ・English Day で外国の人に新町の 　すてきを伝えよう	・店で働く人と仕事（社会） ・伝えよう楽しい学校生活（国語）
10		・ローマ字（国語） ・修飾語（国語）
11	新町のすてきさんに会いに行こう ・伝える方法を考えよう ・予想される方法……ポスター・新聞等	・ちらしを作って店の工夫を伝えよう（社会）
12		
1	新町を伝えよう ・6年生　・校長先生　・家の人	
2		
3		・自分の町を大切に（道徳）

（2）育成をめざす資質・能力と評価方法

　子どもの実態から，子ども自らが課題を見つけ，主体的・協働的に学ぶ力，進んで自分の考えを表現する力や，考えを伝える力を育てるため，本単元「わたしたちの町 新町 －伝えよう 新町のすてき－」を通して重点的に身につけたい力を次のように設定した。

```
[④-4]【重点的に身につけたい力】
・自ら課題を設定し，友だちや地域の人々とかかわりながら，情報を収集する力
　　　　　　　　　　　　　　　　　　　　　　　〈評価方法：行動観察，ワークシート，発言〉
・情報を整理して，伝える方法を工夫し，表現する力　　　〈評価方法：発言，表現物〉
・地域のよさに触れて，地域の一員として生きていこうとする力　〈評価方法：ワークシート，作品，発言〉
```

　上記の身につけたい力をもとに，本単元のめあてを設定した。

```
[④-5]【単元のめあて】
・新町のすてきを見つけ，伝える計画を考えよう。
・取材活動や体験活動，地域の人々とのかかわりを通して得た情報を整理し，自分の考えも入れて表現しよう。
・友だちと協力して，表現方法を考え，わかりやすく伝えよう。
・学びを振り返り，学校や地域を大切にしていこう。
```

4.「わたしたちの町 新町」における探究的な学習の過程

　3年生になり，初めて総合的な学習の時間に取り組むこともあり，どのような活動をするかを話し合った。生活科の活動や社会科の町探検から，自分たちの住む町には，たくさんのすてきがあることに気付いた。そこで，学校や地域の人々に地域の「すてき」を知らせるため，地域を探検し，見つけた「すてき」を様々な方法で伝えることを決め，次のように取り組んだ。

　まず，新町について知っていることを紹介し，「もっと知りたい」ことを話し合った。教室の窓から見える眉山や，様々なイベントのある新町川が候補にあがった。そこで，春の遠足場所でもある眉山，学校の近くを流れる新町川をテーマに活動をスタートさせることとした。初めての総合的な学習の時間ということもあり，探究的な活動をそれぞれの場所ごとに行うこととした。

（1）眉山
①課題設定
　探検に行く前に，眉山で「やってみたいこと」「知りたいこと」を各自で考えた。ロープウエイや，頂上からの景色を見たいという意見が多く出た。どのような景色を見ることができるのか，想像をふくらませて，遠足当日を迎えた。
②情報収集
　当日は，残念ながら前日までの雨で，景色は少ししか見ることができなかったが，雲の間やロープウエイから学校を見たり，木のにおいや鳥のさえずりを楽しんだりすることができた。
③整理・分析
　それぞれのワークシートに，見つけた「すてき」を絵と言葉でまとめた。自分たちのこれまでの経験から知っていることも含めて整理し，個人でのまとめを行った。ワークシートに多く見られた項目を整理し，グループで表現する内容を考え，分担した。

④まとめ・表現

　今回の表現は，カードで紹介し，観光ガイドをつくることにした。自然・施設・景色・鳥・木・季節を，それぞれのグループで分担し，絵と言葉で表現した。その際に，ただ見たことだけでなく，自分の考えたことも表現するように支援を行った。

　観光ガイドができ上がった後，「眉山の野鳥のことをもっと詳しく知らせたい」という子どもの声から，野鳥図鑑もつくることとなった。看板に描かれていた鳥をグループで分担して調べ，必要な情報を選択して「鳴き声・特徴」をまとめた図鑑をつくった。調べたことを書くだけでなく，自分の考えも書くように声をかけ，後書きに眉山に対する思いを表現することにした。

[④-6] 観光ガイド

[④-7] 野鳥を調べる

[④-8] 野鳥図鑑

[④-9] 後書き
- わたしは，眉山に105しゅるいの鳥がいることを知って，おどろきました。山を歩いていると，鳥のさえずりがきこえていい気持ちになりました。
- 野鳥は姿を見せません。ぼくは，野鳥に会いたいです。
- これからも，自ぜんのゆたかな眉山であってほしいです。私たちは，自ぜんを大切にしていきたいと思います。

(2) 東新町商店街
①課題設定
　2学期，夏休みの自由研究で，東新町商店街について調べた作品から，単元を始めることにした。

作文には，寂しくなってしまった東新町商店街についての思いが書かれていた。

クラスにその子の思いを投げかけ，自分たちに何ができるかを考えることにした。観光客も集まることから，商店街の絵地図をつくって，阿波踊り会館に置いてもらおうということになり，活動がスタートした。絵地図づくりのために，どのような店があり，どのようなよさがあるのかを調べることにした。

> [④-10] 作文
> ぼくらの商店街をもり上げるために
> 　東新町商店街，籠屋町商店街は，阿波踊りやマチアソビ以外の時は，人が少ないです。お母さんから聞いた話では，昔は，デパートや，マクドナルド，映画館のほかいろいろなお店があって大変にぎわっていたそうです。
> （中略）
> 　商店街に人が少ないのはとても残念なので，みんなが協力して，昔よりもにぎやかで人が集まる商店街になればいいです。

②情報収集

絵地図づくりのための探検は，3回行った。1回目は，全員でどんな店があるかを見て歩いた。2回目は，生活班で興味をもった店を3軒選び，情報収集を行った。その後，自分が調べたい店を1軒に決め，同じ店を選んだ友だちとチームになり，これまでの探検で集まった情報を整理した。情報を整理し友だちと話し合いを重ねる中でもっと調べたい様子が見えたので，3回目の探検を行った。

[④-11] チームで情報整理

人についてもっと知りたいという声が子どもから上がったので，「会話の中のすてきを探しておいで」とアドバイスをした。

③整理・分析，まとめ・表現

商店街の様子を一目で見ることができるものとして絵地図をつくることを考え，見る人にわかりやすい絵地図をつくるために1学期の社会科の学習を想起しながら，店の種類ごとにマークを考えた。そして，店の位置と情報を書きこんで地図を作製した。集めた情報を整理し，店のコマーシャルとして表現した。地図を見る人が見やすいように，また，短時間で店の情報を知ることができるように工夫するよう，支援を行った。

最後に全員で，商店街のキャッチコピーを考えて，完成とした。でき上がった絵地図を，それぞれの店に届け，店の人に改めて自分たちの思いを伝えた。どの店でも，とても喜んでもらえ，子どもたちも自分たちの活動に達成感を感じることができた。自分の考えた店のキャッチコピーを喜んでもらえたとうれしそうに話す子どももいた。

探検の際に商店街に掲示板があるのを知った子どもたちは，自分たちのつくった地図をそこに貼りたいと思うようになった。それは，買いものに来る人に店の人のすてきを知ってもらいたいという思いからである。掲示板を管理している方に手紙を書いてお願いすることにした。

自分たちの思い（商店街が元気になってほしいこと）

[④-12] 掲示板に貼ってもらう

[④-13] 商店街地図

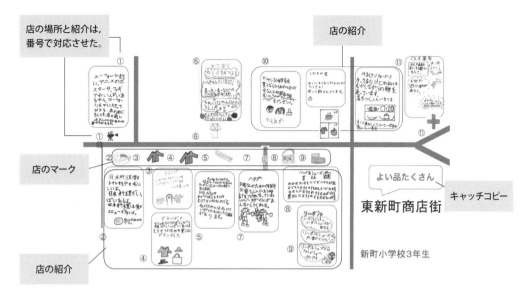

を話して，手紙と作製した絵地図を渡し，後日掲示板に貼ってもらうことができた。

「店の人は，いつも笑顔だよ」「お客さんに丁寧に説明しているよ」と，店の「すてき」は，店の人の「すてき」からきていることに気付いた子どもたちは，店の「人」を紹介したいと考えるようになった。そこで，もう１度探検を行い，店や町に対する思いを伺うことにした。ある店の方から，「ボランティアで町の道路の花に水やりをしている外国人の方が集まれる店をつくりたいと思った」という言葉を聞いた子どもは，「人のことを考えて（店を）しているんだ」と，驚いた様子であった。

３学期最後の参観日に，保護者に向けての発表を行うことにした。探検先の話を聞いて，実際にその店に行ってみたという保護者の話を聞いて，もっとよく伝えたいとさらに意欲的になった。子どもたちは，店の人や店の様子を撮影した写真をMicrosoft PowerPointで映しながら，発表を行った。

さらに，自分たちの思いを広げたいと考え，卒業する６年生と退職される校長先生に，しおりを作製してプレゼントすることにした。

[④-14] しおり

5.「わたしたちの町 新町」を通した子どもの成長

活動を通して，教科等の学習においても，積極的に友だちと協力して課題を解決したり，話し合ったりする姿がみられるようになった。ある子どものワークシートに，「新町川には，住む人のやさしさや，新町のすてきがつまっている」という記述があった。子どもたちは，活動を通して地域やそこに住む人の思いに触れ，あこがれを感じることができた。そのことは，自分もそうありたいという思いにつながっていくことと考える。

| 探究課題 | 地域・環境 | 小学校4年生 |

水と共に生きる命
―ぼくら二の沢川見守り隊―

〈実践〉愛知県西尾市立西尾小学校

1. 地域，学校，児童の実態

　西尾市立西尾小学校は，西尾市の中心部に位置しており，西尾城の城跡に建つ学校である。そのため，学校周辺は城下町となっており，多くの店が建ち並ぶ市街地になっている。そんな市街地に位置するわりには，隣接する歴史公園や本校の敷地内には豊富な種類の樹木があったり，学校の近くには子どもが入って生き物や植物の観察のできる川が流れていたりする。そのような自然と触れ合うことのできる環境の中で，子どもは6年間を過ごしていく。

[⑤-1] ごみ調査の様子

[⑤-2] 写真展にて

　4年生は，人懐っこく，友だちを思いやる優しい言動をする子が多い。しかし，新しいことに挑戦することに不安を感じたり，自分の考えがあっても行動に移せなかったりする。各教科の学習においても発言する子が限られていたり，友だちに自分の思いを伝えられなかったりするときがある。このような実態から，二の沢川の調査活動をきっかけに，自分で問題を発見し，主体的に取り組む力をつけたいと考えた。また，多様な生き物の立場から環境について考え，自分の考えや思いを表現する作品づくりを行うことで，自己表現をする力を養いたいと考えた。地域の川にすむ多様な生き物の立場から環境について考えることなど多面的に物事を見つめることを大切にしたい。

2. 学習発表会・写真展「水と共に生きる命」を開こう
　　―環境について考える―

　本校では，総合的な学習の時間のことを「町学習」と称し，取り組んでいる。3年生では，商店街を起点とし，町の人とかかわっていく。4年生では，地域の二の沢川の調査を中心に，環境について考える。また，5年生では，地域の歴史や伝統行事について，そして，6年生では西尾の町を見直し，改造計画を立案し提案を行う。発達段階に合わせて，愛着，共感，参加，提案と目標を設定し，ふるさと西尾の町を大切にしたいという心を育む学習を展開している。

　4年生で，地域の川に目をむけることは，地域の地形や自然，さらにはそこで暮らしてきた人々の歴史にも目をむけることになる。川に携わる人々の思いに触れることもでき，自分たちの知らないふるさとが見えてくるよい教材であると考える。

[⑤-3] 第2回　二の沢川調査の様子

子どもは何回も調査活動を行う中で，問題意識をもち始めるであろう。そこで，二の沢川のことをもっとよく知るため，学級内で同じ問題をもつ仲間でチームをつくり，学習を展開する。生き物，歴史，ごみなど各チームのテーマについて調べてきた事実を，生き物の視点，人間の生活という視点から比較し意見を出し合うことで，二の沢川のあり方について多面的に考えていく。子どもは調べたことをもとに，自分たちにできることを考え，行動に移し始めるだろう。そこで，「エコアクション」「学習発表会」「写真展開催」などの方法で自分たちの思いを多くの人に伝えていく活動を展開する。特に写真展の開催に向けては，国語科等と関連させながら，自分の思いをより表現できる力をつけたい。さらに写真を撮り，詩を作成し，学習発表会の台本づくりの活動を行うことで，環境に対する認識を深めていくと考えた。

3．地域の自然・文化・人材を生かした年間指導計画の作成

（1）学校行事や各教科等との関連を図った年間指導計画

[⑤-4]　第4学年　総合的な学習の時間　年間指導計画

月	学校行事との関連	水と共に生きる命	ICT活用・情報スキル等	各教科等との関連
		○校外学習 ☆地域の人・外部講師の活用		単元名（各教科）
4		○二の沢川ウォッチング	デジタルカメラを使おう	季節と生き物（理科） 水はどこから（社会）
5		○二の沢川生き物調査	インターネットで調べよう	漢字辞典の使い方を知ろう（国語）
6		☆○二の沢川生き物調査 （専門家と一緒に）		郷土を開拓（社会）
7	社会見学 川の清掃活動	○竹島水族館と生命の海科学館見学（蒲郡） ○地域の川の清掃活動	新聞の書き方を学ぼう メモの取り方	みんなで新聞をつくろう（国語）
9		☆報告会をしよう		季節と生き物（理科）
10		☆生き物と環境のつながりについて考えよう		文と文をつなぐ言葉（国語）
11		・エコアクション （ぼくたち， わたしたちにできること）		エコアクションに向けて（板書）
12		・エコアクション		
1		・学習発表会，写真展の準備をしよう	写真を取り込もう	詩を読もう（国語）
2	授業参観	・「水と共に生きる命」学習発表会をしよう	スライドショーをつくろう	言葉をつなげて（国語） 曲の気分を感じ取ろう（音楽）
3	公民館のお祭りへの参加	○「水と共に生きる命」写真展を開催しよう		公民館での写真展の開催

[⑤-5] 第4学年 町学習の単元構想図（53時間完了）

単元の流れ	手立て	教師の手立てと留意点
○二の沢川ウォッチングをしよう（4） ・どんな生き物がいるのか川の中に入って調べたいな。	①	①[理科] 季節と生き物（春）単元の発展として二の沢川との出会いを設定する。
○ウェビングマップで観察したことを整理しよう（4） ・たくさんの問題が出てきたよ。二の沢川の水は，どこから来るのかな。 ・ごみが多いね。 ・コイやカメ以外にどんな生き物がいるのかな。	②	②二の沢川にかかわる問題点の焦点化をするため，ふせんを使ったＫＪ法とウェビングマップに取り組む。
○自分たちのテーマに分かれて調べてみよう（9）	③	③生き物，歴史，ごみと同じテーマを選んだ仲間で課題を追究できるように，クラス内でチーム分けをする。

生き物チーム	歴史チーム	ごみチーム
・上流から下流で見つけられる生き物を調べる。 ・捕まえた生き物の名前を図鑑で調べる。	・二の沢川の近くにある新家寛さんの銅像や社会の地域史料「にしお」で歴史について調べる。	・ごみの種類と量について，調べる。 ・ごみの分別を行い，どのようなごみが多いのかについて調べる。

単元の流れ	手立て	教師の手立てと留意点
○それぞれのチームの調べを報告しよう（2） ・二の沢川は昔は用水路として使われていたんだね。 ・たくさんのごみがすてられていたね。 ・生き物にはよい環境なのかな。もう1度調べたい。	④	④二の沢川を多面的に見つめられるようにするために，生き物，歴史，ごみチームが調べたことを発表し，情報を共有する。
二の沢川は，生き物にとってよい環境なのか知りたいな。		
○川の生き物に詳しい人と生き物調査をしよう（6） ・フナ，モロコ，カダヤシ，クサガメなどの生き物も見つかったよ。 ・講師の話を聞いて，外来種と在来種の違いについてわかった。	⑤	⑤生き物についてより詳しい実態を知らせるために，生き物の知識に詳しい方から，魚の捕り方や捕まえた，生き物からわかる川の環境について教えてもらえるよう，出前授業を手配する。
○生き物と環境のつながりについて知りたい（6） ・愛・シンパシーゲームを通して，いろいろな生き物の立場がわかった。 ・環境をどう考えるかは，人の考え方で決まるんだね。	⑥	⑥いろいろな生き物の立場や生き物と環境とのつながりについて考えることができるようにするために，愛・シンパシーゲームを行う。（NPO法人アスクネット協力のもと）
環境を守るために，ぼくたち・わたしたちは，どんなことができるのだろうか。		
○二の沢川などの自然環境を守るために，ぼくたち・わたしたちにできることを考えよう（エコアクションを考えよう）（4） ・水を大切にするために，ぼくの家は，お風呂の水を洗濯に使っているよ。	⑦⑧	⑦全員が自分で取り組めることを発表できるように，（水，電気，紙などの資源や環境）を守るために，自分は（〜の行動）をするという形で発表する。 ⑧環境を守る多様な取り組みやアイディアを知るために，自分の取り組んでいることやできそうなことを全員が発表する。
○自分の家の人や学校内に自分たちができることを広めよう（エコアクションを広げよう）（4） ・より環境を守るために家族の人にも呼びかけよう。 ・学校のいろいろな学年の友だちにも知ってもらいたい。 ・「エコの気づ木」に自分が取り組んだことを書き込もう。 ・より多くの人に伝えるためにどんなことができるのかな。	⑨⑩	⑨家族の人に自分たちができることを広げるために，まず自分の取り組んでいることを伝え，そのうえで家族の人の協力をお願いする。 ⑩学校の多くの友だちに知ってもらうために，「エコの気づ木」に，今まで取り組んできた活動と思いを書き込み，渡り廊下に掲示する。
○「水と共に生きる命」写真展を開催しよう（4） ・水の大切さを伝えるために，二の沢川の写真を撮りたい。 ・わたしは水の水滴の写真で，水の美しさを伝えたい。 ・写真に自分たちの思いが伝わる文章をつけたい。	⑪	⑪水のいろいろな魅力を伝えられるようにするために，「水の大切さ」「水の美しさ」「水と生き物のつながり」など，どんな写真を撮りたいかアイディアを出し合う時間を設定する。
○（国語2時間）詩の書き方を学ぼう ・起承転結を意識して詩をつくろう。 ・水を何かに例えて表現したいな。 ・水の魅力を，自分の言葉で伝えたい。	⑫	⑫自分の思いを詩で表現できるように，詩の構成や対比，比喩などの表現方法を国語科の時間に学習する。
○保護者の人に今までの学習や活動を伝えよう（6） ・二の沢川の学習を通して，学んだこと，感じたことを伝えよう ・ぼくたちが取り組んできたエコアクションも伝えたい。 ・人といろいろな生き物が生きていける環境について伝えたい。	⑬	⑬自分たちの学びや思いが保護者の方に伝わるように，発表会の台本や歌を自分たちで考えて決定する。

○公民館で「水と共に生きる命」写真展を開催しよう（4） ・生きていくためには水が必要なこと写真展で伝えたい。 ・水の大切さを伝えるために、水の美しさを写真で伝えたい。 ・水について感じている思いを、詩で伝えたい。	⑭	⑭地域の人に、自分たちの思いを伝えるために、公民館で写真展を開催する。

（2）育成をめざす資質・能力と評価方法

本校では、町学習を進めていくうえで、つけてほしい学力を「町学習の力群」として五つの観点で整理している。子どもの実態を考えながら以下のようなつけたい力を設定した。

> [⑤-6]【五つの観点】
> (1) 多くの問題の中から、やりたいことを見つけることができる。
>   （問題を発見する力）…〈評価方法：行動観察、ワークシート、発言、作文〉
> (2) 目的に合った対象を見つけ、必要な情報を取り出すことができる。
>   （調べる力）………〈評価方法：行動観察、ワークシート、発言、作文〉
> (3) 複数の事象を多面的に捉え、総合的に考えることができる。
>   （考え、判断する力）……………〈評価方法：発言、ワークシート〉
> (4) 相手にわかりやすく伝えるための表現方法を選ぶことができる。
>   （表現する力）………〈評価方法：行動観察、ワークシート、発言、作文〉
> (5) 町や社会をよりよくしようとすることができる。（生かす力）〈評価方法：ワークシート、発言、作文〉

本単元の子ども向けへのめあては以下の通りである。

> [⑤-7]【五つのめあて】
> (1) 二の沢川の調査活動を通して、自分の調べたい問題を決定しよう。
> (2) 問題別のチームで調べ学習を行い、調べてきたことを共有しよう。
> (3) 今までの調査活動や愛・シンパシーゲームを通して、環境について人間や他の生き物など様々な立場で考えよう。
> (4) 「水と共に生きる命」について自分の思いを写真と言葉で伝えよう。
> (5) ぼくたち、わたしたちは環境のために何ができるだろうか。

4.「ぼくら二の沢川見守り隊」における探究的な学習の過程

（1）生き物調査における専門家との連携

子どもは、二の沢川の調査に何度も出かけた。歴史チームは川をつくった人の銅像を調べたり、ごみチームは採取したごみの分別を行ったりした。しかし、生き物調査チームは生き物の採取と飼育、観察について行きづまりを感じていた。そこで、二の沢川の生き物調査を何度も行っている講師と協力し、生き物調査と採取した生き物についての講義を実施した。外来種であるカダヤシは学校に持って帰れない事実を知った子どもは、外来種と在来種の違いを学んだ

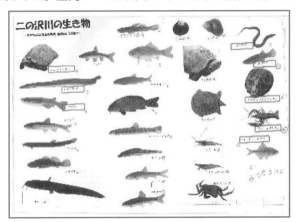

[⑤-8] 講師の手づくり資料

り，講師が持ってきた資料をもとに過去の二の沢川で見つけた生き物と現在の生き物について比較したりするなど，二の沢川について新たな視点で学ぶことができた。

［⑤-9］歴史チームの調査活動

［⑤-10］講師との調査活動

（2）多面的に環境を見つめる視点を学ぶために専門家との連携

　NPO法人アスクネットの協力のもと，生き物と人間の暮らしと環境のかかわりや環境意識を育てることを目的に，愛・シンパシーゲームを行った。わたしたちの暮らしと生態系のつながりを神経衰弱のようなゲームを通して考えるワークショップである。子どもは生き物や人間に変身して，エサカードをとる。生き物によって，食べられるものの種類が多かったり，少なかったりする。食べられたり食べられなかったりなど，ゲームをしながら，人と生き物の関係を学んでいく。その後の講義で人間と自然とのかかわりを確認しながら，人が与える自然への影響を知り，自分ができることを考えていった。最後に，それぞれで考えた「自分ができること」をグループで話し合い，これから守る三つの約束としてまとめ，発表を行った。この日の授業で，自然と共生していく視点を学んだり，自分たちが環境に対してできることを考えたりした。その後，子どもは「ぼくたち，わたしたちにできること」を考え，実行していくことにつながっていった。

［⑤-11］愛・シンパシーゲーム

［⑤-12］人間チームへの説明

［⑤-13］自然と共生していく視点について

5. より効果的に情報発信をするために

　二の沢川の調査活動を通して，子どもは環境と人とのつながりや環境のあり方について考え，自分たちができるエコアクション（自分が考える環境を守るための行動）に取り組んだ。また，「水と共に生きる命 写真展」と「学習発表会」の二つの方法で地域や保護者に自分たちの思いを伝えたいという願いをもつようになってきた。

（1）「水と共に生きる命 写真展」への取り組み

　「水と共に生きる命」というテーマのもと子ども一人ひとりが伝えたいことは何かを確認するために，子ども一人ひとりと対話を行った。それをもとに子どもは自分

［⑤-14］児童Aの作品

が伝えたい思いが一番伝わる写真を撮り，そこに自分の思いを伝える詩づくりを行った。それと関連させて国語科の「言葉をつなげて」の授業を実施した。ここでは詩の連と連のつながりや音，リズムなどの詩づくりのポイントを学んだ。教師は「水は大切」という言葉を使うのではなく，子ども自身が自分と対話し，そこで感じたことを表現するのが重要であることを繰り返し伝えた。自分の心で感じたことを，自分の言葉で伝える。それを写真と一緒に表現することの意味を考える取り組みを大切にした。

（2）学習発表会で学びの成果を発表

子どもは1年間の町学習を振り返り，学んだこと，伝えたい内容を発表し，それらをもとに学級で学習発表会に向けての台本づくりを行った。

自分たちの学びを，自分たちの言葉で，そして，自分たちの身体を使って演じることで，自分たちの学びの価値を子どもは強く感じていた。

[⑤-15] 学習発表会の様子

[⑤-16]「水と共に生きる命」発表会の台本の一部

講師　：「今日，みんなに考えてほしいのは『ブラックカード』が何かということです」「ブラックカードは何を表していると思いますか？」
児童A：「毒だとおもうな，いろんな生き物が死んじゃうし」
児童B：「私は，環境を壊すものだと思う」
講師　：「環境を壊すものって何？」
児童C：「ぼくたち……人間ってこと」
児童D：「生き物にとって，人間が一番悪いものなのかな……，でも　環境を守ろうとしている人もいるよ」
講師　：「環境を壊す人，環境を守る人……ブラックカードとは，人間の何を表してるのでしょうか？」
児童E：「人間の心……」

6.「水と共に生きる命」を学んだ児童の成長

[⑤-17]【振り返り】

二の沢川の生き物，ごみ，歴史を調べたり，愛・シンパシーゲームでは，いろいろな立場から環境について考えたりしました。ぼくが大事だと思ったことは，外来種や在来種などいろいろな生き物が生きていける二の沢川を守っていくことだと思いました。みんなと協力して，ぼくたちの二の沢川の環境を未来につなげていきたいです。

子どもは多面的に物事を見つめ，自分たちの思いを表現し，自分たちの故郷の価値を再発見してきた。学校や地域を支える一員としてこれからも活躍してくれるであろう。

探究課題　地域・国際理解　小学校5年生

新町の魅力を伝えよう

〈実践〉徳島県徳島市新町小学校

1. 地域，学校，児童の実態

徳島市新町小学校は徳島市の中心部に位置し，市のシンボルである眉山の麓にある。四季折々に変化する眉山のもと，校区には自然豊かな城下町の名残を感じさせる住宅地や寺町と新町橋を中心と

［⑥-1］新町の魅力を伝えよう＜番組制作＞

した繁華街や商店街がある。しかし，近年の少子化やドーナツ化現象により児童は減少傾向にあり，2018年6月現在，児童数129名，各学年1学級と特別支援学級2学級の計8学級となっている。保護者の教育に対する関心は高く，学校とのつながりも密である。また，本校は1996年から3年間，文部科学省より国際理解・外国語教育の研究指定を受け，早くから外国語教育に取り組んできた。研究指定を終えた後も，外国語教育はもちろん，ポルトガルのレイリア第6小学校との姉妹校提携や国際理解を深める交流集会を継続しており，国際理解・外国語教育は，本校の特色の一つとなっている。

5年生は，明るく元気で楽しいことが大好きである。毎朝行っているクリーンタイムでは，地域の人に大きな声であいさつをしながら落ち葉を一輪車にたくさん集め，低学年の分も集めて回るよさがある。しかし，互いのことをよく知り合う中，人間関係が固定しがちになり，自分の感情や思いを正確に表現して伝えたり，他者の思いを受けとめたりすることが十分にできない場面があった。また，すばらしい環境にありながら，その魅力に十分に気付いていないと感じることもあった。このような実態から，児童には，周りの人とかかわりながら自ら課題を見つけ，主体的・体験的に学び，その学びを深めていく力や，自分の考えや思いをしっかりと表現できる力を育てたいと考えた。児童が生きることとなる将来を想像した時，自己表現できる力や人とかかわる力，自分の生まれた地域に誇りをもち，地域や社会のために役に立ちたいという思いや行動力は大変重要であると考える。

2. 単元「新町の魅力を伝えよう」について

5年生19名は，3年生の時に新町川についての探究的な学習や校区探検を通して，地域学習をしてきている。本単元では，地域の魅力を再発見・再確認し，その魅力をより多くの人に広げるためにどうすればよいかを考え実行する。活動を通して，地域に愛着をもち，自己表現する力を身につけさせたい。また，深い学びにつなげるために，外国語活動や社会科の学習と関連させたり，地元放送局の支援事業を活用したりして進めることとした。さらに，本単元では，ゴールを2段階に設定している。第1のゴールは，本校の特色の一つである外国語教育・国際交流集会を活用し，交流

集会で来校する外国人ゲストに新町の魅力を英語で紹介することである。第2のゴールでは，より多くの人に地域の魅力を知ってもらうため，番組を制作し，メディアを通して地域の魅力を発信することとした。番組制作では，地元放送局の手を借りて本格的な番組づくりに取り組むことで，協働しながら課題解決する力，わかりやすく伝える表現力の向上をめざしたい。また，ゴールを2段階に設定することで，より深い学びが実現すると考えた。

3. 年間指導計画と「新町の魅力を伝えよう」単元構成

（1）単元「新町の魅力を伝えよう」の位置付け

5年生の終わりには，6年生からのバトンを受け取り，次年度には最高学年となる自覚をもたせなくてはならない。地域や学校の伝統をしっかりと継承していくために，「新町の魅力を伝えよう」の単元を通して身につけた地域への愛情や表現力が，さらに，次の単元に連動して働くように年間指導計画を構想した。

[⑥-2] 第5学年　総合的な学習の時間　年間指導計画

月	「新町の魅力を伝えよう」（55時間） 「地域や学校のためにできることをしよう」（15時間）		各教科・行事等との関連 **太字：関連の強い学習等**
4	新町の魅力を伝えよう	新町の魅力を再発見・再確認しよう	ポルトガル・レイリア市との交流会（行事）
5		・自己課題（テーマ）を決めよう （自然・イベント・観光・歴史・有名人・グルメ） ・調べよう	遠足（行事） 新聞を読もう（国語）
6		・取材しよう ・まとめよう	著作権について知ろう（国語）
7		・交流し合って意見をもらおう	＊クリーン作戦（夏休み行事）
9		新町の魅力を伝えよう	宿泊学習（行事） 明日をつくる私たち（国語）
10		○新町の魅力をまとめて，外国の人に伝えよう ・新町の魅力をA～Z見つけ，事典にする ・英語で紹介し，「新町ABC事典」をプレゼントする	新町ABC事典をつくって紹介しよう（図工・外国語） イングリッシュデー（行事）
11		○番組をつくってより多くの人に伝えよう ・番組づくりの仕組みを知ろう ・伝えるものを決め，内容を考えよう ・取材をしよう	くらしを支える情報（社会）
12		・ロケをしよう ・試写会をして，感想を交流しよう	
1	地域や学校のためにできることをしよう	○自分たちの思いを伝えよう ・情報番組に出演し，メッセージを送る	想像力のスイッチを入れよう（国語）
2		地域・学校のためにできることを実行しよう ・地域や学校のためにできることを考えよう ・計画をたてて実行しよう	「人権が大切にされるまちづくり」をめざして（人権）
3		・6年生を送る会，卒業式を成功させよう ・1年間の活動を振り返ろう	6年生を送る会（自分たちの児童会）

（2）「新町の魅力を伝えよう」においてめざす資質・能力と評価方法

　自ら課題を見つけ，主体的・体験的に学び，地域のよさを感じたり，人とかかわりながら自分の思いを表現したりする力の育成をめざし，本単元では，重点的に育成したい資質・能力とその評価方法を次のように設定した。

[⑥-3]【重点的に育成したい資質・能力と評価方法】

新町の魅力を再発見・再確認	新町の魅力を伝えよう
・自ら課題を設定して計画をたて，資料を活用して調べたり地域の人々に取材をしたりして情報を収集する力 ＜評価方法：行動観察・ワークシート・発言＞ ・情報を整理してわかりやすくまとめる力 ＜評価方法：作品＞	・人と協働しながら課題解決に向けて行動する力 ＜評価方法：行動観察・ワークシート・発言＞ ・わかりやすく表現し伝える力 ＜評価方法：行動観察・作品・ワークシート＞ ・地域のよさを感じ，これからの自分の生き方を考える力 ＜評価方法：行動観察・発言・ワークシート＞

児童と話し合い，設定したゴール（めあて）は次の通りである。

[⑥-4]【児童と話し合い，設定したゴール】

新町の魅力を再発見・再確認	新町の魅力を伝えよう
○地域のイベントや施設を取材したりして，地域の魅力を再発見・再確認し，新聞やパンフレットにまとめよう	○新町の魅力を外国の人に伝えよう 　～「新町ABC事典」をプレゼントしよう～ ○より多くの人に新町の魅力を伝えよう 　～番組を制作して放映しよう～

4．「新町の魅力を伝えよう」における学習過程

（1）新町の魅力を再発見・再確認

　本単元のゴールは自分たちの地域の魅力を伝え，広げることにある。ゴール達成のために，1学期は地域の魅力を再発見・再確認することにした。

　課題設定をする際には，全体で新町の魅力を話し合い，ウェビングマップにまとめた（[⑥-5]）。歴史，自然，イベント，食，人のカテゴリの中から，それぞれが調査したい課題を設定した。調査・情報収集の段階では，インターネットで調べたり，阿波踊り会館等の関係施設や月1回行われるとくしまマルシェに参加して取材を行ったりした。調査・情報収集したものは，パンフレットや観光地マップ（スタンプラリーマップ），人物事典等，思い思いの形に整理してまとめる。まとめたものは，友だちと交換し合い，意見を交流した。

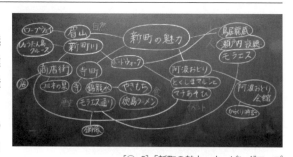

[⑥-5]「新町の魅力」ウェビングマップ

（2）新町の魅力を伝えようⅠ～外国の人に伝えよう～

　1学期に再発見・再確認した地域の魅力に本校の特色を加え，9月に赴任したばかりのALT（外国人指導助手）や10月のイングリッシュデー（学校行事）に訪れる外国人ゲストに英語で伝え

ることにした。1学期の学びを踏まえ、各自担当したものを英語で紹介する。また、「プレゼンテーションはその場で終わってしまうので、お土産としてゲストに持ち帰ってもらえるものをつくりたい」という意見により、『新町ABC事典』を作成してプレゼントすることになった。英語での紹介、事典づくりということで、ここでは、外国語活動の時間と連携させながら進めた。

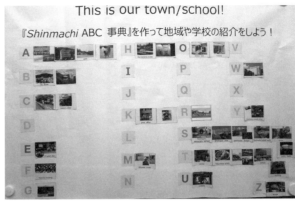

[⑥-6] 新町の魅力ABCを集めよう

① 『新町ABC事典』をつくろう

地域の観光地やイベント、グルメ、学校行事等を頭文字A～Zで集める。例えば、A：Awaodori kaikan　B：Mt. Bizan　E：English day　S：Shinmachi atrium といった感じだ。AのAwaodori kaikanからZのZuiganjiまで、34個の素材が集まった（[⑥-6]）。表面には写真とそのものの名前、裏面には、簡単な紹介文を書く（[⑥-7]）。各自、1～3ページを担当し、4冊分作成した。

[⑥-7] 新町ABC事典

② 外国語活動との連携

外国語活動では、音声を中心としたゲーム的な活動を通して、地域や学校紹介に必要な単語から、少しずつ表現を増やし、紹介文の形に慣れ親しませていく。また、文字に慣れ親しませるために、外国語活動で使うピクチャーカードやスライドには単語や文章を入れ、音声中心の活動の折にも、目に触れさせ、見慣れるよう工夫した。『新町ABC事典』のカードを仕上げる際には、表面は、使用していたピクチャーカードを見ながら写し、裏面の説明文は、児童が練習した紹介文と同様の定型文のモデルを示し、児童が表現したい部分を変えて書き写すようにした。

[⑥-8] 新町の魅力を英語で紹介

③ 新町の魅力を外国の人に伝えよう

本校の伝統行事であるイングリッシュデー当日。学級での交流会では来徳して間もない3名の外国人ゲスト（イギリス・オーストラリア・韓国出身の徳島市ALTと留学生）を招いた。それぞれのゲストの国紹介を聞いた後、

[⑥-9] 新町の魅力を伝えよう

地域や学校のことについて紹介した。スライドを使っての紹介を終えた後、『新町ABC事典』をプレゼントした。その後、各班に1名ずつゲストを招き、事典を媒介に紹介しきれなかったものを紹介していった（[⑥-9]）。この頃には児童の緊張もほぐれ、英語を駆使しながらも懸命に

ゲストに自分の地域や学校のことを伝えている姿が見られた。

(3) 新町の魅力を伝えようⅡ〜より多くの人に伝えよう〜

　第1のゴールを達成した児童は、「より多くの人に地域の魅力を知ってもらう」という第2のゴールをめざすこととなる。ここでは、社会科の学習「暮らしを支える情報」と関連させ、地元放送局の支援事業を活用して6分間の番組制作に取り組むこととした。

①どのように番組はつくられるか？

　社会科の学習に合わせて地元放送局の見学に行き、情報番組がどのようにつくられるのかを学んだ。担当者に各部屋を案内してもらい、音声を収録しているところや編集をしているところ等、実際に働いている様子を見せてもらったり（[⑥-10]）、取材で使うカメラ等の道具を見せてもらったりした。見学の後、アナウンサーから、話し方についてのアドバイスを受け、発声練習を体験した。

[⑥-10] 録音の様子を見学

②番組を企画しよう

　6分間の番組を制作するために、各チーム、紹介するものは2つに絞った。紹介するものを決定した後、チーム内でも2つの担当に分かれ、どこで、何を撮り、どのように話すかといった話し合いをもち、企画書・絵コンテを作成した。

③収録の下見をしよう

　2チームに分かれ、企画書・絵コンテをもとに、収録の下見を行った。実際に、ひょうたん島クルーズや眉山ロープウェイに乗ったり、取材対象者と打ち合わせをしたりしながら、収録のイメージをもった。下見の後、修正点等の確認をした。

④収録しよう

　収録は2チームに分かれ、同時進行で行った。チーム紹介のための収録含め、各チーム5時間をかけての

[⑥-11] 収録風景

[⑥-12] 「新町の魅力を伝えよう」〈番組制作〉チーム名と取材内容

	還国寺チーム	新町ナインティーンナインチーム
取材場所・内容Ⅰ	静かな寺町の街並みを歩きながら、寺町の歴史に触れる。また、地元の人に愛されている錦龍水とその水を使用している焼餅屋を紹介。お店の人や還国寺の住職にインタビューをする。	ひょうたん島クルーズに乗り、新町川から見える景色や見つけた魚をリポートする。同時に、ひょうたん島クルーズを始めた船長へのインタビューから、新町川への思いを知る。
取材場所・内容Ⅱ	新町商店街を歩きながら商店街の様子を紹介。近年、アニメの町となっていることや様々なイベントが行われていること、自分たちにとって身近な存在であることを紹介し、是非来てほしいと呼びかける。	ロープウェイに乗り、ロープウェイの中から移ろいゆく眉山の様子をリポートする。また、わたしたちの町が一望できる山頂からの美しい景色や山頂にある眉華鏡を紹介する。

収録となった（[⑥-11]）。カメラ，マイクは放送局の方が担当した。収録内容は，表[⑥-12]のとおりである。

⑤番組視聴会で意見を交流しよう

　時間の関係上，字幕や音楽，補助的な映像を入れたりする編集作業は放送局にゆだねた。編集後行った番組視聴会では，児童と管理職，放送局，新聞社が入って番組を視聴した。児童は，初めて見る相手チームや自分のチームが制作したものを興味深く視聴し，感想や意見を交流した。自分たちが取材した絵に文字や音楽が入り，よりわかりやすくなった映像を見て，どの児童も満足そうであった。さらに，放送局から一人1枚のDVDをもらい，保護者には，そのDVDを見ての感想や意見をもらった。また，1月の参観授業の折りには，児童とともに視聴した。

⑥制作した番組を多くの人に見てもらい，メッセージを伝えよう（番組出演）

　放送局を見学する様子や番組制作をしている過程は，それまでも同局の情報番組で放映されたり，新聞記事に採り上げられたりしてきた。しかし，せっかく制作した番組をすべて放映してもらわないと意味がない。そこで，同局で17時から放送されている地元情報番組『ゴジカル』に出演し，制作した番組を紹介してもらうことになった。当日は，児童の感想や番組制作の経緯とともに，制作した番組を放映してもらい，「この番組を見た多くの人が，新町に来てほしい」というメッセージを伝えることができた。

5.「新町の魅力を伝えよう」を通しての児童の成長

児童の振り返りカードや番組制作後の感想等から，次のような意見が見られた。

[⑥-13] 【児童の意見】
- 6分間の番組をつくるのに，多くの人が関わり，時間がかけられていることが分かった。チームの人や放送局の人と協力して，思った以上の番組ができてよかった。
- 字幕や音楽，資料等が入ることで，よりわかりやすい番組になっていた。わかりやすく表現するための工夫の仕方がわかった。
- わかりやすく話すのは難しいけれど，大切だ。わかりやすく話すためのコツが分かったので，これからも工夫していきたい。
- 番組制作を通して，地域の魅力をまた再発見できた。この番組を見た人に，是非，新町に来てほしい。また，僕たちの地域を大切にしていきたい。

　児童は，プロとともに番組制作をすることで，何度も友だちと話し合い，協働の大切さや課題解決に向う方法を体験的に学ぶことができた。また，プロの助言から，わかりやすく伝えるために児童なりの工夫を加える等，態度面とともに，表現力の向上も見られた。さらに，自分たちのつくった番組を紹介してもらうために情報番組に出演し，出演者から意見や感想をもらうことで，地域についての思いを深め，地域を大切にしたいという気持ちにつながった。普段何気なく見過ごしている物事には，多くの人がかかわり，時間をかけてつくられていることやそれぞれの思いがあることに多くの児童が学んだところに，人としての成長も感じた。今回の取り組みが，地域や人とともに，これからの時代を前向きに，そしてしなやかに生きていくための一助になってくれることを確信している。

探究課題　地域　　小学校5年生

笑顔広がれ！とべまちポ★スター

〈実践〉神奈川県横浜市立戸部小学校

Ⅱ 事例編—⑦

1. 地域，学校，児童の実態

横浜市立戸部小学校は，創立139年の伝統をもつ学校である。学区は，横浜駅西口やみなとみらい地区等の新しい商業地域が近くにある一方で，伝統の技を受け継ぐ職人が腕をふるう老舗や地域に根差した商店街があり，昔ながらの雰囲気が残っている。地域には，子どもたちの登下校を見守り，あいさつや会話を交わしてくださる方や，子どもの質問や依頼に笑顔で答えてくださる方等，学校とともに歩んできた地域の方々が多くいる。

［⑦-1］個人商店のポスター

こうした恵まれた環境の中で，戸部のまちの「ひと」「もの」「こと」とのかかわりを通して，総合的な学習の時間に取り組んできた。その成果として，地域とのかかわりを大切にしながら，そこに住む人々のしあわせを願い，学級の仲間とともに，主体的・探究的に学びを展開しようとする子どもの姿が見られるようになってきている。一方で，総合的な学習の時間での学びを通してどのような知識や概念を身につけているのかを子ども自身が自覚することに関しては，課題が残っている。

2. 子どもの思いと教師の願い

(1) 子どもの思い

総合的な学習の時間でどんな活動をしたいかについて話し合うと，「まちの方々と深くかかわり，本当に役に立つ活動にしたい」という強い思いをもっていることがわかった。まちを調査すると，商店街の人通りが少なくなってきていることや後継者がいないことがわかった。そこで，各店舗のポスターをつくって特徴をPRし，多くの人が行き交う元気な戸部のまちにしたいと考えた。

(2) 教師の願い

商店街の方々に取材を繰り返し行うことで，商店街で堅実にお店を営む人たちの努力や願い，自分たちが暮らすまちを大切にしている人たちの思いを子どもたちが深く感じとることができると考えた。また，ポスターの紙面にそれぞれの店舗の特徴を表現していく際には，プロのデザイン学校の先生とかかわりながら，限られた紙面上でキャッチコピーや写真で表現する技術やプロの仕事へのこだわりや生き方を学ぶことができると考えた。

3. 単元計画について

(1) 単元目標

　戸部のまちの商店街の特徴をポスターで発信する活動を通して，商店街の活性化に尽力する方々の思いを知り，地域の一員としてまちが活性化していくために自分にできることを考え，行動しようとする。

(2) 育成をめざす資質・能力

[⑦-2] 【知識及び技能】
- 商店街の店舗の特徴や店主の思いを理解する。
- グラフィックデザイナーの仕事へのこだわりやものの考え方を知る。
- 商店街の再生や活性化に向けて努力する方々や組織の思いを理解する。
- デザインがもつ多様性や効果，目的に応じた情報手段の特徴や機能があることを理解する。

[⑦-3] 【思考力，判断力，表現力等】
- 観察や店主へのインタビュー等の手法で集めた情報の一つひとつの事実のつながりやまとまりを整理できる。
- 商店街に人が来たくなるという基準で集めた情報を比較し，どの内容を選択すべきなのかを判断できる。
- 見た人が興味をもつデザインは何かを考え，情報を取捨選択し，表現の方法を工夫しながらポスターを作成し，発信する。

[⑦-4] 【学びに向かう力，人間性等】
- 商店街の方々と積極的にかかわりながら，商店街がもつ「ならでは」の魅力を追求しようとする。
- 商店街のポスターづくりで，まちの活性化に役立つことができた自分自身に気付き，地域の一員として継続できることを考え続けようとする。
- 商店街のよさが伝わるポスターをめざして，学習過程を振り返り，修正し，よりよい作品をつくり続けようとする。

(3) 単元計画（総合的な学習の時間　70時間）

[⑦-5]　学級で行う年間70時間の総合的な学習の時間の単元計画

Ⅰ　わたしたちが戸部のまちでできることは？（10時間）5月

①総合的な学習の時間を通してどんな自分になりたいかを話し合う。
②戸部のまちのためにできることを見つけるため，まちを観察したり，地域の方にインタビューを行ったりする。
③集めた情報をもとに自分たちにできることを話し合い，これからの活動を考える。

〈主な学習内容〉
　まちの様子を観察したり，まちの方々へのインタビューを行ったりする経験を通して，商店街が抱える問題に気付く。各店主へのインタビューをもとにした話し合いから，ポスターでまちを明るくする活動に取り組みたいという思いをもつ。

〈教科との関連〉
　国語の「インタビューの仕方」で学んだ方法を想起し，相手の伝えたいことや話の意図を考えてインタビューの計画をたて，話の要点をまとめたり，質問を考えたりする。

Ⅱ お店のポスターをつくってみよう（10時間）6月～7月

①商店街の会長にポスターづくりを認めてもらうために，商店街会長の店のポスターづくりの計画をたてる。
②店の特徴をつかむために会長へのインタビューを行う。
③伝えたい内容をもとにして，五つのグループに分かれ，キャッチコピーやデザインを考える。

〈主な学習内容〉
　商店街の会長にお店の様子や特徴についてインタビューし，仕事に対する思い，商店街の将来への願いを知る。
　自分たちなりにポスターのデザインを考えるが，思うように表現できないことを経験し，デザインの専門家に表現の方法を教えていただきたいという思いをもつ。

〈教科との関連〉
　国語の「報告書づくり」で学んだ手順をもとに，まちの課題や改善すべき点をとらえ，活動の順序や方法を検討し，課題を解決するための計画をたてる。

Ⅲ 効果的なポスターのつくり方を知ろう（15時間）9月～10月

①デザイン学校の先生にポスターのつくり方を教わる。
②グループごとにデザインを改善して，店のよさがより伝わる表現方法を学ぶ。
③5パターンのポスターをつくり，商店街の会長にプレゼンテーションを行い，1枚を選んでいただく。

〈主な学習内容〉
　デザイン学校の先生から伝えたいことを表現するための知識や技術を学び，デザインの仕事の楽しさや奥深さを感じる。商店街の会長にポスターを1枚選んでいただき，その理由を聞くことで，自分たちの努力の量や好みではなく，商店街を明るくするという目的に合致したものをつくる大切さに気付く。

〈教科との関連〉
　背景や人物の大きさ，キャッチコピーの配置等で伝えたい主題が効果的に表現できるようにポスターをデザインした経験を想起して，図工の版画で表現したいものの大きさや配置，重なり方を工夫して作品をつくる。

Ⅳ 商店街のお店のポスターをつくろう（20時間）11月～12月

①商店街を調査し，ポスターをつくるお店を決める。
②五つのお店に絞り，グループに分かれ，それぞれのお店の特徴を調査する。
③集めた情報を整理し，「お店ならでは」と言える特徴を選び取り，ポスターを作製する。

〈主な学習内容〉
　商店街の各店舗にインタビューすることで，それぞれの店主の人柄やその店ならではの品物，サービスといった特徴を知り，まちで仕事を続けている方の思いや誇りを感じ取る。さらに，今回つくることのできなかった商店街のお店の思いに応えるために商店街全体のポスターをつくり，さらにまちを明るくしたいという思いをもつ。

〈教科との関連〉
　国語の俳句づくりで発想を広げる際に学んだ「ウェビングマップ」の方法を生かし，調査したそれぞれのお店の特徴を関連付けて，とらえることができるようにする。

Ⅴ 商店街全体の魅力を伝えよう（15時間）1月～3月

①学習発表会で，個人商店のポスターを用いて地域の方々に商店街の魅力を伝える。
②商店街全体をさらに明るくするために商店街全体のポスターをつくる。
③完成したポスターを商店街の方々に渡し，協力してくださった方々に感謝の思いを伝える。

〈主な学習内容〉
　商店街の店主や地域の方々に商店街のよさや課題，さらにどんな商店街になって欲しいのかを取材し，商店街全体のポスターで伝えたい思いをキャッチコピーとデザインで表現する。完成したポスターを店主たちに渡し，その反応を分析することで，ポスターをつくったことがゴールではなく，これからも自分にできることを考え，地域の一員としてできることを考えていく必要があることに気付く。

〈教科との関連〉
　道徳で学んだ社会のために尽くした先人や地域の発展に努めた方々の生き方を想起して，戸部のまちで働く人たちには，地域とのつながりやかかわりが深くあり，そのよさや特徴を感じながら仕事をしていることを理解できるようにする。

4. 探究的な学習の過程と手立て

　総合的な学習の時間における探究的な学習の過程である「①課題の設定」「②情報の収集」「③整理・分析」「④まとめ・表現」は，本実践の五つの小単元の一つひとつで発展的に繰り返されている。ここでは，10～20時間からなる一つの小単元における探究的な学習の過程を時系列で紹介するのではなく，四つの探究のプロセスがより顕著に表れている学習活動の場面について解説を加えていくこととする。

(1) 課題の設定

　探究的な学びの過程で，とりわけ課題設定については，子どもたちが学びに向かう本気の姿勢をもち続けるために重要だと考えられる。「Ⅰわたしたちが戸部のまちでできることは？」という小単元では，子どもたちがまちのために自分たちにできることはないかという視点で実際にまちに出て，まちの様子を観察したり，インタビューしたりすることから始

［⑦-6］商店街での調査

めた。戸部のまちで調査を行ってみると，戸部大通りに人通りが少なくなってきていること，またシャッターが閉まっているお店が多く，「シャッター通り」と呼ばれていることがわかってきた。戸部大通り商店街に興味をもった子どもたちが商店街についてインタビューしてみると，「商店街なんてあるの？」という答えが返ってきた。商店街の店主にも話を聞いてみると，「店主の高齢化によって，後継者がいない」「5年1組のみんなが商店街を盛り上げる活動をしてくれたらうれしい」という声があがっていることがわかった。そこで，学級で集めた情報を共有した結果，「これまで総合でたくさんお世話になってきた戸部のまちの本当に役に立つ活動をしたい」という自分たちの思いと戸部大通り商店街の店主さんたちが求めていることが合致していることに気付いた。そこで，子どもたちはお店の特徴をPRする様々な方法を比較した上で，自分たちがその場にいなくとも継続的にお店のよさを伝えることができるポスターという表現方法で，戸部大通り商店街のよさをまちの方々に伝えて，笑顔があふれる戸部大通りにしたいという思いをもつに至った。これまであたりまえに過ごしていたまちが大人も悩むような問題を抱えていることや，その問題に対して自分たちができることがあることこそが子どもたちにとってこの活動を1年間本気で取り組む原動力となった。

(2) 情報の収集

　「Ⅳ商店街のお店のポスターをつくろう」という小単元で，個人のお店のポスターを5店舗分作製した子どもたちは，その他のお店の店主さんたちもポスターを欲していることを知った。そこで，「Ⅴ商店街全体の魅力を伝えよう」いう小単元で，商店街全体のポスターをつくることで戸部大通り商店街全体の魅力を発信することができないかという課題を設定した。子どもたちは，「ポスターで商店街全体のよさを伝える」という目的の達成のために，「戸部大通り商店街ならではのよさ」をインタビューや観察

［⑦-7］店主へのインタビュー

という方法で情報を集めることにした。各店舗で実際に仕事をさせてもらったり，利用者や店主の方々にインタビューをしたりすることで，「お店の方々が親切で優しいこと」「それぞれのお店に常連さんがいること」，「仕事をする上でお客さんとの会話を大切にしていること」「お店どうしがお互いに協力していること」等，戸部大通り商店街のお店どうしがつながっていて，地域とのつながりを大切にしていることが見えてきた。情報の収集の場面では，どのような目的のために，どんな情報をどのような方法で集める必要があるのかを子どもたちが自覚していることが重要である。また，実際に人とかかわり，社会の現実を知ることで，文章や写真からは得ることができない実感を伴った情報を得ることができた。

(3) 整理・分析

　商店街の店主へのインタビューで見えてきた，「戸部大通り商店街のお店どうしがつながっていて，地域とのつながりを大切にしていること」を表現するために店主さんたちに集合していただいて撮影することにした。そこで話し合いの論点となったのは，「自分たち5年1組が一緒に写ってもいいかどうか」ということだった。論点が絞られたところで，3人組でホワイトボードを活用して，メリット・デメリット表で考えを整理してから，再度全体で話し合うことにした。5年1組が一緒に写ることのメリットとしては，「画面が明るく，仲のよさを表現できること」があげられた。一方，デメリットとして，「商店街の店主さんたちが目立たなくなる」という発言があった。これらの考えに対して，5年1組も入った方がよいという立場から「自分たちも商店街の未来を考えている一員である」ことを伝えることがこのポスターでは重要だという考えが話し合いで伝えられた。その考えに対して，一緒に写らない方がよいと考えている2人から「店主さんたちは，一緒に写って欲しいかどうかわからない」という発言があった。「それなら，依頼主の会長さんに聞いてみた方がいいと思う」というアイデアがあがり，商店街の会長に意見を聞くことになった。学級の26人中24人は「5年1組も一緒に写るべき」と考えていて，2人が「5年1組は写らない方がよい」というような人数比であったが，総合的な学習の時間においては多数決を使わず，全員が納得いくまで話し合うことを大切にしてきた経緯があった。そこで，デザイン学校の先生から教わった「依頼主の思いを一番にすること」が大切であることに立ち戻り，商店街会長の考えを聞くことにした。すると，会長から「5年1組のみんなに一緒に写って欲しいと思っています。商店街を盛り上げようと頑張ったみなさんが一緒に写っている写真を見たら伝わるからです」という言葉をいただいた。納得いくまで主体的に話し合い，依頼主である会長の話も聞いた結果，学級のみんなが「5年1組も一緒に写る」という構図に納得することができた。このような価値ある内容に論点を絞った話し合いや，地域の方との対話を通して，

[⑦-8]【メリット・デメリット表】
5年1組が一緒に写ることについて

【メリット】	【デメリット】
○5年1組が入ることで，商店街を利用している子どもたちともつながっていることを表すことができる。	▲画面に写っている人数が多くなり，商店街の店主さんたちが目立たなくなってしまう。
○5年1組が入ることで，より画面が明るく，仲のよさを表現することができる。	▲店主さんたちが，5年1組のメンバーに写って欲しいと思っているとは限らない。

[⑦-9] 商店街全体のポスター

今まで気付かなかった価値に気付いたり，個々の知識が結びついたりすることで，深い学びの実現につながっていく。

（4）まとめ・表現

これまで話し合ってきた内容をもとに，ラフスケッチ（下書き）をして，地域にあるデザイン学校の先生に構図を提案した後，デザイン学校の先生とともに撮影・編集を行い，ポスターを完成させた。プロの仕事を目の当たりにしながら，ポスターとして表現する過程で，プロの仕事へのこだわりや生き方を学ぶ機会にもなった。

[⑦-10] 構図を提案する様子

このように，地域の方やプロの方にかかわっていただくためには，教師は事前に取材を行い，交渉・調整することが不可欠である。かかわっていただく方がどのような活動をしていて，どんな信念をもって仕事を続けているのかについて教師自身が取材を行う。さらに，子どもたちとどのようなかかわりをもつことができるのか，可能性と限界性を明らかにしておくことがきわめて重要であると考える。

[⑦-11] デザイン学校の先生からポスターについて学ぶ様子

5．まちとのかかわりから子どもたちが学んだこと

最後に1年間の活動を振り返ったときの子どもの振り返りを紹介したい。

> 戸部小学校に転校して来た私は，戸部のことがよくわかりませんでした。だけど，今年の総合でポスターづくりをしたことで，このまちには優しい人たちがたくさんいて，お互いに力を合わせて商店街を盛り上げようと頑張っている人たちがいることを知りました。活動を続けていくうちに，戸部大通り商店街をどんどん好きになっていきました。わたしたちのポスターで，これからたくさんの人が商店街に来てくれるようになったらうれしいです。これからも戸部大通り商店街に行って，店主さんたちとお話をしたり，買い物をしたりしたいと思います。　　　　　　　　　　　　　　[⑦-12]

授業の終わりや単元のまとめで振り返りを積み重ねていくことで，これまでは気付かなかった商店街のすばらしさや地域に住む方々がかかわり合い，助け合いながらまちが成り立っているという概念を自覚し始めた。また完成したポスターは，子どもたち自身で公共の施設や区役所に置いて，1年間の活動の目的や流れ，それぞれのポスターで伝えたい内容についてプレゼンテーションを行い，各所に貼っていただく許可を得ることができた。このような実社会とのかかわりによって，子どもたちは社会参画することの楽しさややりがいを感じることができた。

[⑦-13] 公共施設でプレゼンテーションする様子

| 探究課題 | 健康 | 小学校5年生 |

山形まるごとマラソンを目指して、心と体の健康を創ろう！

〈実践〉山形県山形市立南小学校

1. 地域，学校，児童の実態

山形市立南小学校（以下，南小）は，山形市の南部に位置し，国道112号，13号，286号が近い。学区内には，日大山形高等学校やスーパーマーケット，飲食店があり，人の往来の多い活気ある環境の中で子どもたちは育っている。龍山の麓で大きな山々と竜山川，自然の豊かさを感じて育つ子どもたちの心はとても穏やかでのびのびしている。

[⑧-1] 山形まるごとマラソン当日

チャレンジ学年は72名である。宿泊学習などの行事や友人関係でのトラブルなど，学校生活において不安を感じやすい児童がいる。給食は偏食や小食から給食を残すことが多い児童もいる。休み時間に，不注意から骨折をするなど，怪我をする児童も多い。

そんな実態があったためか，5学年での総合的な学習の時間（チャレンジタイム）で，10時間をかけてじっくりと話し合った子どもたちは，

「健康でないと休んでばっかりになる。健康であれば笑顔で過ごせる」

「健康と体力を目的にマラソンに出場して，みんなで練習して完走したい」

と目的と内容を決定していった。

2. 課題意識のある目的と子どもの夢や願いのある内容

目的や内容を決定するのは子どもたちである。2名×3クラスの6名の総合係が話し合いを進める。子どもたちは，自分たちの夢や願いや課題を共有し合う。はじめは，反対意見を出さない約束のもと，夢や願いを語り合う。子どもたちが夢描いた内容から，物理的に難しいことや個人的に取り組んだ方がよいことを，全員の同意を得ながら取り除いていく。少数意見を大事にしながら，一人ひとりの思いが納得できるように，とことん話し合いをする。けっして多数決やジャンケンで決めずに，話し合いを大切にしていく。教師ができるかできないかではなく，子どもたちがしたいかどうかで，目的や内容を決定する過程を大切にしている。

[⑧-2] 学年みんなで目的と内容を話し合う

[⑧-3] 総合係が話し合いを進める

[⑧-4]

【子どもたちが出した目的】
- 仲を深めていきたい。
- みんなと協力したい。
- 人を喜ばせたい。
- 自分たちで楽しみたい。
- 速く走れるようになりたい。
- 元気に生活したい。

⇔

【子どもたちが出した内容】
- 学校でお泊まり，さらに怖い話をしたい。
- ユーチューブで動画をアップしたい。
- プロバスケットボール選手を呼びたい。
- イオンを貸し切って逃走中をしたい。
- みんなでマラソンに挑戦したい。
- アイドルユニットをつくって，踊りたい。

子どもたち自身で，課題意識をもち，必要感のある目的をもつことはとても大切である。そして，内容は夢や願いのあるものがよいとわたしは考える。72名全員の夢や願いを話し合うわけだから，目的と内容はすぐには決まらない。だからこそ決まったことに価値がある。目的や内容が子どもたちのものであればあるほど，主体的で協働的な学びが促進される。

3. 探究の学習過程を大切にした総合的な学習の時間の学びの構想

　学習指導要領の総合的な学習の時間の目標と南小が目指す子どもの学びの姿を関連づけて，下記のように学びの構想を創った。「課題の設定」とともに探究の過程「情報の収集」「整理・分析」「まとめ・表現」を明確にして子どもたちが学習に取り組むことができるように支援する。特に，「情報の収集」の過程では，子どもたち自身が必要と考える「専門家（ひと）」との出会いを大切にしている。

［⑧-5］第5学年（チャレンジ学年）総合的な学習の時間　学びの構想

【主体的な学び】
　山形まるごとマラソンの完走を目指し，自己課題を設定し，心と体の健康に対する知識・技能を身につけていくことができる。
　マラソンの練習から自分の生活に問いを見いだし，心と健康の自己課題を設定し，必要な情報を集め，整理・分析をしてまとめ，学年の友だちに健康を高めるための方法を提案することができる。

【協働的な学び】
　探究の過程で身につけた，心と体の健康を高めるための情報を友だちに発信したり，健康創りを通して出会う社会人や地域の人と関わったりしながら，自分の学びを確かめ高めることができる。

【質の高い・深い学び】
　今と未来の自分のために，心と体の健康創りを考えた過程や学校での生活を送ることができる。

① 探究の学習過程を明らかにする。
② 資質・能力の育成の3本柱【知識・技能】【思考力・判断力・表現力】【学びに向かう力・人間性等】の具体的行動場面に示す。

南小・5学年・総合的な学習の時間
山形まるごとマラソンを目指して心と体の健康を創ろう

1. 課題の設定
① 学年のみんなで話し合いながら，目的と内容を決定する。
② 山形まるごとマラソンの完走と心と体の健康を高めるために必要な自己課題を設定し，探究に入る。
③ 同じ課題の友だちとグループをつくり，学習計画を立てる。

2. 情報の収集
① 心と体の健康創りに関する情報の収集をものを使って行う。
② 心と体の健康創りに関する情報の収集を人とかかわりながら行う。
③ 友だちと調査や体験した情報や自分の考えを共有し合う。

3. 整理・分析
① 自分と友だちの発表から，心と体の健康を高める方法について整理・分析し，実践に向かう。

4. まとめ・表現
① 山形まるごとマラソンに出場して探究の成果を味わう。
② これまでの活動を振り返り，自分の課題を再発見し解決に向けて実践への意欲をもつ。

1. 課題の設定
探究の始まり・課題設定活動
・学習の意欲喚起
・きっかけづくり
・自己評価
・児童による目的と内容の決定
・課題発見

2. 情報の収集
情報の収集・調査活動
(1) ものを使って調べる
　国語辞典・事典・教科書・地図帳
　資料集・参考書・コンピュータ
　新聞・雑誌
情報の収集・体験活動
(2) 人とかかわりながら調べる
　訪問・聞く・見学・観察・実験・修行

3. 整理・分析
提案活動
友だちと調査，体験した情報や自分の考えを共有し合う。
　発表・質疑応答・話し合い
自己・相互表現活動
　書く・考える・話し合い

4. まとめ・表現
実践活動
　探究の成果の確認
振り返り活動
　課題再発見

【思考力・判断力・表現力】
・観察・記録・分析・調査研究
（アンケート）（文献の収集）（インターネット）
【学びに向かう力・人間性等】
・課題設定

【学びに向かう力・人間性等】
（自己評価・相互評価）
【思考力・判断力・表現力】
・観察・記録・分析・調査研究
（アンケート）（文献の収集）（インターネット）
【学びに向かう力・人間性等】
（人間関係調整力）（インタビュー・訪問）
（礼儀作法・挨拶等）
・コミュニケーション能力
（スピーチやプレゼン）（ディスカッション）
（ディベート）

【知識・技能】
探究の過程において
・問題解決に必要な知識・技能
・課題にかかわり形成された概念
（国際理解・情報・環境・福祉・健康・資源エネルギー・安全・食・科学技術・町づくり・伝統文化・地域経済・防災・キャリア・ものづくり・生命など）

【学びに向かう力・人間性等】
（人間関係調整力）（インタビュー・訪問）
（礼儀作法・挨拶等）
・コミュニケーション能力
（スピーチやプレゼン）（ディスカッション）
（ディベート）
【思考力・判断力・表現力】
（レポート・発表資料の製作）（各種メディアの操作）
・課題設定

自分の課題に向かう主体的な学び・仲間や専門家との協働的な学び・自分を振り返り学習をしたことを生活に生かす深い学び（小学校5年生）

4. 探究的な学習の過程

(1) 自分の心と体は健康なの？ ―課題の設定―

「健康になったり協力し合ったりするために，みんなでマラソンに挑戦したい」

一人の発言によって，学年での話し合いの空気が変わった。けっしてすぐに，全員が納得したわけではなかったが，話し合いに期待と不安が混じりながらも主体的な話し合いが進んでいった。

「僕は，マラソンに出たことがあるけど，ゴールしたときは達成感があったよ」

「転んだらどうするの。3km なんて走れるの？」

「沿道の人たちが応援してくれるから，頑張れるよ」

「みんなでチャレンジTシャツを着て走ったら目立ってかっこいいよ」

子どもたちは，不安を感じている友だちには，転んだら助けたり，走力が近い人と走って励ましたり，けっして孤独を感じることのないように練習に取り組むことを約束した。

子どもたちは，「心と体の健康を創ること」を目的に，「山形まるごとマラソン（3km）に出場すること」を内容にして学習を進めていくことを決定した。

そして，子どもたちはエントリーに必要な3kmの記録を計った。3kmを走り続けることができず，半数以上の子どもたちは途中で歩き出した。一人ひとりに，「心と体の健康を創りたい」という課題意識が本物になった時間であった。

[⑧-6] 3km 完走できるかな。勢いよくスタート

[⑧-7] 疲れて歩き始める

[⑧-8] ゴール後倒れ込んでしまう

[⑧-9]【3km 試走後の子どもの振り返り】

● 私は，心と体で，心の方が弱いと思いました。スタートしてすぐに歩いてしまったし，もう体がついてこないと思って，軽い気持ちで歩いてしまったので，体は，途中で心臓が苦しくなったので，痛くならない方法を調べてみたいと思っています。
（児童A）

● 心も体も育ってなくて，自分でも3kmを走れるのか心配で，ほぼ歩いた。心が弱くて，お腹が痛くなったり足が痛くなったりした。はやく走れるように，心をきたえて，その心に体がついていけるように，健康な体をつくって，体力もつけて，まるごとマラソンに出たい。そして，最初からあきらめないで，自分がもっている全力を出し切り，はやく走れるようになる。
（児童B）

保護者の承諾がなければ，エントリーはできない。保護者からの声（全員がやる気をもってマラソン当日を迎えることができますか？・走るのが遅い人は嫌な思いをしませんか？）について子どもたちは話し合い，その答え（研究して練習して自信をつければ大丈夫・同じぐらいの走力の人とペアを組んで走れば大丈夫）を出して説得した。保護者の承諾を得て，総合係は，山形まるごとマラソンの実行委員に前例のない団体申し込みをお願いした。路線バスに乗り，子どもたち自身で山形市役所を訪問しエントリーを行った。

[⑧-10] マラソン大会実行委員（市役所）へ電話

[⑧-11] 路線バスの経路や時刻表は自分たちで調べる

[⑧-12] エントリーを直接お願いする

(2) 山形まるごとマラソンを完走するための方法を研究して実践しよう ―情報収集―

① 研究チームを結成しよう。

　学年の全員で目指す「山形まるごとマラソン」での3km完走。子どもたちは，それぞれが必要と考えた完走するための方法を研究することにした。楽な走り方の研究・速い走り方の研究・ストレッチの研究・マッサージの研究・マラソンに適した服装の研究・マラソン便利グッズの研究・栄養のある食事の研究・リラックスする香りの研究・睡眠の研究など，17の研究チームができた。

［⑧-13］自分の興味に合わせて研究チームを決める

② 専門家の力を借りよう（チャレンジゴールデンタイム）

　子どもたちは，専門家との出会いを求めて，インターネットで調べたり，電話をかけたりして，訪問場所を探す。訪問先を選ぶのは子どもたちである。チームの友だちと話し合って計画をたてる。時には訪問を断られることもある。交渉は自分たちで行う。

［⑧-14］インターネットで情報を集める

［⑧-15］電話帳で連絡先を探す

［⑧-16］訪問先に電話で直接交渉

　研究チームで計画をたてて実践することも学習となる。自分たちで交通手段を調べ，行程を考え，専門家と交渉して会いに行く。子どもたちは，国語や社会などの教科の力を総合的に活用して，主体的・協働的に学んでいく。

　子どもたちは，山形大学を訪問し，山形大学地域教育文化学部の渡邉先生から疲れにくい走り方を学んだ。箱根駅伝に選手として出場した金塚さんからは，マラソンの速い走り方を学んだ。プロバスケットボールのトレーナーの矢萩さんからストレッチのしかたを学んだ。村田接骨院の村田さんからは，運動後のマッサージのしかたを学んだ。山形大学・接骨院・トレーナー宅・スポーツ店・

［⑧-17］路線バスを乗り継いで訪問先を目指す

［⑧-18］山形大学で疲れにくい走り方を学ぶ

［⑧-19］アスリートから速く走るためのトレーニング方法を学ぶ

［⑧-20］トレーナーからストレッチのしかたを学ぶ

［⑧-21］接骨院でマッサージのしかたを学ぶ

［⑧-22］マラソンに適した靴の種類の研究

花屋・市立図書館・マラソンコース下見など，訪問先は多岐にわたった。山形大学など南小の学区外への訪問は，自分たちで調べた路線バスで担任が引率することなく子どもたちだけで移動した。

（3）研究の成果を共有し，マラソン完走を目指して実践しよう ―整理・分析―

　研究チームごとに，研究で得た情報の中から，マラソン完走のために必要だと考えるものを選択し，学年のみんなに発表した。栄養のある食事の研究・睡眠の研究チームなどは，栄養成分表などの資料を根拠に発表をした。マッサージの研究などは，専門家から学んだストレッチのしかたやマッサージのしかたを実際にやりながら発表をした。リラックスする香りの研究チームは，ラベンダーのペンダントを試作し，香りを友だちに楽しんでもらいながら発表をした。楽な走り方の研究・速い走り方の研究チームは，グラウンドで，専門家から学んだ方法を紹介し，学年のみんなで練習を重ねていった。

［⑧-23］友だちに伝えるため研究内容をまとめる

［⑧-24］味噌煮込みうどんの栄養や深い睡眠をとる方法を友だちへ発表

［⑧-25］トレーナーから学んだストレッチのしかたを発表

［⑧-26］疲れた時のマッサージのしかたを発表

［⑧-27］友だちに香りペンダントの試作品を配る

［⑧-28］研究を生かした準備体操

［⑧-29］疲れにくい走り方の練習

［⑧-30］アスリートから学んだ方法で練習

（4）山形まるごとマラソンで3kmを完走し探究の成果を味わおう ―まとめ・表現―

　平成29年10月1日（日），子どもたちは「山形まるごとマラソン」に出場し，3kmの完走に挑戦した。午前7時に集合した子どもたちの表情は晴れやかであった。探究前は，3kmを走ることを不安がっていた子どももやる気に満ちていた。総合係を中心に，準備運動を始めたり，スタート前に円陣を組んで励まし合ったり，主体的で協働的な子どもたちの姿が見られた。

［⑧-31］マラソン大会当日の準備体操も自分たちで行う

　3kmのマラソンがスタートした。タイムを目標にしている子ども，完走を目標にしている子ども，それぞれが，マラソンを楽しむことができた走りであった。山形市長と並んで走ったり，ゲストの増田明美さんと走ったり，走る楽しみ方も様々で

［⑧-32］スタート直前に組んだ円陣

あった。家族や地域の方の沿道からの声援に手を振る子どもも
いた。早くゴールした子どもたちは，全員が完走するのをゴール
前で見守っていた。全員がゴールし，子どもたちは最高の笑
顔で記念写真を撮った。心と体の健康をテーマにした探究の成
果が十分に表れた１日であった。

　武田信喜校長先生のご理解，学年担任団（西塚美治・柴崎亮子・
荒井智則）のチームワークよって，学年での校外での取り組み
が可能となった。さらに，子どもたちのご家庭からの支援がと
ても大きかった。5月の段階で，全員でマラソンに挑戦するこ
とに対して，すぐに認めるのではなく，「全員でやる気をもっ
て当日まで取り組むことができるのか」など，子ども自身に考
えてほしい意見を出してくださった。そして，保護者としてエ
ントリーへの承諾，マラソン大会当日の送迎など，快く引き受
けてくださった。家庭からの支援がなければ，絶対にできない
学習であった。

［⑧-33］スタート直前

［⑧-34］力を発揮する子どもたち

［⑧-35］全員の完走をゴールで見守る

5.「山形まるごとマラソン」を通した児童の成長

　子どもたちは以前よりも自分の心と体の健康を意識するよう
になった。山形まるごとマラソンが終わった１か月後，校内で
行われる持久走大会に向けて，子どもたちは休み時間に主体的
に練習をした。さらに，「心と体の健康の大切さを広げたい」と
学習発表会でこれまでの探究の成果を発表した。主体的・協働
的に練習や準備をし，学習発表会当日，いきいきとした表情で
発表する子どもたちは会場の方々から多くの拍手をいただいた。平成30年6月，子どもたちは，
心と体の健康を広げるための「チャレンジ（健康）祭り」を計画している。新たな課題を設定し，
子どもたちは，主体的で協働的に探究を続けている。その姿から心と体の健康を大切にし，中学校・
高等学校といった未来の生活でも様々な困難を乗り越えていく子どもたちであると想像できる。

［⑧-36］心と体の健康の振り返り

［⑧-37］【山形まるごとマラソン後の子どもの振り返り】

● 以前は苦しいことや辛いことが大嫌いだった。でもマラソンを終えた今は心がたくましくなったよう
な気がする。また，初めて6月に3kmにチャレンジした時よりぐんとタイムが縮み，5分ぐらい速くなっ
た。心と体の両方がたくましくなったように感じている。長距離が前より好きになった。前日までに練習
したことも体の健康につながると思った。初めは嫌だったけれど，走り終えた今は，参加してよかったと
思えていることを考えると成長できたと思う。　　　　　　　　　　　　　　　　　　　　　（児童Ｃ）

● まるごとマラソン当日，たくさんマラソンに参加している人がいて，自分よりも自分の心と体の健康
を鍛えている人がたくさんいました。みんながしっかり完走することができていた。チャレンジゴール
デンタイムなどで自分の心と体の健康づくりをして良かったなと思いました。自分の心ではスタートす
る前，ラベンダーのペンダントを嗅いでリラックスしたり，少しストレッチをしたりしました。体の健康
では腕の振り方やマラソン前日に（疲れないように）チョコレートなどを食べなかったり，あと食事では，
栄養のある食材を入れた料理を食べたりして，当日，力を発揮することができました。　　（児童Ｄ）

探究課題　防災　　小学校6年生

みんな安心 ひろせ防災教室

Ⅱ 事例編 —⑨

〈実践〉宮城県仙台市立広瀬小学校

1．地域，学校，児童の実態

仙台市立広瀬小学校は，仙台市市街地から西に10kmほど離れた地に位置する。児童数は680人程度の中規模校である。南に蕃山がそびえ，学校の周囲は大小の川に囲まれた地域で山形県に通じる在来線や幹線道路もあり，旧宮城町の小学校として開校してから150年を迎えようとしている。それだけに古くからの地域住民の本校に対する期待，要望は大きく，総合的な学習の時間だけでなく，あらゆる学校行事に対して，多くの地域住民の協力をいただいている。

［⑨-1］自分たちが主催した防災教室

6年生は，明るくすなおで元気な子どもたちである。数年来続く研究の成果もあって総合的な学習の時間に対する思い入れが強い子どもたちである。しかし，総合的な学習の時間はやりたいことだけを好きなように取り組む時間だと思う傾向の児童がいたり，課題を話し合う際に，根拠が示せず，相手の考えを受け入れられなかったりする児童も少なくない。このような児童の実態から，これまで取り組んできたどの課題よりも，本気で取り組めるような課題が必要であると考えた。そこで，児童自らが課題を決める過程を大切にし，主体的に学び，協同して課題解決する力を育むことが大切であると感じた。特に中学校に進学後，他の小学校から来た児童とも協同していく力を身につけるために，根拠をもって自分の考えをまとめ，相手の考えを受容する学び合いが大切であると考えた。

2．防災を身近に ― 地域の災害に目をむけて ―

本校は，毎年学級ごとの総合学習に取り組んでいる。これまでは「食」「環境」「伝統芸能」に関することなど，クラスごとにテーマを決めて活動してきた。本単元では卒業前に地域の大災害について現状を知ることで，身近に起こりうる災害に目をむけ，地域の方とのかかわりの中から自ら考え，学びを深め，そして防災の担い手としての意識を育むことを願って，探究課題を「防災」とした。

「防災」は，その内容から必須の学習として年間の学習に位置付けられてはいるが，児童自らの求めに応じるのは本校でも例がなかった。そこで，年間のテーマを決める際に前年度に各クラスが取り組んだ活動の成果と課題について振り返り，条件を決めて話

［⑨-2］防災教室で児童のつくった Microsoft PowerPoint

し合いで決めることとした。
　あくまでも児童からの求めに応じて活動を決めるスタンスを崩さず,「防災」が教師の押し付けにならないように配慮した。また,単なる調べ活動ではなく,常にゴールを意識し,地域の方や消防署,消防団等とのかかわりや,地域行事への参加を視野に入れて活動を進めてきた。それによって「伝える力」や,どうすれば自分たちの大切な命や財産を守ることができるか「思考する力」につながると考えたからである。「防災」はその不備が,即座に命の危険に直結する重い課題である。それだけに,学び続けることは緊迫感の連続でもある。本単元では,児童が「自分事」で思考することのできる内容を考えることにした。

3. 地域とかかわり児童が主体的に取り組むための年間指導計画

(1) 課題意識を生み,探究のサイクルを考えた年間指導計画
　6年生はこれまで学んできた総合的な学習の時間から,自分たちが主体的に考え,課題を解決し,多くの人の役に立つことに達成感を感じたいと思っている。それはややもすると,やりたいことをやるだけの自己中心的な課題になりがちである。そこでテーマの設定を論理的に行い,地域を巻き込んで課題を一つひとつ探究するサイクルを考える構想を立てた。児童の考えをウェビングで整理して,問いのつながりが見える大まかな計画を児童とともにつくり,それをもとに年間指導計画をたてた。

[⑨-3] 単元の主な流れ(実践経過と計画)【70時間】

月	「問い」と「探究のプロセス」			探究を支える手立てと教科との関連	評価
	探究の過程	対象	活動・方法		
4〜5		小単元1　わかばタイムで何をしようかな (5時間)			課①
		・前年度の活動や取り組んでみたいこと	・意見交換,共有		
		・地域の問題			
		・広瀬で心配な災害の状況	・検討	・仙台市の防災読本	
	課題設定	年間テーマ「みんなが安心できる防災を考える」		・昨年の学びの発表	
6		小単元2　地域で起きた災害にはどんなものがあるのかな (12時間)			追①
	情報収集	・2015年浸水被害	・浸水被害調べ	・2015年の浸水被害のマップ旧5年2組児童のプレゼン,新聞,図書,被害状況の写真	
		・東日本大震災について	・新聞年鑑調べ	・農作物被害についての資料	
	整理・分析	・2015年9月の浸水被害の状況	・資料を基にKJ法で整理		
		・東日本大震災の被害状況	・マップや写真の比較,整理,話し合い。	・KJ法	
	まとめ・表現	・今後の活動	・今後の活動について予定表づくり		
	課題設定	・防災ということ			

月	「問い」と「探究のプロセス」			探究を支える手立てと教科との関連	評価
	探究の過程	対象	活動・方法		
	小単元3 災害を防ぐためにできることは何かな（18時間）				
7	情報収集	・防災のために考えられること ○避難のしかた○防災訓練○サバ飯*○防災グッズ ○被災者の方の聞き取り	・web調べ ・図書調べ ・地域誌調べ ・グループ共有とチャート分析	・防災のためにできることを調べる夏休みの課題設定 道「社会のために力をつくす」(1) ・自分にできるボランティア活動を考える。	追②
8	整理・分析	・防災情報 避難のしかたや訓練，サバ飯・防災グッズ	・全体でのプレゼンテーション（コンセプトマップ）・今後の活動計画	・被災者の方の話 ・地域の消防団の方のお話（下町町内会長加藤稔さん） 家「くふうしよう おいしい食事」(5) ・身近な材料で簡単な食ことをつくる。	
9	課題設定	・これまでの学習の広報や生かし方	・活動の広報のしかたの話し合い		
	小単元4 防災を地域の方に意識してもらうためにできることは何かな（25時間）				
10	情報収集 整理・分析	・被災地荒浜小学校 ・被災地見学からの学び ・命を守るための備え ・下町歩け歩け運動炊き出し訓練	・被災地の調査 ・防災パンフレット・アンケートづくり（ICT活用） ・サバ飯づくり ・防災グッズ検討	（・震災遺構仙台市立荒浜小学校の見学） ・広瀬小学校「災害対応マニュアル」 ・地域の消防団の方のお話（下町町内会長加藤稔さん） →訓練への参加の仕方 →炊き出しについての打ち合わせ	追③ か① 表①
	まとめ・表現	・防災活動	・炊き出し訓練参加 ・消防団の役割 （タブレット活用） ・防災活動の振り返りからの話し合い	国「町の幸福論」(4) ・防災を意識したコミュニティデザインを考える。	課②
11	課題設定	・地域の防災の課題			
	小単元5 地域の防災にとって大切なことは何かな（10時間）				
11 12	整理・分析	・これまでの活動を通して得た防災の情報	・ピラミッドチャートで伝える内容の選択	社「震災復興を実現する政治」(3) 災害発生時の地方公共団体や国の働きを知る。	表②
1 2 3	まとめ・表現		・学習のまとめと地域への発表 （防災教室開催） ・振り返り	国「町の幸福論」(9) ・防災のプレゼンテーションをする。	生①

*サバイバル飯

(2) 育成をめざす資質・能力と評価の方法　[⑨-4]

育てようとする資質・能力及び態度	・課題解決をめざして事象を比較したり，関連付けたりして考える力 ・自分の生活のあり方を見直し，実践する力				
視　点	学習方法に関すること			かかわりに関すること	自分自身に関すること
観　点	課題設定力	追究力	表現力	かかわり合う力	生き方を考える力
単元の評価規準	◆自然災害の状況や防災の課題，ゲストティーチャーの方々とのかかわりを通して生じる問いを整理しながら課題を設定する。	◆東日本大震災や2015年の浸水被害について，課題を解決するために必要な情報を集める。集めた情報を整理・分析しながら，課題解決に向けて考えをまとめる。	◆アンケートや調べたことを表やグラフにまとめ，客観的な視点から考察したことを伝える。	◆友だちやゲストティーチャーの方々の思いを受け止めたり，自分の考えを伝えたりしながら，協同的に課題を解決する。	◆自分たちの活動を振り返り，これまでの自分の生活や行動を見直し，行動に移す。

4．「みんな安心，ひろせ防災教室」の学習過程

広瀬小学校では年間のテーマを設定すると，

　　課題設定　→　情報収集　→　整理・分析　→　表現・まとめ

を探究のサイクルとして，これを繰り返しながらゴールに向かって行く。

(1) 年間テーマの設定　―防災学習を児童自らが考えるために―

自分たちや家族，地域の人たちが，大切な命と財産を守るために何ができるか考える。
年間テーマ設定の条件として
　①自分たちが追究したいことかどうか
　②地域の困りごとかどうか
　③年間を通して探究していけるかどうか
の３点をあげて話し合わせた。その結果，児童は，地域の「歴史」「食」「役に立つこと」「災害（前年度川の学習の最後に課題として出た防災マップをみんなに知らせたい）」という各テーマ案を一つにまとめて地域の災害を調べて防災に役立てよう，と感じるようになり，「みんなが安心できる防災を考える」という年間テーマを設定した。

(2) 地域の災害について知る

①身近な2015年の校庭浸水の水害〜東日本大震災の調査〜
水害調査資料として「仙台市史」，前年度の川の防災マップを使い，保護者から聞き取りを行う。東日本大震災について仙台市の副読本，当時の新聞などから調べる。
②調査から考えられる地域の防災に必要な活動の計画
被災の現状を調べて何ができるか，児童が考えたことをまず実行することにした。クラスには被災者もいて，児童の心情に寄り添うことが特に大切だと考えたからである。

そこで，本時の振り返りをこまめに書いて今後の活動についての考えを持ち寄り話し合うことにした。

（3）身近にできることから「防災教室」へ
―「防災」を自分事にするために―

児童の求めに応じた「防災のためにやろうと考えた」活動を進めるうち，東日本大震災について知ろうという動きが出てきた（［⑨-3］小単元2）。しかし，被災の実態を調べても実感できない児童が多かった。そこで，身近にいる被災した人の話を聞いた（［⑨-3］小単元3）。また，震災遺構となった仙台市立荒浜小学校を見学することで，もう一歩踏み込んで「防災」を考えていくことにした。被災地の仙台市に住む以上，本気で防災を考える必要があるからだ（［⑨-3］小単元4）。自分や家族の命を守るために何が必要か話し合い，最終的に，学びを生かした防災訓練（防災教室）の開催をすることにした。

小単元4から防災教室開催までの活動の実際は，以下の通りである。

［⑨-5］東日本大震災を調べる

［⑨-6］パソコンで防災パンフレットづくり

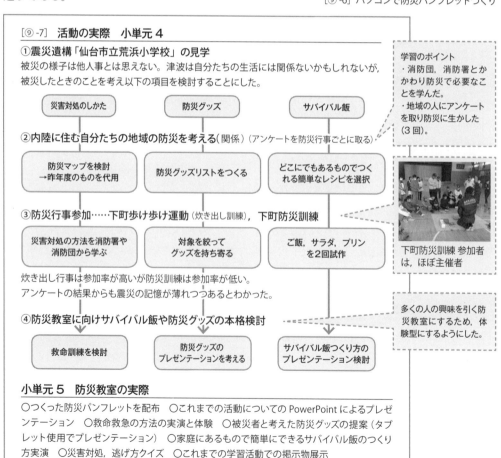

［⑨-8］PowerPointで活動のプレゼンテーション

［⑨-9］毛布担架の体験

［⑨-10］災害対処クイズ

［⑨-11］あるもので簡単につくるサバイバル飯のプレゼンテーション

［⑨-12］防災グッズの提案（いざというとき持ち出すグッズ，説明・重さ体験，被災者からのアドバイス）

（4）「防災教室」当日の成果と課題

　当日は，2学期から指導を受けた消防署の方から，「これほど真剣に調べているとは思わなかった。これならりっぱな防災教室だ」とほめていただいた。参加者からは，「子どもたちはよく調べている」「いろいろのコーナーがあって面白い」「救命訓練などとても参考になった」「防災グッズを点検しようと思った」など，100名近くの方から好評をいただいた。児童も地域の方の反応に，「たくさんの方に防災の大切さを伝えることができた」と手応えを感じていた。一方で「サバイバル飯の分量がパンフレットにあるとよかった」「サバイバル飯を食べたかった」などのお声もいただいた。これに対し児童は，「自分たちが取り組んできたことに真剣に考えてくれてうれしい」と課題を受け止める姿勢を見せていた。

5．「みんな安心，ひろせ防災教室」を通した児童の成長

　年度末に1年間の振り返りをし，自分にどんな力がついたかまとめた。その中で，多くの児童が，「防災」についてよく考え，かかわる力や追究力，表現力がついたと書いている。それはテーマの実現のために，仲間や，地域の方と何度もやり取りを重ねて防災教室につなげ，多くの人たちに防災の大切さを伝えるために，相手の考えを受容し，防災の大切さを主体的に伝えたからだろう。自分たちで決めた課題を調べ，実践し，様々な壁に当たりながら成功に至ったことが，結果的に「防災」に，自分事として取り組む姿を生んだと考えられる。児童の中には，「生き方」を深く考えたと語る児童もいた。自分と家族，そして地域の人の命を守る「防災」は，今後の生き方を考える大きな指針となったことだろう。防災のキーワードである「自助」「共助」は，まさに，自分たちで調べ，考え，地域の人と協同する生き方そのものだからである。

探究課題　国際理解　小学校6年生

多文化共生への一歩！
―ラップで心の距離を縮めよう―

〈実践〉東京都新宿区立大久保小学校

1. 地域，学校，児童の実態

本校が位置する新宿区大久保には外国人が多く住んでいる。少子高齢化が進んでいることを考えると，今後は，外国人との協力なしに地域社会の存続はあり得ない。そのため，「多文化共生」を踏まえた「地域貢献の態度」の育成は，地域・保護者の学校に対する切実な願いであり，こうした資質・能力を確実に育むことが地域の学校としての使命である。

［⑩-1］自分たちが主催した交流会

当然のごとく，新宿区立大久保小学校（以下：大久保小）にも，外国にルーツのある子どもたちが多く在籍しており，日本語を学校で習得した子どもが，家族の中で大きな役割を果たす場面が増えている。例えば，［⑩-1］は，本単元Ⅳ（p149参照）でのオリジナルラップの発表の様子であるが，この活動での姿のように，子どもたちが主体的に地域の現状に向き合い，地域の人と人をつなぐ地域貢献活動こそが求められている。

2. 国際理解（多文化共生）を扱うためにおさえておきたいこと

外国にルーツのある子どもたちは，日本語が話せなかったり，地域とつながっていなかったりする自分の家族に対して，そのような現状や心持ちを変えることは難しいと考える子も少なくない。そこで，大久保小では，「国際理解（多文化共生）」をテーマに活動する際，次の3点をクリアにすることを必須と考えた。

- 子どもたち相互の関係や自尊感情を損なうことのないようにすることが大前提である。単元を通じて保障できるか。さらに，地域や保護者の理解と協力は得られるのか。
- 紛争や貧困などの地球規模の課題は，子どもたちの実社会・実生活においては身近な話題になりにくくとらえにくい。総合的な学習の時間において最も重要な子どもたちにとって「自分事」になるための手立てはあるのか。さらに，どのようにして深い学びにつなげるのか。
- こうした課題は，政治的，宗教的な価値観と結び付く可能性があり，偏向教育に陥ったり，偏見や差別意識につながったりすることがないよう情報源や招聘するゲストティーチャーの人選に十分な配慮をしなければならないが，それは可能か。

国際理解（多文化共生）は人権教育とのつながりが太く，単元をデザインする際は，外国にルーツのある子どもたちへの影響を第一に判断し，じっくり検討する必要がある。

3. 児童が探究的に取り組む年間指導計画

子どもたちは，5年生の時に伝統文化をテーマに，落語の師匠に弟子入りし落語を覚え，地域に対して繰り返し発表してきた経験がある。表現することのよさを実感するとともに，積極的に地域に働きかけ貢献する喜びを味わった。

その学びを生かして，本単元では，活発な議論を繰り返し，地域での交流会の開催や多文化共生をテーマとしたラップを創り発信することから，地域の日本人と外国人をつなぐことをミッションとした。単元指導計画を作成するにあたり，留意したことは，探究のプロセスに即して本校の学習活動（つかむ→かかわる→つなげる→創り出す・発信する→深める）を関連させ，マトリックスで整理したことである（参照 p148, p149）。さらに，育てたい資質・能力が十分活用・発揮できるように「教科等→総合」「総合→教科等」など，単元全体を通じて教科等との関連を図るようにした。
　なお，本単元の探究課題及び育てたい資質・能力は次のように設定した。

[⑩-2] 探究課題及び，育てたい資質・能力

目標を実現するにふさわしい探究課題	知識・技能	思考力・判断力・表現力	学びに向かう力・人間性等
多文化共生をめざす地域とそこに暮らす日本人や外国人が大切にしている文化や価値観 【単元名：ラップで心の距離を縮めYOU!―理想のまち「多文化共生」に近づくための私たちの挑戦―】（全50時間）	・外国人が多く住む地域の特徴，よさや問題点に気付くとともに，多文化共生に向けた地域の取り組みや努力があることを理解する（多様性と共通性）（相互承認）（連携・努力）。 ・世界には，紛争や貧困による難民や移民問題があり，国際社会の実現に向け，努力している国連等の様々な働きがあることを理解する（国際協調）（民族性）（包含性）。 ・地域の多文化共生について，自らの生き方とつなげて理解する（包含性）（創造・構築）。	・グローバルな視点と地域の視点から課題を見出す。 ・異なる文化や価値をもつ他者に配慮して情報を集める。目的と方法を合致させて情報を集める。 ・多面的に見たり，構造化したりして情報を整理・分析する。 ・多文化共生について自らの生き方とつなげて考えたり，効果的な方法で表現したりする。	・自ら積極的に探究するとともに，友だちのよさを認め生かしながら，目標に向かって最後まで粘り強く活動する態度を育てる。 ・多様な価値観や文化をもつ他者の存在を受け入れ，ともに課題について考え，乗り越えていこうとする態度や，多文化共生に向けたまちづくりに自ら参画し，実践しようとする態度を養う。

4．探究的な学習の過程

（1）深い学びにつなげるために

　小単元Ⅰでは，子どもたちは，「大久保の多文化共生は実現するのか」という問いの解決に向けて調査活動を展開した。この活動でのポイントは，「地域の視点」と「グローバルな視点」の二つの視点から調査することである。この二つの視点が子どもたちの中で有機的に結びつくことで，大久保という地域の特色を理解した上で，国際理解（多文化共生）を自分事としてとらえることができると考えた。

　また，調査活動を具体的に進められるように，子どもたちと調査活動のイメージをつくった。それは，三つの目（近くをじっくり見てその場の環境と密接にかかわるイメージで「虫の目」，回遊して流れを読むイメージで「魚の

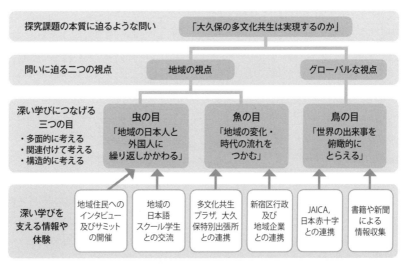

[⑩-3] 小単元Ⅰの構造図

目」，高いところを飛んで俯瞰的に見るイメージで「鳥の目」）で調査することである。

さらに，［⑩-3］のように，情報を得るための連携先も含めたシートを全体に可視化したことで，子どもたちが，調査活動における具体的なイメージをもつことができたことから，地域の人と直接かかわったり，地域の変化・時代の流れをつかんだり，世界の出来事を俯瞰的にとらえたりしながら，自らの考えを多面的に構築していった。

（2）マンダラチャートによる共有の機会

小単元Ⅰでの調査活動を終えた子どもたちは，「大久保の多文化共生」をテーマに意見文を作成した。小単元Ⅱでは，それをもとに，みんなで「多文化共生は実現できるのか」をテーマに意見交流した。この中で，子どもたちは，クラスにいる外国にルーツのある子どもの家族が日本語を話せなかったり，地域とつながらなかったりしていることを認識するのである。この時点では子どもたちの数人程度が，多文化共生を身近な問題としてとらえ，地域の日本人と外国人をつなぐ

［⑩-4］マンダラチャートによる共有

ためのミッションとして，交流会を成功させたいという思いを強くしていた。

こういった場合，教師が大切にすることは，少数の思いをみんなの思いにすることである。そこで，［⑩-4］のように，みんなでマンダラチャートをつくり，共有を図る時間を設けた。［⑩-5］は完成したマンダラチャートであるが，交流会を成功させるためにやるべきことが可視化されたことで，子どもたちのモチベーションは高まって

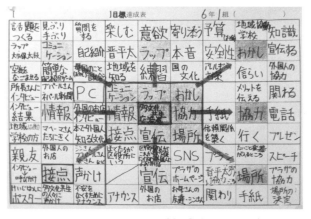

［⑩-5］完成したマンダラチャート

いった。やはり，多文化共生の実現には，クラス全体で思いを共有する機会が重要なのである。

（3）なぜラップなのか

［⑩-5］にあるように，交流会では，多文化共生をテーマにしたラップを創り，発信することを決めた子どもたち。なぜラップだったのか。これは，国語の詩の単元で，「韻」や「リズム」など「表現」のよさを学ぶ機会としてラップを取り上げたことがきっかけである。その体験が子どもからの提案につながっている。実際，教師としても，ラップには，自ら育った地域やふるさとを誇りに思い，それをすなおな言葉で表現したり，他者との違いを受け入れ，自分の思ったことや感じたことをすなおに表現することで遠慮のない本当のコミュニケーションを図ったりできる奥深さがあると感じていたため，子どもの思いに応えるべく，プロラッパーS氏との出会いの場を設定した。S氏は東村山市民とふるさとラップを制作している方で，彼が制作しているラップにはふるさとへの思いが溢れている。さらに原稿用紙から言葉を紡ぎ出す手法は，詩や作文づくりとも通じるものがあるため，ゲストティーチャーにはふさわしいと判断した。

（4）交流会の実現に向けて

子どもたちが，保護者や地域の方を招き，「ともだちCAFE」という交流会を開催した動機は，地域にあまりなじめていない保護者の存在への気付きである。この「ともだちCAFE」が，大久保の多

文化共生として人と人をつなぐミッションだからこそ,「地域の方や保護者どうしが仲良くなってほしい」という思いをこめて主催した。

当日こそ,保護者の8割,地域の方,行政の方,お話を伺った地域に住んでいる外国人の方などが参加し,大盛況となったが,企画当初は「自分の親を地域とつなげなければならない」という子どもたちの思いに反して,ほとんどの親が「ともだちCAFE」に参加する意思がなかったのである。そこで,心をこめて手紙を書いたり,友だちと一緒に交渉したり,ラップの制作や外国のお菓子を準備したりして,親に参加してもらえるよう工夫したことが,[⑩-6]のように,参加した方が笑顔になれる会へとつながった。

[⑩-6] ともだちCAFEの様子

5. 完成したラップに表れた思い

子どもたちは,調査活動を通じた地域に住む外国人との出会いや,保護者をターゲットにした「ともだちCAFE」の開催を通して,「大久保で多文化共生は実現するのか」という問いと最後まで向き合った。「大久保には,いろいろな外国人が住んでいる。わたしもそういう一人だと思うので,その中で,わたしが積極的にかかわれたら(地域が)少しでも変わると思う」という外国にルーツのある子どもの言葉には,相手を尊重し,多文化共生に向けて自ら実践しようとする態度がうかがえた。以下に子どもたちが制作したオリジナルラップを示す。特にラップ(3番)には,子どもたちの学びの姿,親への思い,多文化共生への願いがこめられている。

[⑩-7] 『**かがやけ大久保**』　作詞&歌:平成29年度新宿区立大久保小学校6年1組

【ポジティブ・ラップ(1番)】
みんな輝いてるぜ大久保。
5分歩けば世界旅行。
いっしょに住んでるおんなじ仲間。
見た目や考えることが違う。
そんなの関係ないじゃんか。
助け合うとわかり合える。
分からないなら言えばいい。
知りたいのなら聞けばいい。
勇気を出して一歩踏み出そう。
新しいステージ見えてくる。
このまち絶対つなげたいんだ。
土台をつくって明るい未来を。

【ネガティブ・ラップ(2番)】
きれいごとばっか言ってんじゃねえ。
止まらない状況の悪化。
増える吸い殻ごみ問題。
外国と日本のルール。
越えて行けない言葉の壁。
見た目が違うだけで差別。
文化とマナーはみんな違う。
悪循環抜け出せないループ。
それを繋げるぼくらの仕事。
簡単に見えて簡単じゃない。
親は地域に無関心。
携帯よりも大久保みろ。
仕事なんて言い訳いらない。
どうせ面倒くさいだけじゃん。
親から本音聞くの大変。
だから本音ぶつけるんだ。

【6年1組の気持ちラップ(3番)】
僕らは何も知らなかった。
多文化共生に興味なかった。
意味わからなくてウロウロしてた。
だからインタビューして調べたんだ。
そこで知った大久保の真実。
無関心な人がいる現実。
気付いたんだ。
多文化共生は夢物語だって。
ここには,外国人の居場所がないんだ。
自分からつながっていかないと。
それができない人に寄り添いたい。
でも知らない人に急に関わるなんてできない。
思い出した中国残留孤児の方の言葉。
家族と距離ができる悲しい声が。
そうか,やっと気付いた。
身近な人に目を向けること。
そこで気付いた自分のこと。
頭に浮かぶ家族のこと。
気付けば多文化共生のことで頭がいっぱい。
ママが幸せになったら自分も嬉しい。
家族なら簡単そう思ったのも束の間だった。
「私はママとかかわれていない。」
友だちは言った。
親だからこそ聞き出せない本音。
「忙しい」なんてごまかさないでこっち見て。
こうして踏み出す幸せの第一歩。
いろいろな人とつながって優しさに触れた。
次は,親がつながる番だ。

【大久保の願いラップ(4番)】
(日本語)つながろう大久保
(中国語)ターシェウバウ,ランジェイ,ニー,ワーター
(タイ語)クォンルァンムー大久保
(韓国語)ハムケハジャ,カッチカジャ大久保
(英語)ブリッジング・ザ・ギャップ・イン・大久保

6. 児童の探究の過程における主な学習活動と教科等との関連（単元指導計画）

※表内，（知・技）……知識，技能。（思・判・表）……思考・判断・表現。主に教科との関連については，これらの資質・能力に着目し，深い学びへとつなげられるようにした。なお，「学びに向かう力」については，総合的な学習の時間の中で前提となっており，活動を進める中でさらに醸成されるものであるため，ここでは表記していない。

小単元／探究過程の主な学習活動	9月～10月 小単元Ⅰ つかむ 1 地域の視点とグローバルな視点から課題を見出す（10時間）		11月～2月前半 小単元Ⅱ かかわる 2 課題解決のための方法を考える（14時間）	小単元Ⅲ つなげる 3 課題解決①「地域とつながりにくい外国人をイベントに参加させる」（10時間）
課題設定	○日本赤十字1円玉募金から世界の問題に関心をもつ。	○多文化共生を掲げる地域の実態に興味をもつ。	○「多文化共生は実現できるのか」というテーマでの話し合いを通して，さらに必要な情報に気付いたり，課題の解決に向けて計画したりする。	○多文化共生をめざしたミッションの実現に向けて，新たな課題を設定する（※小単元ⅢとⅣを繰り返し取り組みの質を高めていく）。 課題「最も身近で自分にとって大切な外国人＝保護者にイベントに参加してもらうためには」
情報収集	○国連担当者，書籍や新聞記事からグローバルな情報を集める。	○大久保の映像資料や地域人へのインタビューから情報を集める。	○地域の日本人，外国人とのサミットを開催して，価値観や文化の違いを聞いたり，多文化共生についての考えを交流したりする。（日本，韓国，中国，タイ，フィリピン，ネパール，ベトナム）	○ミッションをよりよくするために必要な情報を収集する。 ・多文化共生プラザやスペシャリストからのアドバイス ・保護者に対してイベント参加への予備調査
整理・分析	○調査したことを分類し，コメントを付けて整理する。	○インタビュー結果の分析から地域の問題点を見出す。	○「多文化共生」に向けたミッションを検討する。（交流会・ラップ） ○実現に向けてやるべきことを目標達成表に整理する。	○アドバイスや予備調査を踏まえ，対策を考える。 ・イベント内容の改善 ・ラップの詩の厳選 ・ラップの内容を吟味する ・招待状の修正
まとめ・表現・振り返り	○地域の視点とグローバルな視点から「大久保の多文化共生」をテーマに意見文にまとめ，交流する。		○国籍に関係なく地域がつながるためのミッション（イベント，オリジナルラップ）について，新宿区多文化共生プラザA所長にプレゼンテーションし，アドバイスを得る。	○企画書にまとめる。 ○招待状を完成させ，呼びかける。 ○「多文化共生」をテーマにしたオリジナルラップの完成

【国語】5月「学級討論会をしよう」
・互いの立場や意図をはっきりさせながら，疑問点を整理して自分の意見を言ったり，質問したりして討論することができる。（思・判・表）

【国語】7月「町のよさを伝えるパンフレット作り」
・集めた事柄を整理し，文章全体の構成や，目次や見出し，リード文，解説文などを工夫する。（思・判・表）

【国語】8月「詩を味わおう」
・詩を読んで感じたことや考えたことが伝わるように音読する。（知・技）
・詩における反復表現の工夫に気付く。（思・判・技）

【国語】9月「短歌をつくろう」
・表現の効果を確かめたり，工夫したりする。（思・判・表）

【オリ・パラ教育】＊11月「世界と交流しよう」児童が進んで外国人と交流し，「おもてなし」の心で接しようとする気持ちを育てる。（＋地域の外国人留学生と地域のゴミ拾い活動との関連）（知・技）

	2月後半～3月
小単元Ⅳ 創り出す・発信する	小単元Ⅴ 深める
4 課題解決②「地域がつながる魅力的なイベントにする」 （10時間）	5 多文化共生について考えをまとめ，自己の生き方について考えを深める（6時間）
	○活動のよさを振り返り，大久保のまちに対する思いや多文化共生に関する考え方がどのようになったのか交流する。「自分自身のラップを創りたい」
「国籍関係なく地域がつながる魅力あるイベントにするためには」	
○イベントの実現に向けて必要な情報を集める。 ・運営部（イベント内容，地域との連携部） ・ラップ部（オリジナルラップづくりに必要な情報の収集，スペシャリストとの連携故郷）	○自分自身を振り返り，考えや思いを書き出す。 ○可能な範囲での自分のルーツを調査する（保護者や親戚，お世話になった方，友だち，故郷）。
○よりよいイベントになるよう内容を吟味する。 ○これまでの活動を踏まえ，多文化共生をテーマにしたオリジナルラップの内容を吟味する。	○集めた情をもとに，言葉を吟味し，自分だけのラップに仕立てる。
○発表のための準備を整え，発表会を開催し，地域に思いを発信する。 ○地域の人からの評価を得て，自らの活動のよさを自覚する。	○これまでお世話になった方を招いて発表会を開催する。 ・互いのよさを認め，達成感，成就感，自己肯定感を自覚する。

Ⅱ 事例編

⑩ 多文化共生への一歩！—ラップで心の距離を縮めよう—（小学校6年生）

[⑩-8]

【国語】1月「随筆を書こう」
・経験から自分の考えや気持ちを掘り起し，書く事柄を整理。事実と感想・意見などを区別，意図に応じて書く。（思・判・表）

【社会】12月「私たちのくらしと政治」
・市の政治が基本的人権の尊重に基づいて行われていること，日本国憲法には国民の権利と義務が定められていることを理解する。（知・技）

【社会】2月「日本とつながりの深い国々」
・文化や習慣を比較して違いがあることを理解する。（知・技）
・外国の人々とともに生きていくためには，異なる文化や習慣を理解し合うことが大切であることについて考え，表現する。（思・判・表）
・我が国と関係の深い国の人々の生活の様子に関心をもち，外国人に話を聞いたり，地図や各種資料を活用して情報を集めたりして，文化や習慣，我が国とのつながりを知る。（知・技）

【社会】3月「世界の未来と日本の役割」
・国際連合の働きと平和への人々の願いなどを調べ，調べたことを比較したり，関連付けたり総合したりして，我が国が世界において重要な役割をしていることを考え表現する。（思・判・表）
・我が国の国際交流や国際協力の様子及び国際社会の実現に努力している国際連合の働きを理解する。（知・技）

【算数】1月「資料の特徴を調べよう」
・資料の特徴について統計的に考察することができる。（思・判・表）
・度数分布表や柱状グラフにかいたり，それを読み取ったりすることができる。代表値としての平均の散らばり，度数分布や柱状グラフについて理解する。（知・技）

【道徳】11月「世界の人々と心をつなごう」
・外国の人々や文化を大切にする心をもち，日本人としての自覚をもって世界の人々と親善に努めようとする態度。（思・判・表）

【音楽】12月「詩と音楽を味わおう」
・歌詞や曲想を生かした表現のしかたを工夫しながら思いや意図をもって演奏する（知・技）

【国語】9月「私たちの町の未来を考え，意見文を書く」
・説得力をもつよう具体例や資料を集め，意見を明確に伝えたるための文章構成を考える。
・互いの考えの違いや意図をはっきりさせ，計画的に話し合う。（思・判・表）

【国語】2月「話し方を工夫し，資料を示してスピーチしよう」
・必要な資料を準備し，話の構成を工夫しながら，場に応じた適切な言葉遣いで話す。話し手の思いを受け止めて聞き，自分の思いや体験と比べながら感想をまとめる。（思・判・表）

＊オリパラ教育…オリンピック・パラリンピック教育の略で，2020年大会の開催地である東京都をはじめ，全国の小中高校で展開される教育のこと。ボランティアマインドの育成，障がい者への理解促進，豊かな国際感覚の醸成などを目標にしている。

| 探究課題 | 環 境 | 小学校6年生 |

キラ☆まち日記
～メイ・ジンからのおくりもの～

〈実践〉兵庫県たつの市立新宮小学校

1. 地域，学校，児童の実態

　県西部にあるたつの市。本市の北部に位置するたつの市立新宮小学校は，44年前にこの地に移転し，本校には，当時の保護者の「自然の中で，豊かな心を育てたい」という思いがこめられている。現在では，当時に植樹した木々が大きくなり，四季の森を形成し，そこには，「いこいの広場」と呼ぶビオトープや栽培活動用の学習園が整備されている。さらに埋蔵文化財センターや市立新宮図書館などの市の教育施設やこども園も隣接しており，教育環境に恵まれた学校であるといえる。

[⑪-1] いこいの広場

　さて，社会の価値観が多様化した今，教育支援を必要とする子どもたちが増えている。本校も同様であることから，「地域の教材」を効果的に活用しながら，約210名の子どもたちの個性を尊重しつつ，誰もが学ぶことの楽しさを実感できる探究的な授業づくりへの改善に取り組んでいるところである。

2. ESDの考え方をもとに ― 身近な自然環境を生かして ―

　本校では，ESD（持続可能な開発のための教育）の考え方を軸におき，3～6年生が[⑪-2]の学年テーマに即した環境の単元をつくっている。ESDとは，環境や人権問題などの現代諸課題を自分事としてとらえ，身近なところから，その解決に向けて継続的に取り組んでいくことである。

[⑪-2]【新宮小の環境学習のつながり】

つなぐ	6年生 自然との共生
まもる	5年生 自然保護
かかわる・したしむ	4年生 水・生物
	3年生 身近な自然
ふれる	1,2年生 身近な生き物との触れ合い

　事例として示す6年生の単元は，「いこいの広場」が学習活動の場となっている。いこいの広場とは，もともと2年前まで草木ゴミ置き場として10年近く荒れ地になっていたところを，当時の6年生が人と自然が共生できる場所をめざして整備した

[⑪-3]【子どもたちの思いや願い】
○5年生のみつわタイム（総合的な学習の時間）に，半年間飼育した2頭のヤギ（メイとジン）が残した敷き藁やヤギ小屋を生かすこと。
○この2年間，6年生が世話をしてきた「ムラサキ」や「ヒシモドキ」などの市の絶滅危惧植物や「いこいの泉」にすむ貴重な生き物を守ること。

広場である。その経緯を知る子どもたちも，この広場で，[⑪-3]を軸に環境の学習に取り組み，その学びを生かしながら「新宮のまち」をもっと「キラキラしたまち」に変えたいという思いをもっていた。

3. 地域とかかわり児童が主体的に取り組むための年間指導計画

(1) 身につけたい力から具体的な活動をイメージさせよう

子どもたちの資質・能力の育成を意識した学習単元の計画をたてる場合は，まず，子どもたちが主体的に身につけたい力をイメージした後，それを達成するためには，どのような活動がふさわしいのかを考えていく。具体的な手順は［⑪-4］のとおり。

ただ，指導者は，「学習単元の計画段階では，漠然としてイメージしづらい子どもたちがいること」を理解しておくとよい。だからこそ，手順に示したように，議論の場を広げていくことが大切で，その結果，子どもたちは，これから始まる活動を少しずつ自分事としてとらえられるようになっていくのである。さらに，手順④や手順⑤の段階では，

[⑪-4]【オリエンテーションの手順】
① 5年生で身についた力を思い出す（ふり返りを記録した板書の画像で可視化）。
② 6年生で自分自身が身につけたい力を書き出す（個別の見通し）。
③ グループごとに「みんなが身につけたい力」を出し合う（ボードの利用）。
④ 全体で整理し，「みんなが身につけたい力」を決定する（身につけたい力の決定）。
⑤ 具体的な活動をイメージし，みんなで共通理解を図る（具体的な活動の決定）。

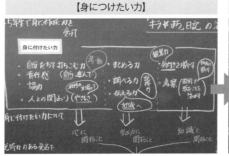
【身につけたい力】

【具体的な活動】

[⑪-5] 板書の様子

[⑪-5]のように，板書で子どもたちの思考を可視化することも必要である。板書がきっかけで，議論が活発になるからである。

この見通しづくりは，今後の学習活動の柱となることから，じっくりと時間をかけることが大切である。また，[⑪-6]の見通しシートのように，決定したことを整理して掲示しておくと，子どもたちが学習活動のふ

[⑪-6]【見通しシート】

キラ☆まち日記で身につけたい力		
心に関すること	学ぶ力に関すること	知識に関すること
自分たちで打ち込む力(考動)	まとめる力	気付きを増やす(観察力)
責任感　協力	調べる力	知識を増やす(理科・社会)
人とのかかわり(優しさ)	伝える力(説得力)	考察(教科で学んだことを生かす)

キラ☆まち日記の具体的な活動

○「いこいの広場」を起点に，「**まち**(里山，東山公園，遺跡)」へと広げること
○ 昆虫の飼育(3年)ヤギの飼育(5年)から**人とのかかわり**へと広げること
○ **メイ・ジンとの思い出**を大切にする活動にすること
○ **コツコツ日記**を伝え，「キラキラしたまち」に変えること

人と自然の交流が目的での	研究を目的での	知識を増やす目的での
・ツリーハウスづくり ・循環型農業	・貴重な生き物の保護 ・絶滅危惧種の保護 ・里山保全 ・キーワードは「比較」	・肥料づくり(糞，わら) ・農業のしかた

り返りにも活用できるので，効果的である。

（2）子どもたちの議論の結果を生かして年間指導計画をたてよう

［⑪-6］の見通しシートのように，子どもたちの身につけたい力や具体的な活動がイメージできると，指導者は，これをもとに年間指導計画をたてる。手順は次のとおり。

> ［⑪-7］【年間指導計画の手順】
> ○探究課題を設定し，それに基づいた目標や育てたい資質・能力を決定する。
> ○知識及び技能の育成とかかわる教科での学習内容や，学びを深めたり焦点化したりするための専門家を探る。
> ○子どもたちの見通しシートを，探究のプロセスに照らし合わせながら具体的な活動として表す。

① 単元目標

前年度までの学びを生かしながら，身近な自然環境の保全に努めるとともに，人と自然とが共生するために必要なことを追究し，身近な下級生からまちの人々へと働きかけようとする。その過程で，人と人とのかかわりの大切さについても気付くことができる。

② 単元で育てたい資質・能力

［⑪-8］

知識及び技能	思考力，判断力，表現力等	学びに向かう力，人間性等
○絶滅危惧動植物についての原因や対応策等について理解する。	○絶滅危惧動植物の保護のしかたについて，何をすればよいか考える。	○絶滅危惧動植物に関心をもち，保護するためにできることを実行する。
○問いを解決するための調査方法や手順について知る。 ○光合成，生態系，SDGs（持続可能な開発目標）等理科や社会科等の教科学習で学んだ知識を理解する。	○理科や社会科等の教科学習で学んだ知識を活用して，思考したり判断したりすることができる。	○教科等で得た既存の知識と体験活動や専門家のアドバイス等を結び付けることができる。
○人と自然が共生することが必要であることを理解する。	○人と自然が共生するためには，どうすればよいか判断できる。	○人と自然の共生に向けて，自分たちにできることを考え，実行しようとする。
○学習評価が重要であることを理解し，自己評価や他者評価等，既習の評価方法から適切な方法を選択する。	○学習を振り返り，よかったところや新たな問いについて考える。	○学習を振り返り，新たな問いをもったり，自尊心に気付いたりする。

[⑪-9] 学習の流れ（全50時間）

4月　Ⅰ　身につけたい力をもとに学習活動の見通しをたてよう　（4時間）

活動①　5年生で身についた力を思い出し，6年生で身につけたい力を決める。
活動②　6年生で身につけたい力をもとに，それを達成するためのふさわしい活動を決め，見通しをたてる。

【主な学習内容】	【指導のポイント・教科との関連】
6年生で身につけたい力を決め，それを達成するために，いこいの広場の絶滅危惧動植物の保護やヤギの残した敷き藁やヤギ小屋を生かす方法等について具体的に見通す。	前年度の学習内容や身についた力を想起させ，学びのつながりを意識できるようにする。

5月～7月　Ⅱ　いこいの広場の環境を守ろう，生かそう　（20時間）

活動①　ムラサキやヒシモドキ等の絶滅危惧植物を世話する。
活動②　いこいの泉の貴重な生き物を観察する。
活動③　ヤギ小屋の敷き藁から有機肥料をつくる。
活動④　ヤギ小屋の活用について考え，整備する。
活動⑤　いこいの広場にこめられた先輩の思いや願いを調べる。

【主な学習内容】	【指導のポイント・教科との関連】
見通しで決まった活動①から活動④について，グループをつくり企画を立てる。グループの企画については，みんなで活動する。人と自然の共生や人と人とのかかわりを意識するきっかけが目的である活動⑤は，四つの活動後に行う。	企画力を育む機会にする。また理科の学習（光合成，食物連鎖，生態系の多様性など）を生かす。

9月～12月　Ⅲ　人と自然との共生に必要なことを追究しよう　（20時間）

活動①　肥料を用いて，市の名産である大根を栽培し，地域の方と触れ合いに生かす。
活動②　肥料を用いて，国指定遺跡の花壇を整備する。
活動③　広場とまちをつなぐいこいの小道を整備する。
活動④　5年生に広場の環境を守るため，引き継ぎ会をする。
活動⑤　下級生や地域の方を招待し，自然と触れ合う会をする。

【主な学習内容】	【指導のポイント・教科との関連】
環境に関する調査をした先輩や地域の思いや願いを受け，いこいの広場の環境を未来まで守るために，広場を生かす方法を考える。その学びの過程で，人と自然の共生や人と人とがかかわることの大切さに気付く。こども園の3歳児，高齢者，そして知的障がい者就労支援事業所の方々など，まちを構成する様々な立場の人と触れ合うことにする。	理科，社会科，道徳等の学習と関連させ，人と自然とをつなぐことを意識させる。

1月～3月　Ⅳ　お世話になった方や地域の方に，成果を伝えよう　（6時間）

活動①　お世話になった方や地域の方に成果を伝える。
活動②　活動を通して身についた力について振り返る。

【主な学習内容】	【指導のポイント・教科との関連】
感謝の会を兼ねた成果発表会を企画し，5年生や地域の方を招待する。お世話になった方や地域の方からの評価を受け，自分たちが取り組んだことへの達成感や自尊心を実感し，今後の生活に生かそうとする。	国語で学んだ効果的な伝え方を生かす。また参加してくださった方への感謝の気持ちを育む。

4. 探究的な学習の過程

(1) 思考のズレが学ぶ必然性のある課題へと

　探究的な学習で最も重視するのが，学習課題の設定である。これには，「あれ？どうして？なぜ？」といった，子どもたちの思考のズレから生まれた疑問が有効である。

① 思考のズレ1：ヤギ小屋がピンチ

　広場の現地調査を行った。特にヤギ小屋は，3月末まで2頭のヤギと過ごした思い出の場所である。ここで唖然とする子どもたち。「自分たちのイメージは3月末のきれいな小屋。しかし，現実は，クモの巣や雑草がある小屋」。この思考のズレがヤギ小屋を利活用するために整備をしなければならないという思いにさせ，その結果，ペンキを塗ったり，ベンチを置いたりして，人が集まる「キラ☆まちツリーハウス」へとリニューアルできた（［⑪-10］）。

［⑪-10］　キラ☆まちツリーハウスの整備

② 思考のズレ2：ムラサキが咲かない！

　6年生の活動のメインは，絶滅危惧動植物の保護である。この2年間，春になると自然に生長してきた市の絶滅危惧植物「ムラサキ」が，今年は咲かなかったのである。咲く予定の花が咲いていない現実に，子どもたちは，危機感を覚え，原因を探ろうとした。

　そこで，［⑪-11］のように，5年生のヤギの飼育に関する調べ学習での体験知を生かし，図書館で咲かない原因を予想した後，それをもとに，姫路市立手柄山植物園園長のアドバイスを受けた。［⑪-11］のような調べ学習の流れだと，子どもたちは図書資料から

5年生での体験知

［⑪-11］　調べ学習の流れ

得た知識をもっているため，専門家との対話も具体的になり，その結果，アドバイス後の活動が一層主体的になったのである。

(2) ヤギが残したものを新たな学びにつなぐこと

　ヤギの糞尿や敷き藁を生かした有機肥料づくりは，微生物の働き，循環型農業など環境の視点を多く含んだ活動である。5年生の社会科で循環型農業を学んだ時，自分たちの力だけでは敷き藁を有機肥料にできなかった体験がこの活動を成功させたいという思いを強くした。それが肥料

になる過程を継続的に観察したり，身近にある米ぬかを用いて微生物の働きを高めたりする様子に生かされている。

さらに有機肥料の完成を待つ間，子どもたちは，5年生までの社会科学習の知識を使い，市の名産である大根栽培に着目し，情報の収集にあたった。子どもたちが，学びの連続を自覚すると，子どもたちの行動は一段と主体的になるのである。

［⑪-12］専門家の助言をもとに

（3）まちの人との交流，まちへの貢献

いこいの広場が自然と触れ合える環境になったり，ふれあい菜園の大根が実り始めたりすると，子どもたちの意識は，明確に「ひと・まち」へと広がっていく。その結果，大根を生かした交流（幼い子，障がいのある方，お年寄りなど）や，有機肥料による国指定遺跡の花壇の整備が実現し，子どもたちが達成感を得る機会となった。

［⑪-13］幼い子とともに

5. 学びを「キラ☆びと宣言」として

［⑪-14］は，子どもたちが卒業記念に制作した花台である。この花台はタイムカプセルになっており，この単元を振り返った作文や身についた力の分析シートが入っている。さらにこの表面には，「キラ☆びと宣言」が記されている。この宣言は，［⑪-15］のとおり。

［⑪-14］花台に思いをこめて

［⑪-15］【キラ☆びと宣言】
- 一，私たちは，なかよく支え合います。
- 一，私たちは，人と自然が共生できるまちをつくります。
- 一，私たちは，自他の人権を尊重し，差別をしません。
- 一，私たちは，平等の心を持ち，「理解ある人」になります。

社会科でSDGsや人権宣言について学んだことがもとになり，人に伝えるために簡潔な文にまとめたいという思いが芽生えた子どもたち。「人と自然との共生」「人権の尊重」など，本単元の学びが集約されたこの宣言は，単元終末の成果発表会で，保護者や地域の方に披露した。

さて，タイムカプセルを開けるのは，成人式の日。その日までこの「キラ☆びと宣言」を心に秘め，日々の生活を歩んでいくことを決めた子どもたち。8年後，この花台を囲み，みんなで行うリフレクションが楽しみである。

| 探究課題 | 地域 | 小学校6年生 |

「草山子ども新聞」を発行しよう

〈実践〉兵庫県篠山市立西紀北小学校

1. 地域，学校，児童の実態

篠山市立西紀北小学校は，篠山市内から峠を隔てた山間の地にある1級のへき地校であり，児童数は，各学年10人に満たなく，複式学級を有する小規模校である。学校周辺には市営団地が立ち並び，現在では，児童の半数以上が校区外出身の児童となっているものの，地域の方々からは，学校教育，地域行事などへの惜しみない協力と児童たちへの愛情が，今も昔と変わらず学校へと注がれている。

6年生は，明るく努力家の児童が多く，学校行事などの諸活動にも意欲的で友だちとも協力し合える。しかし，初対面の人の前や経験のないことに対しては，積極的になれなかったり，学習に対しても受動的で自信がもてなかったりする児童がいる。このような実態から，児童に自ら課題を見つけ，主体的に学び，深く考えることができる力や，人前でも臆せずに自分の考えを表現する力を育てることが必要であると考えた。

[⑫-1] ステンドグラス「草山の夏」
（卒業制作「草山の四季」より）

2.「草山子ども新聞」の発行 ― 探究課題のテーマを地域に ―

6年生の8名は，これまでに農産物の栽培，校区探検，地域行事への参加などを通して，地域の方々とかかわりながら多くのことを学習してきている。本単元では小学校6年間の集大成として，校区である草山の魅力をさらに深く追究したり，地域団体の主宰者の思いに触れたりすることにより，教科等の学習者として自立していくこと，さらに自分の生き方を見つめ未来への夢を育むことを願って，探究課題のテーマを「地域」とした学習を進めたいと考えた。

そこで，地域の方々に地域のすばらしさを伝えることを目的にして，「草山子ども新聞社」を立ち上げ，「草山子ども新聞」を発行する取り組みをスタートさせた。

新聞は季節ごとの発行をめざして，季節感を取り入れた内容になるようにし，全員で記事のテーマを考え，記事づくりを分担して進めていくことにした。

[⑫-2]「草山子ども新聞」の一部「学校 今・昔」

3. 地域の自然や歴史，文化，人材を生かした単元計画の構想

（1）諸行事や各教科等との関連を図った単元計画

6年生は，最高学年としてリーダーシップをとり学校全体の行事にかかわることが多いので，総合的な学習の時間と6年生として参加する諸行事や各教科等との関連を図り，下記の単元計画を構想した。

[⑫-3]「草山子ども新聞」を発行しよう　単元計画【70時間】

月	学校行事・地域行事・児童会活動等との関連 ※印：6年が運営に関わった活動 **太字**：地域と連携する行事	「草山子ども新聞」を発行しよう（70時間） ＊：地域の先人やプロに学ぶ学習 ○：校外学習 ☆：アンケートで情報収集したもの		ICT活用・情報スキル等	各教科等との関連 単元名（各教科） 主題名（道徳）
4月	・対面式，入学式 ※なかよし遠足 （1年生を迎える会） ※縦割り班遊び （毎週火曜日）	草山子ども新聞社を立ち上げよう(15) (重点：課題を設定する力) ・新聞記事の計画をたてよう ・各コーナーの分担をしよう	春号発行	・デジタルカメラを使おう ・写真を取り込もう ・インタビューをしよう	・表現をくふうして書こう（国語） ・社会的役割の自覚と責任（道徳） ・英語で楽しくコミュニケーション（外国語活動）
5月	※東日本大震災への義援金・メッセージ（希望の旗）を東北へ ・修学旅行 ※**北っ子農園（田植え）** ・プール清掃	＊先人：草山の地理・歴史について ○桑原地区方面へ（サイクリング） ＊先人：ゲンジボタルの保護・桜守 ＊先人：炭焼き ☆親世代の学校行事 ・春号を振り返ろう		・パワーポイントを使ってみよう ・インターネットで調べよう ・アンケートをつくろう	・礼儀（道徳） ・自然愛護（道徳） ・体育発表会の練習（体育） ・ナップサックを手縫いしよう（家庭科）
6月	・体育発表会（地域に公開） ※北っ子農園（サツマイモの苗差し） ※緑の少年団活動	新聞づくりについて深く学ぼう(15) (重点：情報を収集する力) ＊プロ：新聞記者 ☆昔の修学旅行，昔の夏休み	夏号発行	・原稿を書くポイントを学ぼう ・記事をレイアウトしよう ・見出しを工夫しよう	・修学旅行新聞を作ろう（国語） ・学校のよさを宣伝しよう（国語） ・生物と環境（理科） ・ごはんとみそ汁（家庭科）
7月	・連合スポーツ交流会（中学校区） ※全校ふれあい活動	○遠方地区方面へ（サイクリング） ＊先人：「郷づくり協議会」の方の思い ＊先人：草山温泉 ・夏号を振り返ろう		・新聞作成ソフトウェアの使い方を学ぼう ・メモを活用しよう	・新聞の投書を読み比べよう（国語） ・「わたしの意見」を書こう（国語）
9月	・自由研究発表会 ※ふれあい運動会 ※北っ子農園（稲刈り）	新聞で地域の魅力や思いを伝えよう(22) (重点：情報を整理し自分の考えを伝える力) ☆昔の運動会，昔の登下校	秋号発行		・詩と短歌を味わおう（国語） ・運動会の練習（体育） ・問題を解決するために話し合おう（国語） ・生物どうしのつながり（理科） ・信頼・友情（道徳）
10月	※北っ子農園（サツマイモ収穫） ※ようこそ先輩（卒業生との交流） ※**楽市楽座－味覚祭り－** ・文化の祭典（意見発表：中学校区） ・校外学習（社会科）	＊プロ：特産物マイスター（丹波栗） ＊先人：伝統文化（春日踊り保存会） ・学習発表会のシナリオをつくろう ・秋号を振り返ろう			・資料を活用して書こう（国語） ・まかせてね今日の食事（家庭科） ・未来に生かす自然のエネルギー（国語）
11月	・市連合音楽会 ※学習発表会 ・校外学習（理科・家庭科）	新聞づくりの学びを伝えよう(18) (重点：自分の生き方を見つめ未来を志向しようとする力) ・学習発表会で学びを伝えよう ○本郷地区方面へ（テンドリ山登山） ☆昔の学校生活	冬号発行	・学習発表にパワーポイントを活用しよう	・心を合わせて（音楽） ・深めよう言葉の世界（国語） ・くふうしよう季節に合うくらし（家庭科）
12月	・マラソン記録会（6年は，男女ともに新記録達成）	○川坂地区方面へ（バス） ＊先人：「しみず会」会長の思い ・冬号を振り返ろう			・不倒・不屈（道徳） ・マラソン（体育）

（2）育成をめざす資質・能力と評価方法

　児童の実態から，自ら課題を見つけ，自ら学び，考える力や，人前でも臆せずに自分の考えを伝える力を育てるため，本単元「『草山子ども新聞』を発行しよう」を通して，重点的に身につけたい力を以下のように設定した。

> [⑫-4]【重点的に身につけたい力と評価方法】
> ・自ら課題を設定し，資料を活用して調べたり地域の人々に取材をしたりして，情報を収集する力
> 　　　　　　　　　　　　　　　　　　　　　　　〈評価方法：行動観察，ワークシート，発言，作文〉
> ・情報を整理して新聞記事にまとめ，自分の考えを表現する力　　〈評価方法：原稿，発言，作文〉
> ・自分の生き方を見つめ，地域のよさに触れて，未来を志向しようとする力
> 　　　　　　　　　　　　　　　　　　　〈評価方法：ワークシート，発言，作文，手紙，作品〉

　上記の重点的に身につけたい力をベースにして，児童と話し合い，本単元の児童向けのめあてを学習活動の時系列で設定した。児童向けのめあては以下の通りである。

> [⑫-5]【児童向けのめあて】
> ・校区の魅力を再発見する記事のテーマ考え，新聞づくりの計画をたてよう。
> ・資料で調べた情報や，取材活動や体験活動，地域の方との触れ合いを通して得た情報を整理し，自分の思いも入れて新聞の原稿にまとめよう。
> ・友だちと協力して，伝えたいことがわかりやすく伝わる新聞に仕上げ，発行しよう。
> ・新聞づくりを通した学びを振り返り，地域のために自分にできることを実行しよう。

4.「草山子ども新聞社」における探究的な学習の過程

　これまでの総合的な学習の時間を振り返り，児童と最終学年の学習の方向性を話し合った。そして，これまでの地域を教材にした学習の総まとめとして，地域の方々に地域のすばらしさを伝えるために新聞の発行を決め，下記のように取り組んだ。

（1）魅力的なコーナーの内容を考える　－課題の設定－

　新聞はB4版の両面で，下記のようなコーナーを設定した。
　① トップ記事「地域，学校行事などの特集」
　　トップ記事には，季節感があり，また地域の方にもかかわりのあるテーマを選ぶようにする。例えば，「修学旅行 今・昔」などである。
　② シリーズ記事「草山自然の宝」
　　季刊号の特性を生かして，その時期の貴重な自然を紹介する。
　③ 各地区の魅力を再発見しよう「草山ぶらり散歩」
　　手書きの絵地図に短い文章を添え，各地区の見所を紹介する。実際に各地区に出かけ，史跡や施設を見学したり，地区の方に取材をしたりして絵地図にまとめる。その際，図鑑や郷土の歴史に関する資料である『草山村史』，市役所や教育機関のホームページなども活用して調べる。
　④ 地域の昔の様子を調べよう「思い出写真館」
　　1枚の古い写真を掲載し，それからわかる昔の生活の様子を紹介する。写真についての情報を得るために，地域の方にアンケートを実施する。

⑤ 先人やプロの方たちの思いを聞こう「草山のこの人に聞く」
　地域の貴重な自然を保護したり，地域を活性化したりと，地域のために尽力されている方を取り上げ，インタビューを実施し，その内容を記事にまとめる。

（2）新聞を発行するまでの計画をたてる

「草山子ども新聞」の発行までの工程を見通すために，下記のような活動の計画をたてた。ここでは活動内容によって学習形態を変え，一人ひとりがしっかりと思考する時間やグループで対話的に学ぶ時間，学級全体で情報を共有したり，記事の書き方を高め合ったりする時間を確保するようにした。

[⑫-7] 地域の方にインタビュー

[⑫-6]【活動の計画】
1. 記事のテーマを決め，分担する（全体学習）。
2. 取材をしたり資料を集めたりする（個人・全体学習）。
3. 記事の下書きをする（個人学習）。
　・記事の主題（伝えたいこと）を考え，見出しをつける。
　・載せる写真，資料を決める。
　・作文用紙に記事を書く。→ パソコン（ワープロ）
4. 記事の書き方についてアドバイスをし合う（グループ学習）。

【観点】
　・記事の文章は，わかりやすいか。
　・記事の内容から主題が伝わるか。
　・読み手を引きつける見出しになっているか。
　・誤字・脱字はないか。

5. レイアウトを考える（グループ学習）。
6. パソコンで仕上げる（個人 → グループ学習 → 個人）。
　・各自の記事，写真，資料を新聞ページに入力する。
7. 印刷して校正をする（全体学習）。

[⑫-8] グループで原稿の推敲

[⑫-9] 校正刷りの最終チェック

（3）情報の収集，整理を経て記事の作成へ

　児童は自分が担当したい記事に分かれて活動を開始した。まず，取材や調べ学習，アンケートなどで集めた情報を整理し，分担して各自で記事の原稿を書いた。次に，グループでそれぞれの原稿を推敲し，伝えたいことが伝わるか，誤字脱字はないかなどをチェックした。そして，各自が記事をパソコンで編集し，紙面のレイアウト構成は，新聞作成ソフトウェアを活用して行った。初回ということもあり，どの工程でも時間通りにはいかず試行錯誤の連続であった。季刊号なので，発行時期を遅らせることはできないために自主的に休み時間や放課後も頑張る姿が見られた。なお，春号の振り返りでは，次号に向けての下記のような課題が明らかになり，それを踏まえて夏号に取り組むことにした。特に，大事な情報をもらさずわかりやすい記事にまとめることの難しさを痛感していた。

・新聞づくりのコツをプロから学ぶ必要がある。
・原稿の書き方のポイントを明らかにし，記事のレベルアップを図る。
・ICT（新聞作成ソフトウェア）の使い方をさらにマスターし，友だちと協力してレイアウトする。
・自分の担当記事が終わったら，友だちのフォローに回るなど全体の工程を意識する。

5. より効果的に情報の発信をするために

（1）プロから新聞づくりについて学ぶ　-より深い学びへ-

　夏号の作成を前にして，新聞社から新聞記者を講師として招き，プロの視点から話を聞き，記事の書き方やレイアウトのしかたなど新聞づくりのノウハウについて学んだ。

　児童は春号の作成の際の課題を解決するという目的意識を明確にもち，話を聞くことができた。下記がその後，国語科の学習とも関連させ整理した，原稿を書くポイントと紙面のレイアウトの実際である。このように号を重ねるごとに，学びは深まり，紙面は充実したものになっていった。

[⑫-10]【原稿を書くポイント】

【文章の構成】
・主題を伝えるための材料を選ぶ。
・段落の関係や役割を考える。
・事実と考えを区別する。

【文章の内容】
・5W1H
・主題にそって一番伝えたいことから書く。
・具体的で正しいデータを使う。
・調査の目的と方法，結果と考えを書く。

【説明文の工夫を取り入れる】
理由　接続詞　具体例　対比
例え　ナンバーリング
引用　問いかけと答え

【写真や資料を効果的に使う】
・文章に合った資料や写真を選び，レイアウトを考える。
（以下略）

[⑫-11] 新聞記者から学ぶ

[⑫-12] パソコンでレイアウト編集

[⑫-13] 校区の全戸に配布した，草山子ども新聞「秋号」（B4版 両面刷り）

(2) 学習発表会で学びの成果を発表

秋には学習発表会において，地域の方々に向け，新聞づくりを通して学んだ地域の魅力を劇「草山子ども新聞社」によって伝えた。その際，劇のオリジナルのシナリオを児童が協力してつくり，Microsoft PowerPoint を活用して意欲的に発表することができた。そして，3学期には1年間の学びの成果をステンドグラス「草山の四季」（4枚組）に表した。

なお，下記は秋号を発行した際の児童の振り返り作文である。新聞を発行することにより，「新聞見たよ。上手にできてるので感心したわ」「昔から住んでるけど，新聞を読むまで知らんかったわ」など地域の方との対話が生まれるとともに「記事を書くことで，いろんなことができるようになってきました」など児童が成長を実感していることがうかがえる。

　これまで，新聞を発行してきて，地域には，まだ私の知らなかった見所がいっぱいあることがわかりました。また，アンケートなどを地域の方にたのんだとき，快く引き受けてたくさん答えてくださったので感謝しています。

　新聞を読んだ地域の方から「新聞見たよ。上手にできてるので感心したわ」とか「昔から住んでるけど，新聞を読むまで知らんかったわ」などの感想を聞いて，とてもうれしかったです。記事を書くことで，いろんなことができるようになってきました。見出しや記事の書き方やパソコンの使い方です。見出しはなるべく短く引きつけるようにすることが大事です。パソコンでは，みんなの記事を合わせて1枚にするのが特に難しいですが，やり方がわかってきて，友だちと協力してできるようになってきました。あと冬号が残っているので，最終号にふさわしく地域の方に楽しんでもらえるような新聞になるようにがんばります。

[⑫-14]「秋号を発行して」児童の振り返り作文より（抜粋）

6.「草山子ども新聞」を通した児童の成長

ある児童は最終号の編集後記に「様々な方にインタビューをして感じたのは，本当にみなさんがこの草山を愛しているからこそ，今の草山があるのだということです。その思いをついで，ぼくは，この草山をこれからも愛し続け守っていきたいです」と書いている。地域について多くの情報を得ることで，児童はこれまで知らなかった，地域のすばらしさを再発見したばかりでなく，地域の方々の地域を思う気持ちに触れることにより，地域に対する自分の思いが変わり，地域行事の意味を考えたり，盛り上げるために積極的に参加しようとしたりする態度を育んでいった。

さらに，新聞を発行するまでには，丁寧な取材や原稿の推敲など様々な工程が必要であり，まさに総合的な力が求められた。児童は1号発行するごとに，記事を書く手順や方法など文章表現力をより確かなものにし，コミュニケーション力なども身につけていった。また，全員で一つの新聞をつくり上げるという目標のもと，記事の相互批評などの対話的な学習活動を通して，自分の分担を越えて助け合うことができた。その際，新聞を読んだ地域の方からのあたたかい反応も児童の意欲を高めたのは言うまでもない。

総合的な学習の時間での学びをもとにして，教科等の学習や学校行事において積極的に前へ出て発言する姿，友だちと協力しながら友情を深める姿があたりまえのように見られるようになり，当初の本単元の目標を超えて，人間としての成長も感じられた。小学校卒業後も自分や地域に自信をもち，胸を張って活躍してくれるであろうと信じている。

探究課題　情報・地域・伝統文化　　小学校5・6年生

足代の魅力セレクト9

〈実践〉徳島県東みよし町立足代小学校

1. 地域，校区，子どもの実態

全長194kmの吉野川の中流域で，徳島自動車道吉野川SAを校区にもつ東みよし町立足代小学校は，全校児童104名の小規模校である。車中心の生活が浸透し，地域に根ざした文化や伝統，地域産業に触れる機会が少ないという実態は，本地域だけでなく日本中至るところで見られるだろう。

[⑬-1] クオリティの高い冊子づくり

本校はかつて総務省フューチャースクール推進校であったため，個々のICTスキルは一般校より高い。フューチャースクール校は全校に一人一台のタブレットパソコンがあり，本実践を行った5・6年生は，文字通り小学1年生から自分専用のマイパソコンを持っていた。そのため，総合的な学習の時間だけでなく，各教科や特別活動にて，ICT活用を日常的に行ってきた。

子どもたちは非常に落ち着いた毎日を過ごしており，学習態度も大変真面目である。とりわけICTを使った活動には自信をもっており，文字入力のスキルが高く，委員会活動などでのプレゼンテーションスライドの作成等は，ごく短時間で仕上げることができる。

半面，人前での発表や知らない人への積極的な話しかけなど，これからの学習を支えるスキルについては，自信がない子どもも多く，それらを課題と考える教師も多かった。

そこで，地域のことをもっとよく知ることと，それらの取材や表現で人前に出る機会を積極的につくり，自分を表現することや，言葉のキャッチボールによるコミュニケーション力を高めることができたらいいのではと，この単元を計画した。

また，取材した内容は，本物のクオリティに近づけた写真雑誌として配付することや，AR（仮想現実）のスマホアプリとの連動の仕組みを組み込み，子どもたちが自信をもって活動できるような工夫を行った。

2. 実践における年間指導計画

本実践を行うにあたり，年間予定時数を超えないことを第一条件として効率よく活動を行ってきた。そのためにも，次のような年間指導計画を立て，必要時数を確保しつつ，他教科・領域の活動と関連を図りながら行った。ただ，本校の子どもたちは，身の回りにICT機器が日常的にあり，手になじんだツールを個々に持っていることであり，ICTスキル関連の授業計画は特に示していない。

[⑬-2] 総合学習(足代の魅力セレクト9) 年間指導計画

	活動	目的	スキルレベル目標	教科との関連
4月	町の魅力を考えよう	校区の魅力について話し合う	Yチャートの使い方を知る	
5月	写真雑誌分析	ゴールとなる写真雑誌のイメージの共有と,表現方法の効果について知る	レイアウトの違いについて	(社会) 5年生「自然条件と人々のくらし」
6月・7月	模擬取材と記事づくり	校内で練習を兼ねた取材を行い,教員や他のクラスの子どもたちの写真記事をつくる	写真雑誌の分析で学んだことを生かして,レイアウト検討やトリミングができる	(国語) 5年生「書き手の意図を考えながら新聞を読もう」 6年生「新聞の投書を読んで意見を書こう」
8月・9月	自主取材	自分でできる取材活動として,調べたいものについて個人的に取材する	アポイントを取るために,どのようなことを事前に決めておくことが必要かわかる	(道徳) 5年生「社会や公共のために役立つ」
10月	取材活動	グループに分かれ,各取材場所にアポイントを取り,インタビューと写真撮影を行う	取材時の役割分担を自主的に行い,グループとしての取材ができる	
11月	編集作業	取材メモを使いながら,写真の選択,記事の作成を行う	読みやすさを考えて,文字間隔,行間隔を変更できる	(国語) 5年生「和の文化について調べよう」 6年生「町の未来をえがこう」
12月	写真パネル作成作業	撮影した写真の中から,1枚を選びキャプションを考えて写真パネルにする	写真に適したキャプションを考えることができる	
1月	アプリ掲載	アプリに利用する映像を作成し,音声をレコーディングする	ナレーションに適した文章を考え,わかりやすい発話をする	(社会) 5年生「情報を生かすわたしたち」
2月	完成イベントと未来の町づくり	完成イベントを行い,保護者や地域の方へ紹介する。マインクラフトを使って,未来の町を想像し,建築する	マインクラフトの操作に慣れ,構想に応じた建物をつくる	
3月	未来の町の動画作成振り返り	作成した未来の町を動画コンテンツにし,ユーチューブにアップする。1年間の活動を通しての振り返りをする	紹介する建物について,マインクラフトを操作しながら,ナレーションを行う	(道徳) 6年生「相手の立場に立って考える」

3. 地域とかかわり児童が主体的に取り組むための年間指導計画

(1) テーマ設定

　本校の校区には,ハイウエイオアシスがある。同じハイウエイオアシスのある,愛知県刈谷では年間に有名テーマパークをしのぐ来客数を誇るという情報を教師が投げかけ,子どもたちは,自分たちの町の魅力をもっともっと発信していくことが大事だということに気付く。

(2) 校区の魅力について話し合う

　子どもたちが考える足代の魅力について意見を出し合い,九つのテーマに絞る。その後グループ分けをして年間の活動計画を立てた。

[⑬-3] グループでの話し合い

(3) 写真雑誌分析

　ゴールとなる写真雑誌のイメージを共有し，クオリティの基準を確認する。そのために，実際の写真雑誌（飛行機の機内誌）を提示し，写真の位置や，キャプションについて詳しく学習する。ここでは，文章が縦書きであること，キャプションは，その写真の説明ではなく，写真に添えることで写真が際立つ言葉になっていること，記事の文章部分と，写真の上下左右の空白がそろっていること。写真が冊子からはみ出して（裁ち落としで）掲載されていること

［⑬-4］機内誌などの分析

や，写真を大きくして，見開きにすることで，迫力が出ること，写真に重ねる文字を白抜きにすると，見栄えがよくなることなど，数多くの表現方法とその効果について気付くことができた。

(4) 取材開始

　子どもたちにとって，自分たちの住む町のいいところや，オススメのところといわれて，どのような印象をもつか考えさせ，九つのことが出てきた。しかし，なぜそれがオススメなのかということを問い返すと，十分な返答ができず，それぞれの魅力を自分たちの言葉で伝えるために，実際にそれらにかかわる人を取材することが大切だと気付いた。
　また，ハイウェイオアシスに新しくできるホテルのオープンが近いため，そのホテルの特徴をテレビ番組でレポートしているものを全員で見て，

［⑬-5］ハイウェイオアシスでの取材

観光と宿泊の関係について，学習した。そして，このホテルも取材対象にすることにした。
　まずは，ハイウェイオアシスに行き，観光客の視点で，どんなものが売られているか，どこに，どのくらいの人が集まっているかなどについて取材を始めた。また，オープンの近いホテルを見学させてもらい，地域の魅力や，これから始まる観光の状況などを取材した。その後夏から秋にかけて季節に応じた取材を次々に行った。取材相手との交渉を行い，同時に，タブレット対応のアプリについての内容を考え，どのようなコンテンツをつくるかについての準備も行った。
　取材を通して，神社の話から足代の歴史的な変遷や，伝統的な獅子舞の伝承に関する話など，地域の方でないと聞けない話がたくさん聞け，改めて自分たちの地域の伝統を感じることとなった。さらに，愛宕柿やまゆに関する話を聞き，かつて盛んだった地域の伝統産業のことと，なぜそれが始まったのか，そして現在どのような課題を抱えているのかなど

［⑬-6］パン屋のお客さんに取材

について聞き，自分のこととして，課題意識をもつようになった。

それぞれのグループに分かれ，相手先の都合に合わせた取材を行った。建物や店舗などは，そこで働いている方に取材をし，自然物や観光施設については，そこを訪れている観光客に直接話を聞くことができた。そしてそこで話を聞いたことが，子どもたちにとっての地元の魅力を再発見することにつながった。

（5）編集作業

各グループに分かれて行った取材をもとに，①写真展②アプリコンテンツ③冊子づくりと，三つの作業を並行して行った。

たくさんの取材を通して，それぞれの魅力を言葉や写真で伝えるネタをたくわえたので，それらをどのように表現物にしていくかについて，計画をたてた。そこで，パンフレットのようなものではなく，冊子にしておくことで，地域の魅力を観光客の目に触れる形で示せるのではないかということになり，冊子を作成することにした。また，スマホを活用したARアプリと連動させることで，実際にその場所まで観光客に行ってもらえるようになるための仕組みづくりにも挑戦した。

そしてそれと同時に，撮影した写真を大きく引き伸ばし，写真展を開くことにした。取材の時に感じた地元の魅力が伝わるキャプションとともに作成し，地元のハイウエイオアシスで開催することにした。

［⑬-7］ハイウエイオアシスでの写真展

①写真展

撮影した写真を選び，トリミングをしながら，最もよく撮れている写真を選ぶ。このとき，9分割した画面の中で，位置を考えながら中心点を決めていく方法を学び，互いに評価しながら作品を仕上げていった。また，その写真に対するキャプションを考え，直接的な言葉を使わずに写真がさらによりよく見えるための言葉を添えるようにした。A2の大きさのパネルにするため，データが重くなり，PCが固まってやり直すなど，苦労しながら完成させた。実際に印刷するまで小さな面積でしか確認しなかったので，大きく印刷されたときの喜びはとても大きいものになった。

②コンテンツづくり

冊子に組み込むアプリのコンテンツとして，撮影した写真のスライドショーづくりと，それに添える解説文を作成し，子どもたちの声で朗読したものを録音するようにした。録音では，初めの言葉をいかにはっきりと話すか，聞いている人が写真に合わせて話が理解できるようにするには，どこで切った方がいいかなど，何度も練習を繰り返しながらコンテンツづくりを行った。

③冊子づくり

これまでの取材やインタビューを通して，魅力ある文章を作成することと，写真雑誌としてク

オリティの高い内容にするため，手本となる機内誌などを参考にし，レイアウトやキャプションにこだわった内容となるように何度も校正を繰り返した。取材してきたことを記事として書き上げるには，文章の量や，写真とのバランス，見出しなど工夫する部分がたくさんある。そして，手に取って読みたくなるための書き出しの工夫などにもこだわり，推敲を重ねていった。

［⑬-8］本物の冊子に近づけるための校正作業

　取材はグループで行っても，冊子づくりの誌面は，一人が見開き1ページを担当するため，同じ写真が使われることもある。できるだけそうならないように，同じ写真でもトリミングをして中心となる部分をずらして使うなど，工夫を凝らして作成した。どうしても写真が足りないときは，もう1度取材に行ったり，他の学年が校区探検をしたときのデータをもらったりして，仕上げていった。

［⑬-9］冊子の編集に必要な指導事項

（6）振り返りと評価

　子どもたちからは，「この1年間つくってきた足代のよいところを集めた冊子が完成しました。ぼくは，吉野川のことについて調べました。でもはじめは，川なんて調べても何もネタがないと思っていたけれど，一つわかったらまた一つナゾが増えて，またわかってナゾができての繰り返しが，結構大変で，それが楽しかったです。いい思い出がまた一つ増えた気がします」「こんなに本格的にできるとは思っていなかったので，とても満足しています。マチアルキのアプリ（ARアプリ）も家の人とやってみました。写真を読み込むと，説明が出るようにしていたので，びっくりしていました。自分たちがつくったこの本が完成して，とってもうれしかったです」という

ような，地域の再発見という気持ちが高まった内容や，家族でこの冊子についての話をしたことなど，子どもたちの自己肯定感の向上につながった内容がたくさん見られた。さらに，情報を発信することの大変さを実感した感想も聞かれ，情報活用能力の育成にもつながったと思われる。

　全体を通しての子どもたちのアンケートから次のような結果が見られた。一例としては，「足代のよさを新たに見つけることができたと思う」という質問では，全員が「そう思う」という回答が見られ，町に対する新たな視点をもつことができたといえる。また，「みんなで一つの町をつくるときには，マナーやルールを守ることが大切だということがわかった」という質問でも全員が「そう思う」と回答し，協働作業という点からも，公共性の大切さを子どもながらに感じてくれたことは，これからの町づくりの中心となる若者に大きな影響を与えたと考えられる。

（7）成果，地域や全国への発信

　これまで苦労を重ね，大切に仕上げてきた成果物を地域の方が集まる学習発表会で披露し，大勢の方にその内容を見てもらうことができた。また，新聞記事にも何度も取り上げられ，学校の活動を応援してくれる方が増えた。さらに，地域の方からの評価の声が学校に直接届けられ，子どもたちも自分たちの取り組みが，地域の人の喜びにつながっていることを実感した。

[⑬-10] 町長へ冊子を手渡す

　成果物である『足代の魅力セレクト9』という冊子は，この活動の当初の目的である吉野川ハイウエイオアシスの活性化に役立ててもらおうと，子どもたち自身が届けた。さらに，町役場の産業課や企画課にも届けると，その際に町長にも直接わたしてほしいとの話があり，冊子をつくった思いを子どもたちが直接町長に話すことができた。

　作成した冊子は，役場の観光課，企画課の方々に見てもらい，「これからの町づくりに生かします」というコメントをいただいた。

（8）その他

　本校で行ったこの取り組みは，地元の産業や，伝統文化を調べる総合的な学習の時間の取り組みとして実施できることがわかったので，次年度は町内すべての小学校でこれらの取り組みを進めていけるように，教育委員会や町当局と連携して準備を進めていくことになった。そしてその際，本校の実践者が他校の実施サポートを担うことができると思う。

| 探究課題 | 地域・食育 | 小学校6年生 |

福山市制100周年PR大作戦！

〈実践〉広島県福山市立川口小学校

1. 地域，学校，児童の実態

福山市立川口小学校は，福山市の中心部に位置し，児童数602名の中規模の学校である。福山の特産であるくわいが多く栽培されている地域でもあり，学校園でも農作物の栽培を行っている。また，福山市では，平成27年度より市内の小中学校で「大好き！福山〜ふるさと学習〜」として，福山の歴史や資源，人々の営みについて副読本を活用したり，地域に出かけたりしながら行う学習を行っている。

[⑭-1] 100周年記念弁当の販売の様子

6年生は2クラス86名で，活発で明るい児童が多く，友だちと支え合いながら活動する思いやりをもっている。しかし，学力や生活態度に課題の大きい児童が多く，1クラスの人数も多いことから，協働的に課題を解決していこうとする態度や最後まで粘り強くやりきろうとする態度を育てることが必要だと考えた。

2. 地域の課題を生かした「福山市制100周年応援プロジェクト！」

6年生は，これまで総合的な学習の時間を通して，福山市特産のくわいの栽培，校区探検，給食メニュー開発などを通して地域の方とかかわりながら，地域の教材を生かした学習をしてきている。本単元は，福山の名産や歴史などの様々な魅力を教材として活用し，福山市制100周年という記念すべき1年を福山市民として盛り上げようとすることを中心に構成した。福山市は，市制100周年を迎え，全ての福山市民がそれを祝う記念すべき年を迎えた。しかし，数年前の福山市民の意識調査によると，「福山には何もない」と思っている福山市民が多く，福山市民の福山に対する「思い」や「自信」はそれほど高くない。この現状から，「福山の魅力をPRして，福山市制100周年を盛り上げようとする人を増やす」ことを目標とし活動をすることで，地域への貢献につながるという意識をもたせる。また，友だち，市役所や企業の方々との交流を深めながら解決をしてくことで，目標を実現することの達成感や充足感を実感させ，自己肯定感を高められると考えられる。さらに，この学習を通して，人と人とのつながりを学んだり，地域への愛着や誇りをもったりし，自己の生き方を見つめることのできる児童を育てられると考えた。

3. 育成をめざす資質・能力とカリキュラムマップ

福山市では，「福山100NEN教育」として，福山に愛着と誇りをもち，変化の激しい社会をたくましく生きる子どもを育てるために，21世紀型"スキル＆倫理観"を設定し，各学校でつけたい力を明確にしながら，日々の教育活動に取り組んでいる。本校の児童の実態に合わせて，育成する

21世紀型"スキル&倫理観"を,「問題解決力」「コミュニケーション力」「協調性」「自律性」の四つに焦点化し,総合的な学習の時間を中心としながら,すべての教育活動の中で,どの力を育てていくかを意識した。さらに,総合的な学習の時間と他教科,行事などが,つけたい力や知識・技能でどのような関連があるかを明確にするために,「年間指導計画一覧表」の関連のある単元を囲み,線などでつなぎ,カリキュラム・マネジメントを行った。また,このシートを「カリキュラムマップ」と呼び,活用している。こうすることで,指導の二度手間がなくなると同時に,1時間1時間の授業を意図的なものにすることができている。

4. 単元構成の計画　[⑭-2]

福山市制100周年PR大作戦!

〈主な学習計画〉

学習計画をたてよう
・課題設定(市民意識調査・アンケート調査)・活動の計画をたてる。

福山のプロになろう!
○福山のよさを調べよう!
・課題設定・活動計画
・調査(個人調べ・県立歴史博物館見学・魅力発信課講義)
・パンフレットにまとめる。・修学旅行で配布する。

100周年記念弁当をつくろう!
○方法を考えよう!
・メリット・デメリットで方法を整理する。
○エブリイについて知ろう!
・エブリイについて教えてもらう。
・商品づくりのポイントを整理する。・夏休みに惣菜調査をする。
○プレゼン①をしよう!
・企画書をつくる。・プレゼンをし,改善点を整理する。
○プレゼン②をしよう!
・アンケート調査,アドバイスをもとに,さらに改善する。
・プレゼンをし,弁当を決める。
○販売しよう!
・グループに分かれて,販促物をつくる。・販売する。

感謝の気持ちを伝えよう!
○活動を振り返り,自分の学びを確かめよう。
・活動計画・サプライズムービーをつくる。
・振り返りの会で,学びを整理する。

〈他教科との関連〉

5年生の学習	〈総〉
6年生になって	〈特〉
大昔のくらしと国の統一	〈社〉
ようこそ私たちの町へ	〈国〉
修学旅行	〈行〉
生活の中の言葉	〈国〉
記録の整理	〈算〉
まかせてね今日の食事	〈家〉
参観日	〈行〉
運動会	〈行〉
表現をえらぶ	〈国〉
情報を効果的に伝えるために	〈書〉
豊かな歌声をひびかせよう	〈音〉
勤労	〈道〉
今,私は,ぼくは	〈国〉
表現運動	〈体〉
生き方について考える	〈道〉

5. 探究的な学習過程

(1) 福山のプロになる1学期

①課題の設定

　課題の設定の場面では,これまでの総合的な学習の時間の振り返りを行い,「福山にはよいところがたくさんある」という児童の認識を確認した後,ある調査結果を紹介した。それは,他県から福山に行きたいという友人等に対して,福山市民は,「福山に何もないから,隣の尾道や倉敷に行ったら?」と勧めてしまうという人が少なからずいるというものである。実際に,福山市では「何もないとは言わせない　福山」というキャッチコピーを掲げ,魅力を発信しようという

取り組みがなされている。今年は市制100周年ということもあり，福山市民でお祝いするものだと思っていた児童は，そもそも福山に魅力を感じていないのではないかと，現実とのずれを感じ，福山市民へ魅力を感じさせたいという課題意識をもった。そこで活動のゴールを設定した。ゴールが明確であればあるほど，目的に合わせて活動の内容を具体的にできる。児童との話し合いで「福山の魅力をたくさんの人に発信し，福

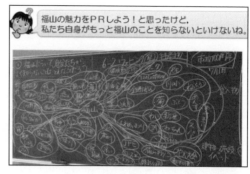

[⑭-3] 児童と行ったウェビングの板書

山市制100周年を盛り上げようとする人を一人でも増やす」と決まった。また，福山の魅力を整理する目的で，ウェビングを使い，福山について自分たちが知っている情報を書き出してみると，「食」に偏っており，あまり詳しくないことに気付いた。自分たちが福山について詳しくなり，「福山のプロ」になる必要があり，その知識を生かして，多くの人に発信しようという見通しをもたせた。

②情報収集

　先ほどのウェビングを分類し，歴史・観光・人物・特産物・イベントなどのカテゴリから関心をもったことについて，詳しく調べていくことを決めた。情報収集の際には，インターネットだけではなく，前述のふるさと学習の副読本，広島県立歴史博物館への見学，電話調査，講義，メールでの問い合わせなど，多様な方法での収集を行わせた。様々な方法に触れさせることで，自分が欲しい情報をどの方法で調べるとよいかを実感させるためである。情報収集の方法を選ぶ時には，「情報収集の仕方ガイド」を用意し，情報収集の方法一覧や，参考になるインターネットサイト，電話のかけ方やアンケートの取り方など，児童がそれらを見ながら情報を集められるようにした。

③他教科・行事との関連

　調べたことをまとめておきたいと考えた児童が，「国語の勉強でパンフレットをつくりたい」と提案した。さらに，3週間後にせまっていた修学旅行でパンフレットを配布したいという思いをもち，福山のPRを京都で行うことを目的にし，国語の学習が始まった。もちろんこれも，教師側が事前に想定していたことである。4月の時点で，総合的な学習の時間と行事，他教科との関連を考え，カリキュラム・マネジメントをしていたため，単元の入れ替えを行い，情報収集が終わるタイミングと国語の学習のスタートのタイミングを合わせていた。児童は，修学旅行先で自身がつくったパンフレットを渡しながら，「京都の後は是非，福山にもお越しください」などと，その場に合わせた声をかけながら配っていた。渡した方に肯定的に評価され，総合的な学習の時間や国語の学習が実際に活用できた喜びを感じているようであった。

[⑭-4] 子どもたちがつくったパンフレット

(2) 100周年記念弁当をつくろう！

①発信方法の整理

　活動のゴールを達成するために，児童に思いつく様々な発信方法を出させ，メリット・デメリッ

トで分析し，どれがゴールの達成に最適かを整理させた。児童は，スタンプラリー，フラッシュモブ，動画作成などの方法を，どれくらいの人数に発信できるか，後に残るものか，実現可能かなどと考えながら分析した後，話題性があり，たくさんの人の手に取ってもらえ，自分たちの考えが表しやすいのではないかという理由で商品開発を選んだ。

②地元企業との協働

商品開発をするにあたり，協力してくれる店舗や企業を見つけなければならないが，その際，できるだけ学校のそばの地元の企業等を探すようにした。児童が何度も足を運びやすく，かかわりがもちやすいからである。今回は，学校のそばにあるスーパー「エブリイ川口店」にお願いした。エブリイは，総菜やスイーツなどの自社製品を多く開発されており，地域貢献活動も積極的に行っているため，今回の活動に賛同してくれると考えた。児童がエブリイを選ぶと予想し，事前に，エブリイ川口店の店長さんや本部のスタッフさんと，大まかな見通しを打ち合わせておいた。

まず，児童にエブリイの経営方針や，仕事内容，商品開発のポイントなどの説明を受ける機会を設けた。その際に，店長さんから児童に「あなたたちはビジネスパートナーです。」とはっきりと伝えていただいた。これは，児童に大人を巻き込んで活動することの責任をしっかりと感じさせ，「本物」をつくる意識をもたせたかったからである。これにより，児童がより主体的になると同時に，成功させたいという思いが強くなったと感じる。

③夏休みを活用した情報収集

「できたて」「おいしい」「新鮮」を重視しているエブリイの強みを生かすには，弁当の開発が適しているとまとまった。そこで，夏休みに様々なところへ出かける機会を利用して，他の地域の特産物や特徴を生かした総菜，弁当の特色を調査し，どのように弁当に生かしたらよいかを考える宿題を出した。このアイデアを夏休み明けに交流し，弁当の企画書づくりに生かした。

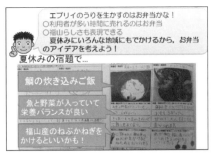

[⑭-5] 夏休みのワークシート

④第1回目のプレゼンテーションと新たな課題発見

児童は，1学期に集めた福山についての情報と，夏休みに集めた弁当のアイデアをもとに，福山らしい弁当をつくろうとグループごとに企画書を作成し，エブリイの関係者の方へのプレゼンテーションを行った。福山市特産のブドウや鯛，くわいなどをふんだんに盛り込んだ弁当など，様々なアイデアが出された。エブリイの方が，企画書をもとに，弁当の見本をつくってくださっており，実際にでき上がった弁当を見て，児童はとても喜んでいた。しかし，プレゼンテーションの後，総菜部門の統括マネージャーから企画書の添削されたものが返され，説明を受けた。弁当に腐りやすいものは入れられないこと，エブリイは無添加の総菜をつくっているので，菌が繁殖しやすい食材が使えないこと，「菌検査」をクリアしないと販売できないこと，児童の考えた弁当の原価は約1000円で，販売価格が高くなってしまうことなど，現段階の弁当では販売できないということだった。児童は，その添削と，企業秘密の原価表をもらい，条件をクリアすべく，さらに工夫改善を始めた。市役所のふくやま魅力発信課の方から「みなさんの取り組みは福山のPRです。福山らしさを取り入れることを忘れないでください」とアドバイスをもらい，児童はさらに頭をひねり始めた。「原価を抑えるため，旬を取り入れる」「福山らしさを生かしたメインのおかずは変えない」などと，様々な方からの本格的なアドバイスと，商品にするための条件が児童の思考をさらに深めることにつながったと考える。

⑤教員・家庭・他の企業の協力

　弁当のさらなる工夫のために，児童は協力を求めることにした。自分たちが考えた企画書を校内の教員に見せ，食べたいおかずとその理由，改善の方策など，身近な大人にアンケートを取り，おかずの取捨選択に生かした。そして，参観日を生かして，考えたおかずをどのように工夫すれば福山らしくなるか，家族にもアドバイスを求めた。弁当の開発段階から家庭の協力をいただくことによって，保護者を巻き込んだ活動になると考えた。さらに，福山市内にある「エフピコ」という食品トレー容器の企業にも賛同いただき，エフピコが扱う全種類の弁当の容器のサンプルを提供していただいた。おいしく見せる容器を児童自身で選ぶことができた。

[⑭-6] エブリイ社員から意見をもらう児童

⑥最終プレゼンテーション

　プロジェクトにかかわった方を審査員として，最後のプレゼンテーションの会を開いた。児童は，自作のMicrosoft PowerPoint資料を使ってプレゼンテーションを行い，これまでの成果を発表した。発表の後には，審査員による投票を行い，1位になった弁当を販売することにしていた。競争をさせることで，よりよいものをつくろうという児童の意識を高めるねらいがあった。しかし，店長さんの計らいで，四つの弁当すべてを販売していただくことになり，児童はおおいに喜んだ。ただし，投票結果も生かし，1位になったチームの弁当は，他の弁当よりも販売数を多くした。

[⑭-7] 最終プレゼンの様子

⑦販促物の作成

　弁当をたくさんの方に買っていただくために，また，福山への思いを言葉にして伝えるためには，販促物を作成する必要がある。弁当につける帯，テーマソング，チラシ，ポスターなどの販促物を作成した。これも，児童が作成したものすべてを販促物担当の方に添削していただき，児童は何度も作成し直した。産地をのせてはいけないものがあるなど，嘘を伝えてはいけないため，言葉一つひとつに気をつけながら考えさせることにつながった。

⑧販売

　弁当の販売は，平日に2回と週末に2回の4日に分けて行った。全児童に販売の経験をさせるためと，集客をねらい話題性を高めるためである。販売当日，児童は販売に備えて，店舗の飾りつけ，弁当並べなどを行った。販売開始の11時を前にして，店舗史上最長の行列ができ，販売をスタートしてわずか2分で120個の弁当が完売となった。あまりの反響に，残りの3回は弁当の数を増やすこととなった。

[⑭-8] 販売に向けて作成されたチラシ

6. 振り返りと評価

　市役所を通じてプレスリリースを行い，新聞や雑誌などたくさんの取材を受け，地域の方から肯定的な評価を多くいただいた。福山市長にも弁当を食べていただき，SNSを通じて発信もしていただいた。

　学習のまとめとして，かかわった方を招いた振り返りの会を開いた。活動の写真や動画を見ながら，考えたこと，学んだこと，成長したことをふせんに書き，KJ法でまとめた後，ランキングで整理した。自分たちの活動に価値づけをさせ，卒業後に生かせることを見つけさせたかったからである。児童はアイデアをかたちにする力・対応する力などを身につけ，相手を思う力の大切さを学んだようだった。また，振り返りの会ではお世話になった方への感謝の気持ちを伝えようとメッセージビデオを用意した。「エブリイの一員として働くのに，このプレゼンでいいのかなという不安がありました。だからこそ，何度もプレゼンの練習をしました」「寒い中並んでくださっているお客さんを見ると『頑張ろう』と思いました。買ってくれた時はこちらがありがとうと言うべきなのに，『弁当を考えるのは難しいでしょう。ありがとね』と言ってくれて，ぼくは声も出せなくなって，ありがとうございましたとしか言えませんでした」などと，児童の貴重な経験と感謝の思いを映像にのせて伝えた。会場が一体となり，「やってよかった！」という感動に包まれた。

　児童は，商品を開発する一連の流れをほぼ1年かけて経験し，何度も工夫改善したり，話し合ったり，お客さんと実際にかかわったりし，本物のビジネスに触れたことで，大人の予想をはるかに超えるものを生み出したとともに，卒業後も忘れられない学びとなってくれていると信じている。

　みなさんはこの福山をどういう町だと思っていますか？ わたしはこの町は自信をもてる町だと思います。市の魅力が低いのは，わたしたちも入れた市民が，市の魅力に気付いていないだけだと思います。わたしはものの魅力も大切だと思います。しかし，わたしは，総合的な学習の時間を通して，わたしたちが活動することに快く協力してくれる人々の魅力を肌で感じました。
　わたしはそんな福山が大好きです。みなさんも，もっと福山を好きになってくれませんか。

[⑭-9]【児童のメッセージより】

[⑭-10]【終わってみて】（株式会社エブリイ　社員）

　君たちはビジネスパートナーだ，という大人の言葉をそのまま受け取り実践した児童たちとの1年間。

　開発した四つのお弁当が瞬く間にうれたこと。販売前からの長蛇の行列，地域のみなさまの「おいしかったよ」「どうやってつくったの」というフィードバック。

　目に見える成果の後ろで，児童たちは大切なものを感じていました。
「仕事は多くの人と協力しないとできない」
「チームで考えをまとめるとき，他の人がなぜ自分と違う意見なのか考えた」
「最後尾係が僕の役目でした。寒い中長い時間並んでいるお客様の気持ちを考えて，もう少々お待ちください。11時からです，といいました」
「自分たちの工夫がお客様に伝わるか，何回もチラシを書き直した」

　そして，自分たちがこの活動でつけた力を，言葉にする姿を目の当たりにしました。
「相手意識」「協力する力」「経験すること」

　一方のエブリイの社員にも，多くの気付きがありました。
「お弁当について大切なことを伝えている時の児童たちの真剣な眼差しを見て，これは絶対に形にしなければと思いました。いつもなら諦めていたレシピが形になりました」
「生徒さんはもとよりご家族や地域から感謝の声をいただけたことに，地域密着を再考させられました」
「自由な発想，単純においしいものは何か，ともすれば忘れてしまう，最もあたりまえなことを再確認させていただいた」

探究課題　地域・キャリア教育　中学校全学年

さくらプロジェクト
―魅力ある総合的な学習の時間の創造に向けて―

〈実践〉高知県本山町立嶺北中学校

1. 地域，学校，子どもの実態と教師の思い

グローバル化や情報化が進展するなか，子どもたちが主体的に自分の未来を切り拓いて生きていくためには「生きる力」を身につけ，「社会の激しい変化に対応していく力」「直面する様々な課題に柔軟に対応していく力」「社会人，職業人，地域人として自立していく力」等の育成が学校教育に強く求められている。そこで，本山町立嶺北中学校では，学校教育目標を「社会人基礎力の育成」とし，全教育活動を通して社会人として必要な資質・能力＝「実践力」の育成に全校挙げて取り組んでいる。

［⑮-1］量販店での販売研修
―サニーマート研修―

本校は，生徒数60名の中山間地域に位置する小規模の中学校で，すなおでおとなしくまじめな生徒が多い。反面，集団の固定化からくる希薄な競争意識，少人数が故の自信のなさ，価値観の同質化，表現力の弱さ等の課題が見られる。また，基礎学力の定着の部分では小学校からの多くの課題が残っており，学力の向上については，本校の喫緊の課題と考えている。

「社会人基礎力」を育成する上での学校としての課題は枚挙にいとまがないが，一点突破型で攻略していかなければこうした課題解決を果たすことはできない。そこで，本校では，課題解決のために，「学力の向上」と「表現力の育成」の二点を最重点課題ととらえ，全校で取り組んでいくことにした。

［⑮-2］2018　嶺北中学校　研究構想図

2. 育成をめざす資質・能力

本校生徒の実態を調査してみると，「言われたことはきちんとできる」「全体的に落ち着いている」「人の話をしっかり聞くことができる」という長所はあるものの，「基礎学力が身についていない」「自分に自信がない」「自分の言葉で人に伝える表現力に弱さがある」といった学校独自の課題が見

えてきた。

　ここで，「社会人基礎力」に必要な力は何かと考えたとき，「自分で職業選択が可能となる確かな学力」，大学や就職といった人生を決める選抜試験等の面接において，「自分の言葉で自分をアピールできるコミュニケーション力」がなければ，自分の理想とする社会人や職業人をめざすことはできない。このことは，2017年の日本経済団体連合会の調査でも，就職選考にあたって特に重視した点として，「コミュニケーション能力」が15年連続第1位という結果が示されており，企業が「言葉による表現力」を重視していることが明らかになっている。

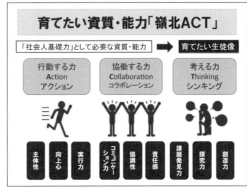

[⑮-3] 嶺北中学校のめざす資質・能力

　本校では，学校教育目標に「社会人基礎力の育成」を掲げ，本校生徒に育てたい資質・能力として「嶺北ACT（アクト）」を示している。ここには，資質・能力を「Action」「Collaboration」「Thinking」と三つのカテゴリーに分け，それぞれに三つの能力を定めている。本校では，この資質・能力を身につけた生徒の育成＝「めざす生徒像」ととらえ，目標の統一化を図っている。

　そして，「嶺北ACT」をベースに，「基礎学力」と「表現力」の二つを重点戦略とし，「基礎学力の向上と表現力の育成～深い学びの実現に向けた課題探究型授業の創造～」を本校の研究主題に定め，現在，取り組んでいるところである。

3. 総合的な学習の時間のカリキュラム・マネジメント

（1）教育計画の見直し

　本校に赴任してきた際，前任者に「本校の総合的な学習の時間はどんなテーマで，どんな活動を行っていますか？」と尋ねたことがある。すると，「総合的な学習の時間は各学年の主体性に任せてあるので，学校として決まったものはない」と，わたしの予想に反する答えが返ってきたことを今でも鮮明に覚えている。総合的な学習の時間が導入され20年近く経つのだが，中学校現場では，いまだに総合・学活・道徳の区別が十分になされず，学年任せの自由裁量的，体験学習中心の時間でお茶を濁している現実がある。計画的に各領域等の目標に沿って正しく実施している学校の先生にとっては失礼な発言になったかもしれないが，わたしの知っている限り，こうした実態があることは否めない。総合的な学習の時間のねらいとして一番示されている「各学校において取り組む」という一番大事な視点が欠落しているのである。

　わたしが着任する前の本校の総合的な学習の時間の年間指導計画を見ると，1年生と3年生で「田植えや収穫といった勤労生産学習」，2年生と3年生の2学年でそれぞれ5日間，合計10日間の「職場体験活動」，2年生で「修学旅行の事前・事後学習」と，そのほとんどの時間が学級活動に類する活動やその活動準備に充てられていた。わたしは，こうした活動をすべて否定しているのではない。それぞれの活動には，すばらしい教育効果も期待できる。しかし，それぞれの活動は単発・単独に行われており，計画的に「つなぐ」「関連させていく」「発展させていく」といった視点が抜け落ちているのである。

　こうした活動をすべて新しいものに転換していくとなると，教員にとって相当のエネルギーが

必要になってくる。そこで，今まで行ってきた教育活動を，系統的・発展的に整理する観点から，内容面や組織面も含め，本校の教育計画全体を見直すこととした。

[⑮-4] 平成30年度　本山町立嶺北中学校　総合的な学習の時間　全体計画

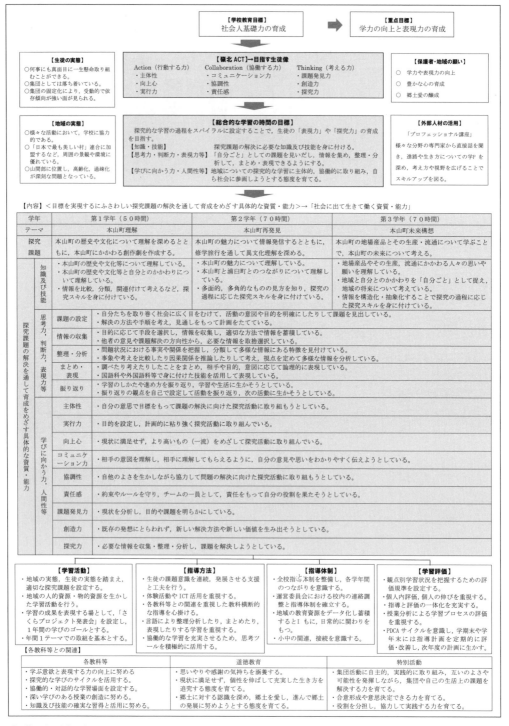

① 「つなぐ」がキーワード

　教育活動を，系統的・発展的に整理し，教育計画全体を見直すためには，活動と活動を「つな

ぐ」，小・中学校を「つなぐ」，教科や領域と「つなぐ」，生徒と地域・社会を「つなぐ」，学校と地域・社会を「つなぐ」，学年と学年を「つなぐ」，といった「つなぐ」がキーワードとなってくる。

②校内研究組織の見直し

「チーム嶺北」の視点から，校内研究組織として，英・数・国を中核とした「授業づくり部会」，各学年の学級担任を中核とした「総合学習活性化部会」，事務・教頭を中核とした「学習環境充実部会」の3部会で構成し，日々研究実践に努めている。

本校の特色としては，事務職や学習支援員，ALT（外国語指導助手），スクールカウンセラー，SSW（スクールソーシャルワーカー）等も研究の一員に含めている点にある。

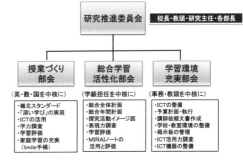

［⑮-5］校内研究組織

③本山町キャリア教育スローガンの設定（小学校・中学校を「つなぐ」）

総合的な学習の時間における内容の重複を避け，小・中学校の連続性，発展性を図るために，「本山町キャリア教育推進委員会」「本山町連携教育推進委員会」という組織を中心に，小学校・中学校を「つなぐ」という視点で，小学校は「自立」，中学校は「共生」というキャリア教育スローガンを掲げ，町全体で取り組んでいる。

④体験活動の見直し（活動と活動を「つなぐ」）

本校では，「表現力」育成のため，総合的な学習の時間や特別活動を核とした「さくらプロジェクト」を展開している。

> ［⑮-6］**【さくらプロジェクトとは？】**（※本校パンフレット2018より抜粋）
> さくらプロジェクトとは，総合的な学習の時間や特別活動を核として，全教育活動を通して「表現力」を育成していくため，「課題の設定→情報の収集→整理・分析→まとめ・表現」といった探究的な学習が発展的に繰り返されていく一連の教育活動のことです。学年間のつながりを考慮し，「自ら課題を探究し，解決する力」「調べたり，まとめたり，発表したりする力」「他者と協働しながら，新しい価値を生み出す力」等を育成していきます。

そこで，学年間のつながりを考え，［⑮-8］のように総合的な学習の時間のグランドデザインを構想した。

▶第1学年→人と人を「つなぐ」

中1ギャップ等の問題もあることから，仲間づくり合宿としての「コミュニケーション・キャンプ」や地域に根ざした活動，保護者，地域の高齢者や障がい者など，身近な人とかかわる体験活動を中心に据え探究活動を行う。新聞にまとめたり劇を創作したりする学習を通して，探究の基礎的・基本的なスキルを身につける。

［⑮-7］仲間づくりゲーム

▶第2学年→学校と地域を「つなぐ」

本山町との友好町である北海道の浦臼中学校との学校交流を中心に，本山町や嶺北地域のよさを浦臼中学校の生徒に伝える学習，北海道修学旅行における個人課題の探究，町役場における町長や

幹部職員への修学旅行報告会など，自ら情報を集め，整理・分析し，成果を発表するという「探究的な学び」をスパイラルに展開していくことで，表現力や自己肯定感を高めていく。

▶第3学年→学校と社会を「つなぐ」
　地元を離れ，3年生全員が高知市の量販店での販売実習を行う。本山町の商品を量販店に売り込む（セールス）活動，知らない人への接客，ポップづくり，仕入れから販売までの経済や流通にかかわる学習等を通して，地域人としての誇りをはぐくみ，情報活用能力やコミュニケーション力など，「社会人基礎力」のさらなる伸長を図る。

▶発展性・系統性→学年と学年を「つなぐ」
　学年間の発展性・系統性を考え，1年生では，勤労体験等を中心とした「勤労観」の育成，3年生では，社会や職業に目をむけた「職業観」の育成に重点を置き，「勤労観」から「職業観」へと段階的に視野を拡げていくよう工夫した。

▶「プロフェッショナル講座」プロの技に学ぶ！→生徒と地域・社会を「つなぐ」
　新学習指導要領では，カリキュラム・マネジメントについて，「教育課程の実施に必要な人的又は物的な体制を確保する」と，人的・物的資源を有効に活用することが強調されている。
　本校は，学校が都市部と離れているため，生徒は身近に様々な職業人と出会う機会がほとんどない。そこで，本校では，「『プロフェッショナル講座』プロの技に学ぶ！」と称して，外部人材の積極的な活用を図り，学習効果の向上に努めている。
　東京の新国立劇場合唱団によるオペラ体験，元サッカー選手や元プロ野球選手による特別授業「トップアスリート夢先生」，地元高知新聞の記者による特別授業「取材のしかたと効果的な写真の撮り方」，岐阜県の日本料理の調理人による「プロの技に学ぶ！」，元全日空キャビンアテンダントによる「マナー講座」など多くの講座を開講し，生徒の学びと社会をつなぐことを意識している。

[⑮-9] 取材のしかたと効果的な写真の撮り方

[⑮-10] マナー講座

▶校長講話と情報発信→学校と地域・社会を「つなぐ」，生徒の意識へ「つなぐ」
　始業式，終業式などにおける校長講話では，キャリア教育の観点から，人間としての「生き方」につながる内容を必ず取り入れるよう心掛けている。例えば，ノーベル生理学・医学賞を受賞し

た山中伸弥教授の「VW（Vision & Hard Work）のすすめ」，仏教詩人として有名な坂村真民さんの「タンポポ魂」，小説家の井上靖さんの「努力する人は希望を語り，怠ける人は不満を語る」などの話題を取り上げ，その内容を学校便りやホームページに掲載し，地域住民や保護者等に情報発信している。また，話した内容が一過性のものにならないよう，格言や名言などは，常に廊下等に掲示し，生徒の意識に浸透させるような工夫も行っている。

[⑮-11] 名言等の校内掲示

(2)「総合的な学習の時間」の果たす役割

平成25年12月に文部科学省・国立教育政策研究所から出された「全国学力・学習状況調査報告書」のクロス集計において，B問題（活用）の記述式問題の解答状況を見ると，「授業の冒頭で目標を児童生徒に示す活動，授業の最後に学習したことを振り返る活動，授業などで学級やグループで話し合う活動，総合的な学習の時間における探究活動，情報通信技術を活用した協働学習や課題発見・解決型の学習指導を積極的に行った学校の方が，記述式問題の平均正答率が高い傾向が見られた」という調査結果が示されており，総合的な学習の時間の重要性がうたわれている。

本校のめざす「学力の向上」「表現力の育成」を実現する上で，「総合的な学習の時間」の果たす役割は大きい。そこで，本校では，総合的な学習の時間本来の趣旨である「横断的」「探究的」な学習となるよう，「カリキュラム表」を活用し，今まで行ってきた学習内容を，発展的・系統的に整理することとした。

(3)「探究的な授業」とは

平成22年11月に文部科学省から出された「今，求められる力を高める総合的な学習の時間の展開」の中で，「探究的な学習とは，右図のような問題解決的な活動が繰り返されていく一連の学習活動である」と定義され，「探究の過程」

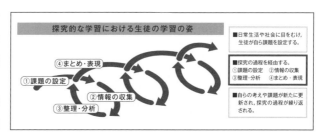

[⑮-12] 探究的な学習における生徒の学習の姿

として「①課題の設定→②情報の収集→③整理・分析→④まとめ・表現」が示された。

また，『中学校学習指導要領（平成29年告示）解説　総合的な学習の時間編』では，「生徒は，①日常生活や社会に目を向けた時に湧き上がってくる疑問や関心に基づいて，自ら課題を見つ

[⑮-13] 探究のプロセス

け，②そこにある具体的な問題について情報を収集し，③その情報を整理・分析したり，知識や技能に結び付けたり，考えを出し合ったりしながら問題の解決に取り組み，④明らかになった考えや意見などをまとめ・表現し，そこからまた新たな課題を見つけ，更なる問題の解決を始めるといった学習活動を発展的に繰り返していく。要するに探究的な学習とは，物事の本質を探って見極めようとする一連の知的営みのことである」と定義されている。

(4) 年間指導計画（イメージ図）の作成

年間指導計画とは，1年間の流れの中に単元を位置付けて示したものであり，どのような学習活動を，どのような時期に，どのくらいの時数で実施するのかなど，年間を通しての学習活動に関する指導の計画をわかりやすく示したものである。年間指導計画では，学年の始まる4月から翌年3月までの1年間における生徒の成長を考慮し，探究活動が連続するように設定していくことが大切である。

[⑮-14]〈中学2年生　本山町再発見〉年間指導計画（イメージ図）

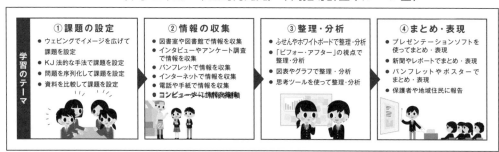

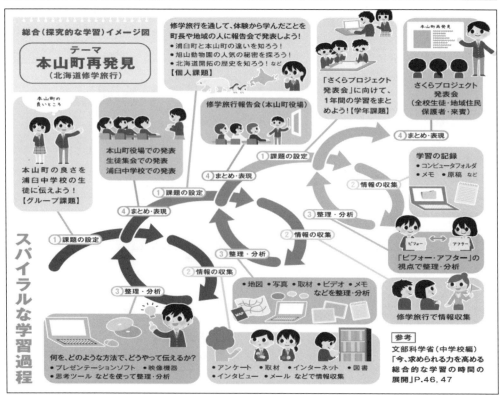

そこで，本校では，先に述べた総合的な学習の時間における「探究のプロセス」が繰り返されていく連続した学習活動となるよう，最初に，学年ごとの「総合（探究的な学習）イメージ図」を作成する作業を行っている。この作業を通して，各教員が活動と活動の「つながり」を意識したり，山場（クライマックス）をどこにもっていこうかと思案したりすることが可能となり，1年間の「探究的な学び」の見通しをもつことが可能となった。

　年度当初に教員が，総合的な学習の時間の1年間の学びを，学年団の複数の教員で物語のようにストーリー化していく作業を行ってきたことで，教員のプランニング能力や企画力，構成力なども育ってきた。

　年間指導計画を言葉だけで作成していくのではなく，生徒の学習活動を具体的なイメージ図から年間スケジュールに落とし込んでいくことで，年間指導計画の作成も容易になり，業務の効率化にもつながっている。

(5) 活動の実際　2学年　総合的な学習の時間「本山町再発見」

①課題の設定

　総合的な学習の時間が成功するか否かは，「魅力ある学習課題を設定すること」にあると言っても過言ではない。テーマに迫る課題設定がうまくできたとき，初めて充実した活動が期待できるのである。

　「学習課題設定」において，この分野で先行研究に取り組んできた甲南女子大学の村川雅弘教授は，「自分ごと」となっていることが大切と力説している。また，國學院大學の田村学教授は，その学習課題が「子どもたちにずれを生じさせる」よう，仕掛けることが大切だと述べている。

　つまり，学習課題が，「自分たちにとって意味のあるものであり，探究するに値するものとして生徒たちが実感できるものになっているかどうか」が肝要なのである。

　『中学校学習指導要領（平成29年告示）解説　総合的な学習の時間編』には，「課題の設定については，生徒たちの知的好奇心や探究心を大切にしながら，課題を設定する場面では，こうした日常生活や社会に存在する事象に直接触れる体験活動が重要であり，そのことが，その後の息長い探究活動の原動力となる」と書かれており，本校では，そうした趣旨を踏まえ，「身近なテーマで，自分ごと」としてとらえられるような課題設定をめざしている。

　本校では，1年生から3年生まで，総合的な学習の時間の最終ゴールを「『さくらプロジェクト発表会』において，1年間の学びの成果を全校で伝え合うこと」としている。2年生の場合では，活動の山場（クライマックス）を，北海道の浦臼中学校との交流活動，北海道修学旅行での調査活動に置いている。時期としては，1学期，2学期前半，2学期後半と合計3回の探究サイクルを回し，本校の重点目標の一つである「表現力の育成」に迫っている。

　1学期は「本山町のよさを浦臼中学校の生徒に伝えよう！」，2学期前半は「修学旅行を通して，体験から学んだことを町長や地域の人に報告会で発表しよう！」，2学期後半は「『さくらプロジェクト』発表会に向けて

［⑮-15］ウェビングで本山町のよさを考える

1年間の学習をまとめよう！」という課題を設定し，探究活動を行うことにしている。

　課題設定においては，教師主導（「他人ごと」）にならないよう，学級全員で，でアイデアを拡散し，対話的な学びを通して一つの課題へと収束させていくプロセスを設定し，課題が「自分ごと」になるよう工夫している。その際には，ウェビングやピラミッドチャート等の思考ツールを活用している。こうしたシンキング・ツールは，総合的な学習の時間の課題づくりにおいて大変有効な手段である。

②情報の収集

　生徒は課題の解決に必要な情報を，観察や見学，調査，探索，追体験などで，情報を収集する。

　情報収集で大切なことは，「自分ごと」として情報収集に当たること，そのためには適切な方法で情報を収集すること，そして，その情報を各教科で身につけた知識・技能と関連付けることである。情報収集のための事前学習が十分にできているかどうかが，「情報の収集」では鍵を握っているのである。

　地域探究学習では，生徒は地域にフィールドワークに出かけることが多い。その際に，「何を調べるのか」「何のために調べるのか」といった目的意識をしっかりもたせること，そして，集めた情報をどのようにまとめ，いつ，だれに対してどのような方法で発信していくのか，といった「ゴール意識」や「相手意識」，「場面・状況意識」をもたせることが大切になってくる。

　学校現場では，フィールドワークに十分な時間をかけられる時間的余裕はほとんどない。だからこそ，1度のフィールドワークで目的が達成されるよう，事前学習の段階で，生徒にその目的や意義について意識を十分に高めておく必要がある。

　本校の2年生は，浦臼中学校との交流会で本山町の魅力を浦臼中学校の全校生徒にプレゼンテーションソフトや動画ソフトを使ってわかりやすく紹介するために，自分たちが自慢したい地域や特産物の取材活動を行ったり，北海道修学旅行後の成果報告会に向けて，札幌駅で200人アンケートや高知県についてのインタビューを実施したりしながら，情報収集に取り組んだ。

③情報の整理

　収集した情報は，それ自体はつながりのない個別なもので，それらを種類ごとに分類・細分化し，多面的・多角的な視点で分析することが大切であり，本校では，そうした学習活動を探究サイクルのなかで常に位置付けるよう心掛けている。

　整理する際には，図表やグラフ，思考ツール等を使って整理・分析したり，ビフォー・アフターの視点で整理・分析したりしている。ホワートボードやふせん，ICTを活用し，対話的な場面を多く設定し，思考力・判断力・表現力を高める学習は，総合的な学習の時間に限らず他教科でも頻繁に取り入れられており，アクティブ・ラーニング的な視点での授業は日常化してきている。

[⑮-16] 【意識させたい「言語意識」】	
相手意識	浦臼中学校全校生徒に
目的意識	本山町や嶺北中の魅力を伝える
場面意識	浦臼中学校との全校交流会の中で
方法意識	動画やパワーポイントを使って
評価意識	わかりやすいものになっているか

▶まとめ・表現

　探究的な学習過程では，情報の整理・分析を行った後，それを他者に伝えたり，自分自身の考えとしてまとめたりする学習活動を行う。そうすることで，それぞれの生徒の既存の経験や知識と，学校での学習活動がつながり，一人ひとりの生徒の考えが深まり，課題がより明確になって

くる。このことが，本校のめざす「深い学び」につながるものと確信している。

(6) さくらプロジェクト発表会の意義

本校では，毎年12月10日前後に，「さくらプロジェクト発表会（学習発表会）」を開催し，各学年が総合的な学習の時間の成果を全校生徒や保護者，地域住民等の前で発表し，学びの共有化を図るとともに，情報発信に努めている。この発表会を12月に実施することは，本校にとって実に大きな意義をもっている。

[⑮-17] 1年生の劇による発表

[⑮-18] 2年生200人アンケート結果発表

[⑮-19] 3年生地域の未来構想

● 「逆向き設計」で考える

本校では，12月を総合学習のゴールに設定していることで，本校教員には，ゴールに向けて「逆向き設計」で単元構成を組み立てる力が育ってきたように感じている。ゴールが決まっているからこそ，今，何をやらなければならないかが明確に位置付いているのである。特に，総合的な学習の時間をうまく運用できていない学校では，「次の総合的な学習の時間は何をしようか」と，計画性もなく時間消化のために様々な活動を入れて時間だけを埋めていく場面を目にするのだが，本校教員の場合は，「総合的な学習の時間が足りない！」という言葉が多く聞こえてくる。生徒主体の学習にしていくには，予想以上に時間がかかるものである。しかし，計画を生徒に任せ，活動を生徒にゆだねなければ，いつまでたっても「教師の指示待ち姿勢」からは脱却はできない。ゴールから「逆向き設計」する力は，カリキュラム・マネジメントそのものであり，他教科や学校行事等にも汎用できるものと考える。

● 上級生が学習モデル

全校生徒が一堂に会し，異学年の学習に触れることは，「学びの共有化」や「次学年の学習のイメージ化」につながる。日ごろから，上級学級の担任には「さすが上級生」と言われるような発表に仕上げてほしいとお願いしている。1年生よりも2年生，2年生よりも3年生の発表がよくなければ，上級生への憧れや次学年の学習への知的好奇心は高まらない。上級生が下級生のモデルになることは，上級生に責任感や自信が生まれる。下級生にとって上級生は身近な学習モデルであり，同時に，教員にとっても，他学年の学びから得るものは大きいと考えている。この学年を越えての「学びの交流」は，「活動と活動」「学年と学年」のつながりを視覚化・共有化する上で非常に有意義なものとなっている。

● 「みんなで創る」

本校では，12月の発表会直前は，「師走」という言葉どおり教員はその準備に東奔西走している。走り回っているのは教員だけではなく，生徒も同様でその準備に忙しい。ある時期や特定の学年だけ忙しいとなると教員たちの不満も噴出してくるのだが，本校の場合，全生徒，全教職員が忙しいのだから，そうした不満もあまり表出してこない。「みんなで創る」「一緒に創る」からこそ，学校としてのまとまり，チームとしての一体感につながっているのだと思う。

●外の風を入れる

　地域住民や保護者，企業関係者や取材でお世話になった農家の方々を招待し，発表を学校外の人に見てもらうことで，学校では外部から評価を受けることができる。外部からは，「中学生の発表は大人顔負けですばらしい！」「あの１年生の劇は本当によくできていた」「グラフや写真の入ったPowerPointや動画などは本当に中学生がつくったの？」といった，「お褒め」の言葉をいただくことが多く，そうした評価が生徒たちの自尊感情や自信につながっているのは間違いない。やはり，「外の風を入れる」「学校を外に開く」ことの果たす役割は大きいと考えている。

　また，２年前からは，さくらプロジェクト発表会において，総合的な学習の時間の成果発表に加え，有識者（大学関係者や企業関係者，町幹部職員等）をお招きし，生徒の「トークセッション」もあわせて開催することとしている。１年目は，「一流の表現力とは？」，２年目は「夢の実現に向けて」というテーマで実施した。こうした取り組みを通して，生徒たちは社会人基礎力としての表現力をさらに高めていっている。

（7）PDCAサイクルの活用

　カリキュラム・マネジメントの定義では，「教育内容の質の向上に向けて，子どもたちの姿や地域の現状等に関する調査や各種データ等に基づき，教育課程を編成し，実施し，評価して改善を図る一連のPDCAサイクルを確立すること」の必要性が述べられている。

　中学校では，各学年団を中心に教育活動が行われているため，総合的な学習の時間については，他の学年がどのように展開されているのか知らないことが多い。そこで，PDCAサイクルを活用し，学年と学年をつなぐために，年度末（３月）の校内研修では，該当学年が，「総合イメージ図」に３色のふせんを使って「成果」「課題」「改善策」を記入し，次学年に内容を引き継ぐことにしている。４月には，そのふせんが貼られたイメージ図をもとに，別の色のふせんを加え，新しい学年団で年間活動計画を作成し，さらによいものへと発展させるよう工夫改善に努めている。

［⑮-20］３学期末の振り返り

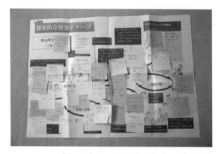

［⑮-21］４月に見直されたイメージ図

（8）データから見る成果

　総合的な学習の時間を中心に据え，「探究的な学び」というキーワードを視点に学校改革に取り組んできた。また，総合的な学習の時間以外でも，様々な学力向上対策に着手してきたことで，本校の学力は右のグラフ［⑮-22］からも見えるように明らかに向上してきている。また，各種調査にお

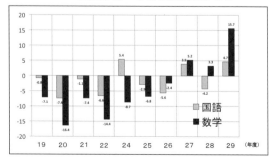

［⑮-22］全国学力・学習状況調査グラフ

各教科Ａ・Ｂの平均値を全国と比較したもの

いても，好結果を示している。

> [⑮-23]【全国学力・学習状況調査（平成29年度）】
> ○「総合的な学習の時間」では，自分で課題を立てて情報を集め整理して，調べたことを発表するなどの学習活動に取り組んでいますか？
> 　　　　　　　　　　　　　　　　　　　　　【肯定的評価　全国58％＜本校94％】
> ○「総合的な学習の時間」の授業で学習したことは，普段の生活や社会に出たときに役立つと思いますか？
> 　　　　　　　　　　　　　　　　　　　　　【肯定的評価　全国75％＜本校100％】
> ○1・2年生のときに受けた授業では，生徒の間で話し合う活動をよく行っていたと思いますか？
> 　　　　　　　　　　　　　　　　　　　　　【肯定的評価　全国78％＜本校100％】

> [⑮-24]【総合的学習で育った学力調査（平成29年度）】
> ※総合的な学習の実践で全国中学校トップ10と思われる学校の平均値と本校の比較
> ○総合的な学習の時間は生きていくうえで大切なことを学んでいると思う。………【全国81％＜本校91％】
> ○総合的な学習は楽しい。………【全国75％＜本校88％】
> ○総合的な学習の時間は，何を勉強しているのかわからない。（反転）………【全国38％＞本校8％】
> ○総合的な学習に一生懸命取り組んでいる。………【全国81％＜本校93％】
> ○教科の学習と総合的学習はつながっていると感じる。………【全国全国65％＜本校81％】

4．おわりに

　今まで，「やりっぱなし」（PDPD又はPDDD）だった活動を，「点検・改善」（CA）というカリキュラム・マネジメントの視点を加え，PDCAを回してきたことで，本校生徒の「学力」と「表現力」は着実に向上してきている。「学びに向かう生徒」の姿，「『教え』から『学び』へ」と変容する教員の姿も徐々にではあるが確実に見えるようになってきた。

　2018年2月に発表された「理想の上司ランキング」（明治安田生命）で2位に輝いたスポーツキャスターの松岡修造氏の『生きる技術をみがく70のヒント』（文春文庫）の表紙には，「本気になればすべてが変わる！」という言葉が書かれている。「教師の教える授業から子どもが学ぶ授業」「子どもが輝き，子どもの成長が実感できる授業」「生徒と教員がともに成長できる学校」をめざし，今こそ，全教職員が「本気になって」，「これぞ嶺北」と言われる「一流の学校」をめざして，学校改革に邁進していきたい。

【参考文献】
● 「カリキュラムマネジメント・ハンドブック」（H28.6.1）
　　（株）ぎょうせい／田村知子・村川雅弘・吉富芳正・西岡加名恵　編著
● 「学力向上・授業改善・学校改革　カリマネ100の処方」（H30.4.20）
　　（株）教育開発研究所／村川雅弘　編集
● 「今，求められる力を高める総合的な学習の時間の展開」　文部科学省（H22.11）

探究課題　地域・キャリア教育　中学校1年生

朝日探究プロジェクト・りんご探究プロジェクト
Search for Asahi ～朝日町を知る～

〈実践〉山形県朝日町立朝日中学校

1. 地域，学校，生徒の実態

　朝日町は，山形県の中央部に位置し，磐梯朝日国立公園の主峰，大朝日岳の東部山麓地域にある。町の中心部を，最上川が21kmにわたって南北に流れ，町土の76%ほどが，国立公園をはじめとする山林で占められている自然豊かな町である。

［⑯-1］生徒たちがつくった文字入りリンゴ

　朝日町立朝日中学校は，今年度開校42年目になる。この間，教育課程や道徳教育，生徒指導を通して，わかる授業をめざす授業改善に視点をおき実践研究を積み上げてきた。また，平成28年度から「主体的・協働的な学びによる授業づくり」を大切にした探究型学習の実践を通して，一人ひとりが生き生きと学び合う生徒をめざしている。

　第1学年の47名の生徒は，男女の仲がよく，穏やかで何事にも熱心に取り組むことができる。探究的な学びの経験は少ない集団であったが，総合的な学習の時間を通して基本的なスキルを身につけながら，協働的な深い学びを通して，地域の方々とかかわり，椹平の棚田の風景に向かって歌声を響かせる成長を見せている。

［⑯-2］椹平の棚田（棚田百選）の風景に向かって歌声を響かせる

2. 教師の願いや思い　～地域とつながり，地域のよさを「再発見」する学び～

　総合的な学習の時間を通して自分たちの住む朝日町の人・自然・社会とのかかわりを深く学ぶ中で，地域社会の課題を見つけ解決し，地域とつながり，地域のよさを『再発見』していくような学習を進めたいと考えた。

　「朝日中学校らしい学び合い」が生まれる授業づくりのために必要な「探究する力」について，教科の枠を越え，教科と教科をつなぐことを通して探究型学習へのアプローチを試みてきた。その成果の姿が総合的な学習の時間であるととらえている。

　第1学年の総合的な学習の時間は「Search for Asahi ～朝日町を知る～」をテーマとし，学年や学級，班で設定した課題について，「朝日探究プロジェクト」や「りんご探究プロジェクト」を通して，地域の方々の協力のもと，仲間とともに学んできた成果をまとめ，多くの場で表現させていきたいと考え，学習課程を計画し，進めてきた。

3. 朝日町のよさを「再発見」するための年間指導計画の構想

（1）地域を素材にした深い学びのための単元目標

　朝日中学校では，総合的な学習の時間の学校全体テーマを「共生」とし，

生命を尊び，多くの人やものとのつながりの中で生きている自己を発見し，人・自然・社会とのかかわりの中で自らの役割を見つけ，よりよく生きていこうとする心情を育てることをめざしている。第1学年では「地域と私たち」をテーマに生徒の実態とつけたい力をもとに単元を計画している。

本単元の評価規準は以下の通り。

[⑯-3]【総合的な学習の時間（きらめきタイム）第1学年　単元目標】
朝日町（地域）の「歴史・自然・人・りんご」を通して，自分たちとのかかわりを学んでいく中で，探究の過程や課題設定に応じた解決方法を協働的に身につけたり，「りんご栽培体験」を通して，仲間との学び合いの中で，地域とつながり，地域のよさを再発見することができる。

[⑯-4]

評価の観点	ア 学習方法に関すること	イ 自分自身に関すること	ウ 他者や社会とのかかわりに関すること
評価規準	仲間と協力して，探究的な課題の解決を探究の過程に沿って適切にできる。	課題解決を通し，地域社会と自分とのかかわりを考えることができる。	地域社会の特色やすばらしさを見つけ，自分の役割と結びつけて考えることができる。
能力との関連	【情報活用能力】【発見力】【思考力】【判断力】【表現力】	【将来設計能力】【健康・体力】	【人間関係形成能力】【生活力】

(2) 各教科との関連を意識し，地域の行政と人材を活用することを意識した年間指導計画

[⑯-5]　第1学年　総合的な学習の時間（きらめきタイム）年間指導計画

月		学習内容	評価方法	学習過程	地域・各教科との関連
4	朝日探究プロジェクト	・総合的な学習の時間の進め方 ガイダンス ・班内の役割分担と探究テーマの決定 ・班の係会と探究テーマ別学習会	ワークシート	オリエンテーション	地域ともに ①(学級活動) 1 (3) 自立・責任
5		・朝日町の地域おこしの発信者に学ぶ ・「朝日探究の日」前日確認集会 当日 ・「朝日探究の日」（朝日町内探究活動）当日	ワークシート	課題の設定 整理・分析	地域を知る ①(学級活動) 2 (2) 思いやり (道徳)
6		・「朝日探究の日」振り返りと集会 ・探究レポート作成　・報告書作成	ワークシー・しおり・行動観察	まとめ・表現	地域を知る ②(学級活動)・2(3) 友情・信頼 (道徳)・パソコンの活用(技術)
7	りんご探究プロジェクト	・りんご探究オリエンテーション 摘果作業【体験①】 ・テーマ「りんご」の探究①②③ ・探究レポートの中間発表会	行動観察 各班の記録用紙	課題の設定／情報の収集／整理・分析／まとめ・表現	地域発見 (学級活動) 4 (3) 郷土愛 (道徳) 平面構成 (美術)
8		・りんご貼り付け用シール作成作業 ・「りんごに関する課題テーマ」の探究	ワークシート 行動観察	情報の収集／整理・分析	地域の人に学ぶ (学級活動) 4 (3) 郷土愛 (道徳) レタリング (美術)
9		・テーマ「りんご」の探究④⑤⑥ ・袋はずし作業【体験②】	ワークシート 行動観察	課題の設定 整理・分析	地域を知る ③(学級活動) 4 (3) 郷土愛 (道徳)
10		・復興シール貼り作業【体験③】 ・玉まわし作業【体験④】	ワークシート しおり 行動観察	まとめ・表現	地域ともに ②(学級活動) 4 (5) 勤労奉仕 (道徳)
11		・りんご収穫作業【体験⑤】 ・道の駅でりんご探究ポスターの作成①② ・道の駅でりんご探究ポスター提案・報告 ・深い学びの振り返りと報告会準備①	レポート内容 相互評価 自己評価	情報の収集／整理・分析 まとめ・表現	地域を知る ④(学級活動) 1 (4) 理想の実現 (道徳) レタリングと構成 (美術)
12	報告会	・りんご栽培体験学習の振り返り ・深い学びの振り返りと報告会準備② ・深い学びの報告会	行動観察 相互評価 自己評価	まとめ・表現	朝日町と私たち①(学級活動) 4 (3) 郷土愛 (道徳)
1	キャリア	・Passカード結果をもとにした自己理解「パスカル」活用　・身近な働く人にインタビュー	ワークシート	課題の設定 情報の収集	働く人々に学ぶ (学級活動) 1 (4) 理想の実現 (道徳)
2		・職業講話（保護者8名）①② ・進路学習 職業調べ①②	ワークシート	整理・分析 まとめ・表現	職業の世界 (学級活動) 1 (5) 向上心・個性 (道徳)
3		・総合的な学習の時間（きらめきタイム）総括学年集会	相互評価 自己評価	まとめ・表現	朝日町と私たち② (学級活動)

4. 単元構想や教材研究（単元計画），探究課題設定

（1）課題の設定　～地域とつながり，地域のよさを再発見する中学1年生になるために～

　第1学年が学ぶ総合的な学習の時間「Search for Asahi ～朝日町を知る～」を探究していくための1年間の学習活動（二つのプロジェクト）のテーマや目的を学年全体で確認した。そして，朝日町と自分たちとのかかわりの中で，それぞれのプロジェクトを探究するための課題について，各クラスや班で確認した。

　二つのプロジェクトの活動内容は以下の通り。

①朝日探究プロジェクト Research on Asahi Project

　朝日町を知るための探究テーマ（課題）を「歴史・自然・人・りんご」と設定した。そして，「朝日探究の日」を設け，実際に朝日町を歩き，テーマにかかわる施設や場所に行き，それぞれテーマについて目と耳と足を使い，地域の方々から深く学ぶこととした。

②りんご探究プロジェクト Research on Apples Project

　実際に朝日町から借用した畑でりんごづくりをする「りんご体験学習」とりんごについて深く知るための「りんご探究学習」の二つの活動を進めていくこととした。

　「りんご体験学習」は，学校裏の果樹農地を借用し，実際にりんごづくりを体験することを課題とした。

　「りんご探究学習」では，「りんごと自然」「りんごの歴史」「りんごとつくり手」「りんごの行先」「つくり手と消費者」「JAとりんご」「朝日町役場とりんご」「りんご料理と加工品」の八つのテーマ（課題）からアプローチした。

（2）情報の収集
～探究のために地域の素材・人材を積極的に活用する～

[⑯-6] 朝日町が作成した町読本の活用

　朝日町についての学びを進めるにあたり，朝日町読本企画編集委員会で作成した「タカラモノガタリ」を政策推進課より生徒全員分を提供していただき，副教材として活用した。そして，朝日町役場の政策推進課，総合産業課，農林振興課，教育文化課，JAさがえ西村山朝日基幹支所，朝日営農生活センター，道の駅りんごの森，盲特別養護老人ホーム和合荘，椹平棚田保存会，若宮寺などの地域の方々，計24名より情報を提供してもらった。

　また，りんごの学びを深めるために，朝日町役場農林振興課の全面的支援をもらいながらりんご農家やJAさがえ西村山朝日基幹支所の力を借りてりんご栽培を体験し，りんごに対する学びを深める活動に取り組んだ。

（3）整理・分析　～様々な学習方法を通して探究する～

　テーマを探究していくために，調べたいことを整理し，質問や疑問点をまとめる活動を行った。その上で，班内で役割を分担し，インターネットや電話取材，図書館や関係機関に取材しながら担当ごとに情報を整理した。最終的なゴールとして，朝日町については「探究レポート」にまとめて「探究報告書」を

[⑯-7] 班ごとに仲間と学びを共有する

作成することとし，りんごについては「おいしい文字入りふじりんご」と「りんご探究ポスター」をつくることとした。

探究していくにあたり，エキスパート学習やジグソー学習，クロストークなどの学習活動を効果的に取り入れていくことを心がけた。

りんご栽培体験では「摘果」「葉っぱ取り」「袋はずし」「文字シール貼り」「玉まわし」「文字シールはがしと収穫」の一連の作業の際に，毎回農家の方や農林振興課の方から説明内容を体験の感想とともにレポートとしてまとめた。

[⑯-8] 摘果作業を経験する生徒たち

(4) まとめ・表現 ～探究ポスターと報告書とりんご～

朝日探究プロジェクトでは，「朝日探究の日」で学んできたことを，四つのテーマについて班ごとに発表することで学年全員が学びを共有することができた。また，テーマごとの探究レポートを作成し，探究報告書としてまとめることができた。

朝日探究プロジェクトを通して「朝日町のりんごは日本一」であることを再確認したことをりんご探究プロジェクトにつなげ，りんご探究学習とりんご体験学習を行った。その探究成果として，おいしい果物としての「文字入りふじりんご」を育て上げるとともに道の駅に「りんご探究ポスター」発表と展示を行った。

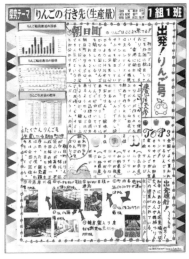
[⑯-9] 1組1班 探究テーマ「りんごの行き先」

5. 探究的な学習過程と手立て ～主体的・協働的な学びによる課題解決型学習～

(1) 朝日探究プロジェクト Research on Asahi Project

年度当初から本校の年間指導計画に総合的な学習の時間をまるごと1日（6時間）設定し，名称を「朝日探究の日」とし，この日を学年としての一つの目標に学習過程を計画した。主に町編集の「タカラモノガタリ」を教材にしながら桃色ウサヒの中の方など地域の方の力を借りた。探究の日当日は，じっくりと自らの足を使い，目と耳と心で学ぶ時間を設定するとともに，地域とのかかわりに重きを置くことで，テーマについて学びを深めることができた。

[⑯-10] 主な学習過程（抜粋）

	探 究 内 容	期 日	備 考
1	きらめきタイムガダンス	4月19日（水）	総合的な学習の時間進め方
2	探究テーマと役割分担	4月26日（水）	課題設定 と班組織決定
3	テーマ別学習会	4月30日（日）	班の係会 テーマ別学習会
4	課題設定と探究の日準備	5月16日（火）	「桃色ウサヒ」佐藤恒平氏講話
5	朝日探究の日	5月18日（木）	朝日町を目と耳と心で深く学ぶ
6	整理・分析とまとめ・表現	5月22日（月）	朝日探究の日のを振り返る
7	探究レポート作成	学活と総合の時間	テーマごとにレポートを作成する

(2) りんご探究プロジェクト Research on Apples Project

朝日町の「象徴」でもある「りんご」について，「りんご」を深く知るための「りんご探究学習」と実際にりんごづくりを体験する「りんご体験学習」の二つの方法で深く学ぶこととした。それ

それの学習過程の中で地域の方を巻き込みながら，四人グループや六人班，学級を単位とした体験活動，主体的に話し合い，議論する話し合いの場を取り入れるようにした。

[⑯-11]【りんご体験学習】主な 学習過程（抜粋）

	探究内容	期　日	備　考
1	摘果作業体験	6月30日（金）	朝日世界りんご園での体験作業①【農林振興課】
2	シール作成	8月11日（金）	各教室でシール作成作業
3	袋かけ作業体験	9月26日（火）	朝日世界りんご園での体験作業②【農林振興課】
4	シール貼り作業体験	10月4日（水）	朝日世界りんご園での体験作業③【農林振興課】
5	玉まわし作業体験	10月31日（火）	朝日世界りんご園での体験作業④【農林振興課】
6	りんご収穫作業体験	11月24日（金）	朝日世界りんご園での体験作業⑤【農林振興課】
7	被災地へのりんご贈呈	11月25日（土）	女川の仮設住宅に暮らす方々にりんごを贈る
8	受験生へりんご贈呈	12月1日の吉日	受験を間近に控えた3年生全員にりんごを贈る

[⑯-12]【りんご探究学習】主な 学習過程（抜粋）

	探究内容	期　日	備　考
1	概要　課題の決定	7月5日（水）	学習概要説明　8テーマ課題の設定
2	テーマの探究	7月6日（木）	りんご8テーマの情報の収集
3	関係者からの講話	7月12日（水）	つくり手講話　情報の収集【農家・町役場・JA】
4	テーマの整理・分析	8月22日（火）	ワークシートへの整理・分析①
5	探究結果のまとめ	9月19日（火）	大判用紙へのまとめ①
6	探究結果のまとめ	学活と総合の時間	大判用紙へのまとめ②※学級時間等の活用
7	発表・展示	11月16日（木）	「道の駅りんごの森」2階展示室

6. 主体的・対話的で深い学び

（1）主体的・協働的な学びによる課題解決型学習をめざして

　主体的な学びを行うためには，課題について生徒が関心をもつことが大切である。そのため，多方面のテーマを開設して，より多くの生徒が自分の興味・関心に従った課題を設定しやすいようにしていく。テーマによっては調べ方やまとめ方も自由とし，生徒が自分で計画をたてて取り組めるようにする。また，自分のまとめや他者の発表をもとにして，新たな課題や今後の学習に向けての改善点を整理させていく。発言に対しての質問や意見が返され，話す側も聞く側も考えを広げ，さらなる課題の探究につながるような場面を設定した。
　「深い学びの報告会」などでのプレゼンテーションでは，一方的な伝達に終わらないように注意し，相互評価や比較・検討を通して協働的な学びになるように心がけた。

（2）対話力を磨き表現力を高めるために

　単元全体を通して大事にしてきた班の活動において，お互いが学んだことや考えについての意見交換の場面をより多く設定して，練りあい高めあいをうながしてきた。また，個人での活動では，調べる場所やICT機器の活用の保障を行うとともに教師が的確な質問（ジャンプ課題）をすることを通して，より深く考えたり新たな課題に気付いたりするよう導いていった。
　発表の場面では，他の生徒の発表から学んだよさを各自が整理したり，さらによい発表のためのアドバイスをしたりしながら，より上手に伝える力を高めていくことを心がけて指導した。

7.「深い学びの報告会」（12月26日）を参観した学校関係者と保護者の声

　学年総会での授業参観において，これまで取り組んできた総合的な学習の時間での学びを報告会の形式でプレゼンテーションを行った。参加者は教育長，教育委員会，研修講師，町役場，大

学関係者，町内小学校教員，保護者を合わせ総勢 100 名ほどであった。

> ●今回，総合の授業を参観させていただいて朝日中学校の子どもたちの視点や努力が，とても魅力的でした。私は，兵庫県の西宮出身なので，朝日中の生徒たちを見ながら自分の中学生時代を思い出しました。朝日町のようにたくさんの魅力がある土地で生まれ，育ち，そして巣立っていく上で，その土地を知り，学ぶことはすごくよいことだと思います。このような総合的な学習の時間はこれからも大切にしてほしいと思います。キラキラした生徒たちの学びをありがとうございました。　　　　　　　　　　　　　　　　　　　　　　　　　　　　　　　　　　　［⑯-13］【大学関係者】

> ●今日は素晴らしい発表，ありがとうございました。一人ひとりの活躍があり，素晴らしかったです。発表の形式も様々あり，楽しく参観することができました。テーマについて，自分たちが「自分ごと」として学んでいる様子がとてもよかったです。小学校においても中学校の学びの基礎となる力をつけていきたいと思いました。　［⑯-14］【学校教育関係者】

> ●今回参観させていただいた総合学習の内容は素晴らしい，すごいと思いました。自分たちでテーマを決め，学習し，体験する。そして，課題を見つけ，さらに学習する。成果も上げている。今後の学習も頑張ってほしい。ますます成長してほしい。　　　　　　　　　　　　　　　　　　　　　　　　　　　　　　　　　　　　　　　［⑯-15］【1学年保護者】

8. 朝日町を大好きな生徒に ～郷土 Yamagata ふるさと探究コンテストで探究大賞受賞～

　今回の学びの成果を山形県教育委員会主催の山形県郷土愛を育む活動推進事業「郷土 Yamagata ふるさと探究コンテスト」に出場し，学びの成果をプレゼンテーションしたところ「ふるさと探究大賞」をいただき，全員で喜びを共有するとともにあらためて私たちの学びの確かさを実感することができた。また，1年間の学びの成果を「深い学びの報告会」として，かかわっていただいた大勢の方々を招いて実施できたことは，わたしたちの学びの振り返りの点でも意義深いものであった。

［⑯-16］探究コンテストでプレゼンテーションする生徒たち

　本校では，1年生で「朝日町を知る」ことを目標に探究活動を行う「Search for Asahi」を，2年生では「朝日町と私たち」をテーマに町の方々に提案をする「LIVE in ASAHI」を，3年生では「地域の人に学ぶ」ことをテーマに祭りばやしや伝統の太鼓，昔語り

［⑯-17］深い学びの報告会の様子

の伝承に「Tradition in ASAHI」として，深い学びを続けていく見通しをもっている。中学校3年間，総合的な学習の時間を通し，わたしたちのふるさと「朝日町」について深く，多くの方とかかわりながら，生徒たちにともに生きていることを実感させていきたいと考えている。

　そして，将来，生徒たちが上級学校に進み，多くのことを学んだあとに，大好きな「朝日町」に戻ってきて，地域の中で楽しく充実した暮らしをしていけるような人になってもらうことが本校の総合的な学習の時間の大きな目標でもある。1年間，「地域」をテーマに意図的で計画的な総合的な学習の時間を通して，本学年生徒 47 名は，仲間と協働しながら探究的な学びを通し，朝日町のよさを「再発見」することができた貴重な学びの時間になったことを確信している。

［⑯-18］深い学びの成果をまとめた「探究報告書」

探究課題　地域・キャリア教育　中学校3年生

私たちが描く未来のふくやま

〈実践〉広島県福山市立城北中学校

1. 地域, 学校, 生徒の実態及び教師の思い

福山市立城北中学校区は, 4小学校を含む大きな校区であり, 市内でも大規模校にあたる。また, 市の中心部に位置しており, 様々な文化施設や公共施設等も多く, 材には恵まれた環境である。しかしながら, 地元のよさや課題について考えたり, 触れたりする機会があまりないという生徒の実態から, 総合的な学習の時間において, 「地域理解・社会貢献」の単元を各学年の前期に学習する単元として設定している。第3学年では, 「城北中夢プロジェクト～私たちが描く未来のふくやま～」というテーマのもと, 身近な地域の課題を見出し, その改善策として新しい施設や制度, 企画などを考え, 自分たちがそのプロジェクトにどのようにかかわっていけるかを提案する。この単元を通して, 自分たちの住んでいる街をよりよくしたい, 大人になったときに住みたいと思える街にしたいという生徒の願いを大切にしながら, 自分たちだけでなく市民の思いを大切にし, 他の地域の人からも高い評価が得られる街になるように, 客観的な課題を見出し, 改善の方法を考えさせる。その過程における地域やまちづくりに携わる人たちとのかかわりを通して, 自分たちに寄せられる期待や思いに気付くとともに, 自分たちが社会の一員であることに気付かせ, 社会貢献や社会参画することへの意義や意味, 喜びも実感させたい。

[⑰-1] 平成29年9月16日　文化発表会

2. 本校が育成をめざす資質・能力　[⑰-2]

次期学習指導要領	知識・技能	思考力・判断力・表現力	学びに向かう力・人間性等
城北中	知識・技能	思考力・判断力・表現力	主体的に学ぶ力　社会貢献力 他者とかかわる力　自己形成力

資質・能力	資質・能力の中で特に身につけさせたい力
知識・技能	①学習したことを自ら語れる力（知の構造化）
思考力・判断力・表現力	①根拠をもとに, 正しい判断をする力（論理的思考力） ②よりよい解決のため, いろいろな見方・考え方をもつ力（批判的思考力） ③自分の考えを相手が納得できるようわかりやすく伝える力（言語力）
主体的に学ぶ力	①自ら課題を見出し, 解決しようとする力
他者とかかわる力	①他者と協力（協働）し, 課題を解決しようとする力 ②他者とのかかわりを通して, 自らの考えを深めたり広げたりしようとする力
社会貢献力	①よりよい地域社会のために, 何をすべきかを考え実行しようとする力
自己形成力	①前向きにチャレンジし, より自律・自立した人間になろうとする力 ②自信をもつ力

学習方法に関すること	自分自身に関すること	他者や社会とのかかわりに関すること
知識・技能 思考力・判断力・表現力	主体的に学ぶ力 自己形成力	他者とかかわる力 社会貢献力

自ら考え学ぶ（主体性をもった）生徒の育成を柱に六つの資質・能力を設定した。また，設定したそれぞれの資質・能力について，特に身につけさせたい力を定義し，共通認識を図っている。

総合的な学習の時間では，設定した資質・能力を評価の観点としても扱うため，総合的な学習の時間において配慮すべき三つの視点との関連についても整理した。

3．本校の総合的な学習の時間について

本校では，総合的な学習の時間が，地域への貢献・参画・協働できる単元となることをめざし，各学年の前期の単元において，「地域理解・社会貢献」学習を，また前期の単元を振り返ることにより，自己を深く見つめることのできる単元となることをめざし，各学年の後期の単元において，「自己探究」学習を柱とした学習を行っている。このような総合的な学習の時間の学びを3年間スパイラルのように継続していくことで，より探究的な学習に，そして本校が育成をめざす資質・能力の育成につながるのではないかと考える。

[⑰-3] 3年間の総合的な学習の時間の単元構成イメージ

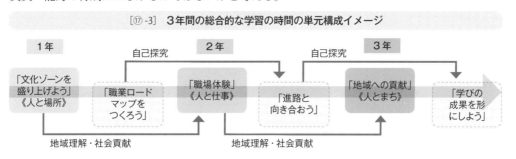

4．本単元について

（1）単元の全体イメージ（学習活動の流れ）

本単元の学習にあたり，活動の流れを図にまとめ掲示（写真は学習の進度に合わせて随時更新している）し，生徒及び教職員に常に学習の見通しをもたせるようにした。

[⑰-4] 見通しをもって学習活動を行うためのイメージ図

（2）探究的な学びをめざした，学習過程の各場面における指導のポイント

① 「課題の設定」の場面では，同じ思いをもった生徒どうしでよりよい課題を設定させる。そのために，まず大まかな未来図を思い描かせ，それを形容動詞を使い，「○○なふくやま」として発表させる。それをグルーピングし同じ思いの者を集めて，協働して取り組める環境をつくる。

［⑰-5］課題の設定

② 「情報の収集」の場面では，必要な情報やその調べ方について，外部講師による講義やグループどうしで交流し精選させる。

③ 「整理・分析」の場面では，調査の結果を踏まえ，始めに設定した課題が適切であったかどうかを再考させる。また，調査した結果を伝えやすくするために図やグラフを活用してまとめさせる。

［⑰-6］情報の収集

④ 「まとめ・創造・表現」の場面では，作成した提案を1度地域の方にも評価していただくことで，自分たちでは考えることのできなかった別の視点に気付かせ，提案内容を深めさせる。

［⑰-7］整理・分析　　［⑰-8］まとめ・創造・表現

⑤ 「実行」の場面では，最終的な提案として，ふくやま未来づくり100人委員会の方に向け提案を行い，評価していただく。

⑥ 「振り返り」の場面では，本単元の振り返りを行い，自らの学習の過程について自己評価や他者評価を行う。そして，後半の単元「3年間の学びを形にしよう」の方向づけをする。

［⑰-9］実行

［⑰-10］単元の「振り返り」における生徒の自己評価表

[⑰-11] 単元計画【36時間】

小単元名	学習過程	○学習内容 ・学習活動	評価規準 （評価方法）	各教科等との関連
私たちで「未来のふくやま」を描こう	課題の設定	○テーマをイメージさせる（1） ・「私たちが描く未来の○○なふくやま」を考える。 （例）いきいき・わくわく・どきどき ○課題を設定する（1） ・テーマごとにグループをつくる。 ・それぞれのテーマでの強みと弱みを出し合う。 ・グループごとに提案する内容を考える。 ○ホワイトボードに提案内容を書いて発表し、他グループの意見を聞く。（1）	【思－①】 【主－①】 【他－②】 （ワークシート） （グループワーク）	⇔【国語】 ブレーンストーミング ⇔【社会】 現代社会と私たちの生活 ⇔【英語】 日本の文化紹介
	情報の収集	○自分たちの思い描く未来を1枚の絵にする。（4） ・グループ内で一人ひとりが描いてきた絵について思いを発表し、グループで1枚のイメージ図にする。 ○中間発表をする（3） ・グループで中間発表を行うためにグループ内でゴールイメージを共有する。 ・説明者は描いているイメージ図を使って①自分たちのアイデア②なぜこの絵にしたのか（根拠となるところ）を発表する。 ○提案のために必要な調べるべきことを考える。（2）	【思－①】 【主－①】 【他－②】 （ワークシート） （グループワーク）	⇔【美術】 デザイン・レイアウト・コラージュ技法 ⇔【国語】 ポスターセッション
		○ゲストティーチャーの話を聞く。（2） ・ゲストティーチャーの話を聞いて調査計画を修正する。 ○調査する。（4） ・計画をもとに調査する。	知－① （行動観察）	⇔【数学】 情報を表やグラフを用いて整理する
	整理・分析	○調査結果を整理する。（4） ・グループごとに調査内容を整理する。 ・調査内容をもとに自分たちが提案する内容を考える。	【主－①】 【思－①】 （行動観察）	⇔【国語】 話し合って提案をまとめる
私たちが描く「未来のふくやま」を発信しよう	まとめ・創造・表現	○提案内容の案を考える。（6） ・発表方法をグループで決めて、構成を組み立てる。 ・発表原稿や資料を作成する。	【思－③】 （グループワーク）	⇔【数学】 根拠をもって論理的に説明する
		○中間発表を行う。（2） ・発表後にグループで出た意見をもとに提案内容を修正する。 ・グループで話し合ったことを発表する。	【他－②】 （行動観察）	
		○提案に向け、準備をする（5） ・発表原稿や資料を修正する。 ・提案に向けて、各グループで発表練習をする。	【思－①】 （企画書）	⇔【国語】 説得力のある文章を書く
	実行	○自分たちが考えた提案内容を発表する。（2） ・各グループで発表をする。	【思－③】 【主－①】 【社－①】 （プレゼンテーション）	⇔【技術】 作品の表現 ・発信、プレゼンテーションソフトを使った提案
	振り返り	○振り返りをする。（1） ・自己評価及び本単元の振り返りを文章でまとめ、その振り返りを交流する。	【自－②】 （ワークシート）	

Ⅱ 事例編

⑰ 私たちが描く未来のふくやま（中学校3年生）

5. 評価と生徒の振り返り

（1）本単元の学習における評価について

①自己評価・他者評価

　小単元ごと（各学習過程）における自己評価や他者評価をワークシートに文章で書かせる。また，単元全体の振り返りでは，自己評価表に評価規準に基づき，自己評価を文章で書かせる。

[⑰-12]【自己評価】

資質・能力及び態度		本単元の評価規準
知識・技能	知	①福山の現状から課題や魅力を具体的に見出すことができる。
思考力・判断力・表現力	思	①見出した課題の中から，必要な情報を抽出し，まとめることができる。 ②提案までを見通して，何をすべきかを計画することができる。 ③相手に伝えるべき内容を選択し，表現することできる。
主体的に学ぶ力	主	①自ら課題を見出し，課題を解決する方法を考えることができる。
他者とかかわる力	他	①自ら課題を見出し，協働してよりよい方法で解決することができる。 ②仲間と話し合いながら，考えを深めることができる。 ③自分たちが考えた提案内容を他のグループや外部の人と共有することができる。
社会貢献力	社	①よりよい福山の未来を考えて，提案を発信することができる。
自己形成力	自	①課題解決のために，前向きに試行錯誤している。 ②単元の学習を進めながら，未来の福山を発信する意義を考えることができる。

②教職員による評価

　生徒の自己評価をもとに，本校が設定する六つの資質・能力について，「どの学習内容の，どのような学習活動で，どのような力が身についた（高めることができた）のか」という三つの視点をもって，文章で評価している。その例を以下に示す。

[⑰-13]【資質・能力が身についた（高まった）と評価した評価例】

●「私たちが描く未来のふくやま」の提案の作成では，よりよい提案のために，調査してきたことを，わかりやすく絵やパワーポイント，映像等にまとめることを通じて，自らの考えを提案できる形にするという思考力・判断力・表現力が身についた。
●「私たちが描く未来のふくやま」の提案を形にする場面では，他者からのアドバイスに基づいて企画を修正し，プレゼンテーションのための準備を行うことができた。これにより，自らの考えを深めたり広げたりするといった他者とかかわる力が身についた。
●「私たちが描く未来のふくやま」の提案の場面では，より魅力ある福山にしていきたいという強い思いをもって，自分たちにできることが無いかを最後まで考え提案を行った。このことにより社会貢献力に対する意識が高まった。
●「私たちが描く未来のふくやま」の学習を通じて，何度も検討・修正を繰り返してきた企画を形にして提案することができた。また，外部からも多くの評価をしていただいたことにより，自らの自信へとつながる自己形成力が高まった。

③外部の方による評価

　単元で，かかわっていただいた外部の方にも直接その場で，または事後に生徒に対する評価をしていただき，生徒へその評価を返すことで，自己評価に生かしている。

[⑰-14]【ふくやま未来づくり100人委員会の方よりいただいた評価の一部】

- 「驚かされた」の一言に尽きる。全員が一体となって未来について考えていっていることにも驚いたし，発表のクオリティも高かったと感じた。今後自身もより一層100人委員として頑張るためのパワーをもらえたような気持ちがあります。
- しっかりとアンケートを実施し，具体的な提案をしていて完成度が高い。福山PR動画制作も観点がよい。
- 商店街の活性化について多角的に具体案が示されていて，かつ中学生自身ができるボランティア活動も含まれており，提案のバランスがよい。

（2）生徒の振り返り

　3年間このような取り組みを続けてきて，特に生徒の振り返りで変化が見られたのは，「この学習を通してどんな力が身についたのか」を明記する生徒が圧倒的に増えたことである。そして，ここで学んだことを，今後の人生にどう生かしていくのかまで考える生徒も多く見られるようになった。これは，総合的な学習の時間において，教職員と生徒の双方が「どのような力を身につけさせたいのか」「どのような力が身についたのか」を意識して活動を続けてきた成果であると考える。

[⑰-15]【生徒の振り返り】

- 僕は，今回の発表で，達成感がいっぱいになりました。いろいろと悩み子どもの少ない知恵を振り絞って協力してプレゼンテーションをつくってきました。それが，先日の発表で形となって表せたことはとてもうれしかったです。そして100人委員会の方はすごいと思いました。どの質問を聞いても核心を突くような鋭い質問で驚きました。だからこそそんな方たちに提案を聞いていただき，「参考にする」と言ってもらえたときはうれしかったし誇りに思いました。最後まで楽しく学習できてよかったです。
- 今までの総合を振り返って，積極性が必要だと思いました。総合は誰かに言われているからやるのではなく，自分で案を考えて，より強く主張するため資料を集めたり，実現可能かなどを調べたりしました。「誰かに指示されてからやろう」や「誰かがやるだろう」ではなく，自分から「今日はこれをする！！」という目標を立てて積極的に行動するという力が身に付いたと思います。
- 今日は，100人委員会の人が来て下さって，発表を聞いてもらいました。質疑応答の時間でもたくさんの質問をされていて，その企画に足りないところやよかったところなどもたくさん言ってくださって，本当により深まっているなと感じました。ずっとこの単元を学習してきたことを実際に100人委員会の方に見ていただいたことで，本物の取り組みをされている方のことばや取り組みを肌で感じることができました。自分たちが提案したことを，「そのまま使えるんじゃないか」といわれているグループもあってすごいと思いました。自分たちが考えたことも100人委員会の少しぐらいは参考になればうれしいなと思いました。「これからの福山を託されるのはあなた方だよ」とも言われたので，この取り組みを忘れずに将来につながるようにしたいと思います。ずっとこの学習を続けてきて，より深く考えて，たくさんの時間を使ってきてよかったなと思いました。すごく楽しかったです。

6. 取り組みの成果

　本単元の活動を通じて，新聞2社に取り組みの記事を掲載していただいた。また，福山市の広報誌にも紹介していただいた。
　平成27年～29年度までの本校の取り組みをHPに掲載し，これまでの取り組みの発信にも努めた。このような本校の取り組みを評価していただき，平成29年度末には，城北中学校が団体として広島県教育奨励賞を受賞した。

[⑰-16] 生徒が考案した未来のふくやま弁当

[⑰-17] 福山市広報紙掲載記事

| 探究課題 | 地域 | 中学校3年生 |

ボランティアガイドのできる子ども

〈実践〉広島県福山市立鞆中学校

1. 地域，学校，生徒の実態

福山市立鞆中学校が位置する鞆の浦は，広島県東部の瀬戸内海に面しており，多くの歴史的建造物や伝承が大切に保存されている。鞆町は，古く万葉の歌にもうたわれ，中世から潮待ちの港として栄えてきた。自然と多くの文化財や歴史的建造物からなる町並みが一体となった景観

[⑱-1] ボランティアガイドの生徒

をもつ，瀬戸内有数の景勝地である。2017年（平成29年）10月には，「朝鮮通信使に関する記録」がユネスコ記憶遺産に登録され，さらに本年5月には，鞆町の港町文化をテーマとしたストーリーが日本遺産に認定された。鞆町の歴史的資産は，国内外から高く評価されている。

しかし，少子高齢化が進み，地域の人口減少とともに，空き家の増加や家屋の老朽化などにより，古い町並みは失われつつある。町の人口は50年前の3分の1程度に減少し，とりわけ，若者世代の減少が著しい状況にある。本校の生徒数も近年減少傾向であり，鞆中学校は各学年20人に満たない小規模校である。また，歴史と暮らしの中で守り育んできた祭事等，伝統文化の継承にも影響を及ぼしており，町の再生・活性化については大きな課題となっている。

地域は，教育活動に協力を惜しまず，期待も大変大きい。生徒は，明るく真面目で学校行事等の諸活動にも，大変意欲的に仲間と協力をしながら取り組むことができる。しかし，少人数がゆえに互いの思いがわかり合えることもあるが，初対面の人の前や経験の少ないことに対しては，不安になったり，積極的に行動することができなかったり，さらに，自分の考えをうまく相手に伝えることができなかったりする生徒もいる。

2. ボランティアガイドのできる子ども「地域課題を学習課題に」

上記の実態から，これからの変化の激しい社会をたくましく生き抜くためには，溢れる情報から必要な情報を取り出し，それを活用しながら，自ら課題を見つけ，課題解決に向けて主体的に学ぶ力を育てることが大切だと考えた。特に，人前で臆せず自分の考えを適切に伝える力を付けること，さらにすべての基盤となる「ふるさと鞆」に愛着と誇りをもつことが重要となる。

生徒は，鞆町の伝統的な町並みを生かして，観光による地域の活性化を進めていることを学習していく。市内外から年間100万人以上の観光客が訪れるなか，自分たちが鞆町のために何ができるかを考えるところから学習は始まった。そして，9年間の学習による鞆町の実態や地域の思いを

子どもたちが感じ取り,「何とかしたい」「鞆町を訪れる人たちをあたたかく迎え楽しんでもらいたい」という生徒の思いから,ボランティアガイドの取り組みが始まった。

3. 総合的な学習の時間の取り組み

(1) 9年間で育てる資質・能力

本校では,学校教育目標を小学校とともに中学校区教育目標として「郷土を愛し,心身ともにたくましく,主体的に学ぶ子どもの育成」,めざす子ども像を「ボランティアガイドのできる子ども ～鞆を訪れる多様な観光客を温かく迎え,相手に応じて,鞆の歴史,伝統文化などを魅力的に発信している～」としている。

さらに,校区の児童生徒実態を踏まえ,小中9年間で育てる資質・能力を「情報活用能力」「コミュニケーション能力」「郷土愛」と定め,学年ごとにめざす児童生徒の姿を設定している。3年生のめざす姿は,次のとおりである。

[⑱-2]

情報活用能力	①情報モラルを身につけ,ICT等から必要な情報を取捨選択しながら収集できる。 ②収集した情報を分類・整理・比較・関連付けて相手意識をもってまとめることができる。 ③魅力的に世界へ情報を発信することができる。
コミュニケーション能力	①自分の課題やそれに対する考えや相手が求める内容をわかりやすく伝えることができる。 ②自分の考えと比較しながら他者の考えを聞くことができる。
郷土愛	世界や未来に視野を広げ,鞆の町づくりに貢献できる。

(2) 評価

評価については,話し合いや学習活動に係る観察による評価,ワークシートやノートなどによる評価,発表やプレゼンテーションなどの表現による評価,生徒の学習記録などによる自己評価や相互評価をもとに行っている。生徒のよい点や頑張り成長した点を積極的に評価することを心掛けている。

[⑱-3]【評価の具体】

評価の観点	評価方法	評価規準
情報活用能力	ワークシート	・収集した情報を分類・関連付けながらまとめている。
	プレゼンテーション	・相手意識をもち,わかりやすく情報を発信している。
コミュニケーション能力	行動観察(話し合い活動)	・互いに考えをわかりやすく伝え合うことができる。
	行動観察(ガイド)	・相手意識をもち,鞆町を積極的に伝えることができる。
郷土愛	振り返り	・学びを通し,世界や未来に自らの視野を広げている。
	自己評価	・自分なりに,鞆の町づくりに貢献しようとしている。

(3) カリキュラム・マップの活用

福山市では,全小中学校がめざす児童生徒に育成したい資質・能力(21世紀型"スキル&倫理観")を定め,教科・領域の枠を越えてどこでどのような力を育成することができるのかを整理するために,年間指導計画一覧であるカリキュラム・マップを作成して,授業改善の取り組みを進めている。

本校3学年では,ボランティアガイドにかかわる英語科や国語科,社会科など他教科の単元と,総合的な学習の時間の関連する内容を線で結び,わかりやすくまとめている。カリキュラム・マップの作成を通して,教員が学習の関連性をより意識して取り組むことができるようになった。

[⑱-4] 2018年度（平成30年度）第3学年 カリキュラム・マップ【全体計画・年間指導計画一覧表】

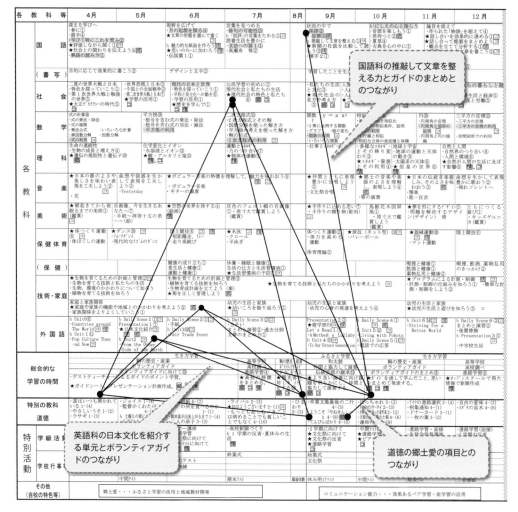

4．具体的な取り組み

（1）ガイドをしよう　～なぜ？どのように？～【課題の設定】

　鞆小学校とともに9年間を通して，地域の歴史・伝統・文化に対する理解とその継承に係る学習活動に取り組んでいる。中学3年生では，鞆についての学びの集大成として，ボランティアガイドを3回，さらに英語でのボランティアガイドにも挑戦することとした。生徒たちは，なぜボランティアガイドを行うのか，なぜ3年次に行うのか，よいガイドを行うためには何が必要かを考え，生徒自身でボランティアガイドの課題を設定した。

> [⑱-5] **課題設定における生徒の振り返りより（抜粋）**
> ●ガイドをすることで，自分の町への関心を深め，地域の人とかかわり合い，自分たちが鞆を担うという意識を高められると思います。今はボランティアガイドをされている方々はお年寄りの方が多いため，私たちの年代が，鞆を今よりもっと広く知ってもらえるように活動しないといけないという使命があると思います。また，純粋に鞆の町が好きだから，鞆の歴史を伝えていきたいと思っています。
> ●これからの社会はグローバル化が進むと思います。英語を使って鞆のガイドをすることで，外国の街並みとは違う鞆

の魅力を伝えられ，国を越えて多くの人とかかわり合うことで文化の違いなどを共有することができると思います。また，社会の授業で習ったことを生かし，日本や世界各地との共通点や相違点を見つけられ，視野を広げることができると思います。

（2）鞆について理解を深めよう【情報の収集】
① 地元ボランティアガイドの方から直接指導

事前に，ガイドを行うために大切なことは何かを考え，聞き取るポイントや質問したいことを考えた。

当日，生徒は課題意識をもって意欲的にガイドされる内容を聞き取ったり，直接疑問点を尋ねたりすることができていた。効果的に鞆のよさをアピールする方法を体験して学ぶことで，ガイドに必要な能力や情報について，さらに整理・分析を行った。

［⑱-6］地域との連携

② 福山市立大学での講義，実習

福山市立大学と連携して，英語でのガイド実施に向けて大学の先生から講義を受け，英語で活動を行った。これまで学んだ英語表現を活用し，自己紹介，友だち紹介，鞆紹介，英語での雑談の練習を行った。生徒は，外国人とコミュニケーションをする時は，完璧な英語を話すことよりも，伝えようとする姿勢が大切だということを学んだ。

［⑱-7］福山市立大学との連携

（3）心温まるガイドに向けて【情報の整理・分析】
① 班討議を中心に

班ごとにガイド場所を分担し，国語科で学んだ「言葉を選ぶ力」や「推敲して文章を整える力」を生かしながら，個別に鞆の何をガイドするか考え，ガイド原稿（案）を作成した。その後，生徒どうしで推敲し合ったり，本校独自のガイド実技検定の合格をめざしてコミュニケーションのポイントを考えたり教え合ったりした。

また，鞆に住んでいるからこそ知っている情報等をクイズ形式にして準備した。さらに，旅の思い出となるよう，鞆パンフレットやオリジナルキャラクター「じょうやくん」バッジ，「100万本のばらのまち福山」をＰＲするための「折りばら」を鞆のおみやげとして準備していった。

［⑱-9］英語での鞆パンフレット

［⑱-8］生徒手づくりのおみやげ

② 英語でガイドにチャレンジ

英語の授業では１年次から様々な表現で鞆町について話したり書いたりする練習を積み重ね，パフォーマンス課題等で定着を図った。ハワイの中学校とテレビ会議を行い実践的なコミュニケーションの場をもつことも体験した。

また，ALTからも，外国人の視点での鞆の興味深い部分や伝わりやすい英語表現を学習した。生徒は，福山市や鞆町を紹介するためのPowerPointも作成し，効果的なプレゼンテーションについても考えた。さらに，英語の授業で，やりとりのスキルを磨くためのトレーニングを重ねた。

（4）ガイドに挑戦　～世界へも鞆自慢～【まとめ・表現】

　日本語でのガイドは合計3回（1学期，夏休み）行い，その都度，表情や目線，声量や応答など，よりよいコミュニケーションの取り方を考えたり，鞆の魅力を伝える原稿を練り直したりするなど，改善を重ねていった。

　11月頃に福山市立大学の先生が仲介してくださった外国人観光客を鞆へお迎えした。公民館で歓迎会を行い，PowerPointを用いて福山市と鞆町の紹介プレゼンテーションを英語で行った。生徒は事前に練習を重ねたことで，自信をもって発表できていた。生徒と観光客はグループに分かれ，自己紹介や雑談を交わしながら観光名所を巡った。最後に，準備したクイズを楽しんでもらった。

[⑱-10]　**ガイドの具体例**
- 所要時間　　：約10分　　●対応者数：1班につき5～6組の観光客
- ガイド内容　：ガイド場所にまつわる歴史，文化，クイズ，おみやげ，雑談
- 外国の方の反応：「鞆中学校の生徒のみなさんはとてもすばらしかったです。どの生徒も一生懸命にコミュニケーションを取ろうとしていました。大変すばらしい」

[⑱-11]　英語でボランティアガイドに取り組む生徒の様子

[⑱-12]　ボランティアガイドを終えた生徒の振り返りより（抜粋）

今後，僕たちのふるさとをさらに活性化させるために何ができるかを考えました。たくさんの意見が出た中，実践できるような意見を二つ発表します。一つ目は，鞆のオリジナルお土産を開発することです。ユニークなお土産をつくって宣伝すれば観光客の方がさらに増えると思います。二つ目は，鞆の浦をもっときれいにすることです。鞆の美しい景色がまた更に美しくなると，その景色を一目見ようと観光客も増え，そして来てくださった観光客の方がもっと喜んでくれます。

5．他学年・地域とのつながり

（1）他学年とのつながり

① 鞆の歴史にかかわる創作劇の発表（1年次）

　本やインターネットを使ったり，地域や家庭での聞き取り調査を行ったりすることで，鞆のよさを再発見し，鞆のパンフレットを作成する。そして文化祭では鞆の歴史にかかわる創作劇を発表した。

[⑱-13]　1年次 文化祭 劇

② 修学旅行先での鞆町PRと認知度調査（2年次）

　2年次では，1年次に作成した鞆パンフレットを活用して，修学旅行（南九州）の民泊先で鞆のよさを紹介するとともに，鞆にかかわるアンケートを取り，鞆の認知度を調べた。アンケート結果から，鞆が題材といわれるジブリアニメ『崖の上のポニョ』の情報を盛り込むことや，景色のよいところを紹介することが鞆の魅力を伝えるために効果的だと分析した。

[⑱-14]　2年次 修学旅行先にて

（2）地域とのつながり
① 伝統行事にも積極的に参加
　伝統芸能であるアイヤ節，三味線，太鼓を地域の方から指導をいただき，学校行事や地域行事等で披露するなど，生徒たちは鞆町の伝統行事に積極的に参加している。
② 他校や福山市立大学との連携
　海沿いや山間部に位置する中学校5校と本校の生徒会メンバーで「『海山』中学生サミット」として福山市立大学に集合し，各地域の取り組みを発表し合った。大学生や大学OBもサポーターとして参加し，地域活性化，よりよい地域貢献について考え合った。

6．ボランティアガイドを通した生徒の成長

　生徒アンケートによると，住んでいる地域のことが好きだと答えた生徒は86％，小中合同運動会や地域行事における達成感を感じた生徒は88％であった。生徒たちは，鞆に残る古い建物や街並みや地域のあたたかさなど，改めて鞆の魅力について考えることができ，郷土愛を一層深めることができた。そして，自分たちが「ふるさと鞆」を活性化しようと取り組んでいることも鞆の魅力の一つだと感じていた。

　また，友だちと協力して準備を進めたり，地域の方々との連携，観光客の方と触れ合いの中で，生徒は場面に応じて臨機応変に対応する力，思いを伝え合うコミュニケーション能力も高めることができた。さらに，この学びをまとめ，振り返るなかで，鞆町をさらに活性化させるため何ができるかという新たな課題を設定していた。

[⑱-15] **ボランティアガイドを終えた生徒の感想りより（抜粋）**

●ボランティアガイドの活動を通して，改めて鞆の魅力について考えることができました。それは，古い建物が今も数多く残っていることや地域の方がとても協力的なところです。そして，僕たちをはじめ，地域の子どもたちが自分たちのふるさと鞆を活性化させようと取り組みを行っていることも鞆の魅力の一つだと学ぶことができました。

●ふるさと鞆をさらに活性化させるために，私たちに何ができるかを考えてみました。私たちが大人になって結婚をしても鞆に住むことです。少子化が問題になっている鞆なので，私たちができるだけ故郷に残り，元気あふれる鞆にしていきたいです。私たちはこの先，高校・大学進学や就職などで鞆を離れていくことがあるかもしれません。しかし，私たちの帰るべき場所はここ鞆の浦だけです。いつまでも，故郷を愛する気持ちを忘れず，鞆調べやガイドを通して学んだことを活かし続けていきたいです。

7．今後に向けて

　これまでの取り組みを通して，生徒はふるさと鞆に愛着と誇りをもち，自分たちに何ができるかを考えながら，課題を解決していく力を着実に身につけてきたと感じている。本校は，来年度から福山市初の義務教育学校「鞆の浦学園」として，小中9年間で児童生徒を育てていく学校に生まれ変わる。

　現在，総合的な学習の時間を軸とする新教科「鞆学（ふるさと学習）」の創設に向けてカリキュラムを検討している。引き続き，地域を素材とした課題発見・解決学習を通して，ふるさと鞆に愛着と誇りをもち，世界にも視野を広げ，社会のために実践する力を育む。変化の激しい社会をたくましく生きていく力を付けていきたいと考えている。

学部授業サポート資料

本テキストに掲載された理論及び事例を，より具体的にわかりやすく理解していただくために，以下のような資料を，日本文教出版のWEBサイト https://www.nichibun-g.co.jp/textbooks/seikatsu/ →『総合的な学習の時間の 指導法』学部授業サポート資料にて公開中です。

○全体計画	○年間指導計画	○単元計画	○学習指導案
○ワークシート	○思考ツール（ベン図，Yチャート，ピラミッドチャートなど）		
○各種統計表	○学習フロー図	○学習モデル図　など	

文部科学省学習指導要領解説との関連

本テキストは文部科学省作成の「学習指導要領解説　総合的な学習の時間編」（2017年）と対応しています。下記表をご参考にして下さい。

	小学校学習指導要領解説関連箇所	中学校学習指導要領解説関連箇所
① 総合的な学習の時間の意義	第1章	第1章
② 総合的な学習の時間の趣旨と教育課程上の位置付けの変遷	第1章	第1章
③ 総合的な学習の時間の目標	第2章・第3章	第2章・第3章
④ 総合的な学習の時間の内容と探究課題	第3章・第5章	第3章・第5章
⑤ 総合的な学習の時間とカリキュラム・マネジメント	第4章・第5章	第4章・第5章
⑥ 年間指導計画，単元計画の書き方	第4・5・6章	第4・5・6章
⑦ 学習指導案の書き方	第5・6章	第5・6章
⑧ 主体的・対話的で深い学びの授業づくり	第7章	第7章
⑨ 考えるための技法（思考スキル）の活用	第7章	第7章
⑩ 考えるための技法（思考スキル）を発揮させる思考ツールを活用した授業設計	第7章	第7章
⑪ 学習指導のポイント	第7章	第7章
⑫ 総合的な学習の時間におけるICT活用	第4章	第4章
⑬ 評価のポイント	第8章	第8章
⑭ ワークシート等のコメントの書き方	第8章	第8章
⑮ 総合的な学習の時間の充実に向けた校内研修	第9章	第9章

本テキストとコアカリキュラム対応表との関連

教職課程コアカリキュラム対応表		本テキストの関連項目
総合的な学習の時間の指導法		
全体目標	総合的な学習の時間は，探究的な見方・考え方を働かせ，横断的・総合的な学習を行うことを通して，よりよく課題を解決し，自己の生き方を考えていくための資質・能力の育成をめざす。各教科等で育まれる見方・考え方を総合的に活用して，広範な事象を多様な角度から俯瞰してとらえ，実社会・実生活の課題を探究する学びを実現するために，指導計画の作成および具体的な指導の仕方，並びに学習活動の評価に関する知識・技能を身につける。	
* 養護教諭及び栄養教諭の教職課程において「道徳，総合的な学習の時間及び特別活動に関する内容」を開設する場合は，下記(1)(2)を習得し，そこに記載されている一般目標と到達目標に沿ってシラバスを編成する。なお，その場合は学習指導要領の内容を包括的に含むこと。		
(1) 総合的な学習の時間の意義と原理		
一般目標	総合的な学習の時間の意義や，各学校において目標及び内容を定める際の考え方を理解する。	
到達目標	1) 総合的な学習の時間の意義と教育課程において果たす役割について，教科を越えて必要となる資質・能力の育成の視点から理解している。	①総合的な学習の時間の意義 ②総合的な学習の時間の趣旨と教育課程上の位置付けの変遷
到達目標	2) 学習指導要領における総合的な学習の時間の目標並びに各学校において目標及び内容を定める際の考え方や留意点を理解している。	③総合的な学習の時間の目標 ④総合的な学習の時間の内容と探究課題
(2) 総合的な学習の時間の指導計画の作成		
一般目標	総合的な学習の時間の指導計画作成の考え方を理解し，その実現のために必要な基礎的な能力を身につける。	
到達目標	1) 各教科等との関連性を図りながら総合的な学習の時間の年間指導計画を作成することの重要性と，その具体的な事例を理解している。	⑤総合的な学習の時間とカリキュラム・マネジメント ⑥年間指導計画・単元計画の書き方 Ⅱ 事例編①〜⑱
到達目標	2) 主体的・対話的で深い学びを実現するような，総合的な学習の時間の単元計画を作成することの重要性とその具体的な事例を理解している。	⑥年間指導計画，単元計画の書き方 ⑦学習指導案の書き方 ⑧主体的・対話的で深い学びの授業づくり Ⅱ 事例編①〜⑱
(3) 総合的な学習の時間の指導と評価		
一般目標	総合的な学習の時間の指導と評価の考え方及び実践上の留意点を理解する。	
到達目標	1) 探究的な学習の過程及びそれを実現するための具体的な手立てを理解している。	⑧主体的・対話的で深い学びの授業づくり ⑨考えるための技法(思考スキル)の活用 ⑩考えるための技法(思考スキル)を発揮させる思考ツールを活用した授業設計 ⑪学習指導のポイント ⑫総合的な学習の時間におけるICT活用 ⑮総合的な学習の時間の充実に向けた校内研修 Ⅱ 事例編①〜⑱
到達目標	2) 総合的な学習の時間における児童及び生徒の学習状況に関する評価の方法及びその留意点を理解している。	⑬評価のポイント ⑭ワークシート等のコメントの書き方

編著 ［大学テキスト開発プロジェクト］

■ 村川雅弘（むらかわ まさひろ）　甲南女子大学教授
● プロフィール

大阪大学助手や鳴門教育大学大学院准教授・教授等を経て，2018 年 4 月より甲南女子大学人間科学部教授・鳴門教育大学客員教授。専門は教育工学，カリキュラム・マネジメント，総合的学習，生活科，教員研修。日本カリキュラム学会理事，日本生活科・総合的学習教育学会常任理事，中教審専門部会委員「生活・総合及び中学校」などを歴任。主な単・編著は，『カリキュラム・マネジメント実現への戦略と実践』『「カリマネ」で学校はここまで変わる！』（以上，ぎょうせい），『子どもと教師の未来を拓く総合戦略 55』『ワークショップ型教員研修　はじめの一歩』『カリマネ 100 の処方』（以上，教育開発研究所）など多数。

■ 藤井千春（ふじい ちはる）　早稲田大学教授
● プロフィール

茨城大学助教授などを経て，現在，早稲田大学教育・総合科学学術院教授。博士（教育学）。専門は教育哲学。日本生活科・総合的学習教育学会常任理事，教育哲学会理事，日本デューイ学会会長。『高等学校学習指導要領（2018 年告示）解説 総合的な探究の時間編』作成協力者。文部科学省スーパー・グローバル・ハイスクール企画評価委員。著書は，『問題解決学習の授業原理』『問題解決学習で育む「資質・能力」』（明治図書），『問題解決学習入門』（学芸みらい社）など多数。

■ 野口 徹（のぐち とおる）　山形大学教授
● プロフィール

東京都公立小学校教員を経て，現在，山形大学地域教育文化学部教授。専門は生活科・総合的な時間の学習。日本生活科・総合的学習教育学会常任理事。『高等学校学習指導要領（2018 年告示）解説 総合的な探究の時間編』専門的作業等協力者，『小学校学習指導要領（2008 年告示）解説 総合的な学習の時間編』作成協力者，国立教育政策研究所「「指導と評価の一体化」のための学習評価に関する参考資料 高等学校「総合的な探究の時間」』調査研究協力者などを歴任。主な著書は，『子どものくらしを支える教師と子どもの関係づくり』『「カリマネ」で学校はここまで変わる！教科と総合の関連で真の学力を育む』（いずれも ぎょうせい）など。

■ 酒井達哉（さかい たつや）　武庫川女子大学教授
● プロフィール

兵庫県公立小学校教員を経て，現在，武庫川女子大学教育学部教授。博士（教育学）。専門は生活科・総合的な学習の時間。読売教育賞 生活科・総合学習部門最優秀賞（読売新聞社），博報賞 教育活性化部門個人の部（博報児童教育振興会）などを受賞。文部科学省「今，求められる力を高める総合的な学習の時間の展開（小学校編）」ワーキンググループ委員などを歴任。主な著書は，『総合的な学習 充実化戦略のすべて』（日本文教出版），『社会認識と自然認識の基礎を統合的に育成する生活科授業』（三恵社）など。

■ 原田三朗（はらだ さぶろう）　四天王寺大学准教授
● プロフィール

愛知県公立小中学校教員を経て，現在，四天王寺大学准教授。専門は，生活・総合的な学習の時間，算数科教育。現職時は，近隣の多くの学校の授業研究会，研究発表会にかかわり，若い教師とともに実践づくりに取り組むとともに，後進の指導にあたる。また，京都大学 E.Forum に参加し，長年にわたりパフォーマンス課題，ルーブリック評価等の実践的研究に取り組む。著書には，『Round Study 教師の学びをアクティブにする授業研究』（東洋出版社），『教師の資質・能力を高める！アクティブ・ラーニングを超えていく「研究する」教師へ』（日本標準），『現場の教育論』（東洋館出版社）がある。

■ 石堂 裕（いしどう ひろし）　兵庫県たつの市立龍野小学校教頭
● プロフィール

兵庫県公立小学校教員を経て現職。文部科学大臣優秀教員。兵庫県優秀教員。文科省消費者教育指導者用啓発資料作成部会委員，第 28 回全国生活科総合的な学習研究協議会兵庫大会研究部長，NHK for School 番組企画委員などを歴任。校内研修支援コーディネーターとして，県内外の複数校にかかわり，授業改善やカリキュラムづくりの支援も行う。実践は，『小学校教育課程実践講座　総合的な学習の時間』（ぎょうせい）や『カリマネ 100 の処方』（教育開発研究所）など多くの書籍で紹介されている。

執筆者一覧

[理論編] 執筆者

① 藤井千春　　（早稲田大学）

② 村川雅弘　　（甲南女子大学）

③ 野口 徹　　（山形大学）

④ 野口 徹　　（山形大学）

⑤ 村川雅弘　　（甲南女子大学）

⑥ 酒井達哉　　（武庫川女子大学）

⑦ 酒井達哉　　（武庫川女子大学）

⑧ 石堂 裕　　（たつの市立龍野小学校）

⑨ 石堂 裕　　（たつの市立龍野小学校）

⑩ 三田大樹　　（西東京市立けやき小学校）

⑪ 原田三朗　　（四天王寺大学）

⑫ 中川斉史　　（東みよし町立足代小学校）

⑬ 野口 徹　　（山形大学）

⑭ 酒井美奈子　（篠山市立西紀北小学校）

⑮ 村川雅弘　　（甲南女子大学）

[事例編] 執筆者

❶ 〈実践時〉愛知県宝飯郡小坂井町立（現豊川市立）小坂井西小学校
〈現〉愛知県豊川市立御津南部小学校 … 山下慎二

❷ 宮城県仙台市立北六番丁小学校 ……… 千葉久美子

❸ 〈実践時〉兵庫県篠山市立大山小学校
〈現〉武庫川女子大学 …………… 酒井達哉

④ 徳島県徳島市新町小学校 …………… 八波田みゆき

⑤ 愛知県西尾市立西尾小学校 ………… 江口慎一

⑥ 徳島県徳島市新町小学校 …………… 鈴江裕子

⑦ 〈実践時〉神奈川県横浜市立戸部小学校
〈現〉新潟県新潟市立小針小学校 ……… 小川雅裕

⑧ 山形県山形市立南小学校 …………… 荒井智則

⑨ 〈実践時〉宮城県仙台市立広瀬小学校
〈現〉宮城県仙台市立高森東小学校 …… 本木りゑ

⑩ 〈実践時〉東京都新宿区立大久保小学校
〈現〉東京都西東京市立けやき小学校 … 三田大樹

⑪ 〈実践時〉兵庫県たつの市立新宮小学校
〈現〉兵庫県たつの市立龍野小学校 …… 石堂 裕

⑫ 兵庫県篠山市立西紀北小学校 ………… 酒井美奈子

⑬ 徳島県東みよし町立足代小学校 ……… 中川斉史

⑭ 広島県福山市立川口小学校 …………… 山名智美

❶⓯ 高知県本山町立嶺北中学校 …………… 大谷俊彦

⑯ 山形県朝日町立朝日中学校 …………… 小山田芳春

⑰ 広島県福山市立城北中学校 …………… 菅 隆幸

⑱ 広島県福山市立鞆中学校 …………… 畠中 晋

207

総合的な学習の時間の指導法

[教職課程コアカリキュラム対応　大学用テキスト　理論と実践の融合]

2018年(平成30年)10月10日　初版発行
2023年(令和5年)　3月10日　5刷発行

編 著 者	[大学テキスト開発プロジェクト]
発 行 者	佐々木秀樹
発 行 所	日本文教出版株式会社
	https://www.nichibun-g.co.jp/
	〒558-0041　大阪市住吉区南住吉4-7-5　TEL：06-6692-1261
デ ザ イ ン	株式会社kubotaDesign工房
印刷・製本	藤原印刷株式会社

©2018 Daigaku Text Kaihatsu Project　　Printed in Japan
ISBN 978-4-536-60106-1

定価はカバーに表示してあります。本書の無断転載・複製を禁じます。
乱丁・落丁本は購入書店を明記の上、小社大阪本社業務部(TEL：06-6695-1771)あてに
お送りください。送料小社負担にてお取り替えいたします。